合理的配慮

対話を開く 対話が拓く

川島聡
飯野由里子
西倉実季
星加良司

有斐閣

はしがき

　今年（2016年）の4月から，障害者に対する合理的配慮を求める法律が施行された。本書が出版される7月の時点で，これが何を意味するか理解している人はどれほどいるだろうか。

　たとえば，町で出会った障害者に配慮をしないと罰則を課せられることになるのだろうか。それとも，障害者に対して「思いやり」をもって接しさえすればよいのか。あるいは，障害者に対する福祉サービスが拡充されることになるのか。逆に，障害者に対する福祉サービスが「合理的」にカットされるということなのか。

　もちろん，こうした理解はいずれも端的にいって的外れである。少なくとも，適切さを欠いているといわざるをえない。では，どこが的外れなのか。本書を読み進めていただければ，そうした疑問はおおむね氷解するものと思う。

　とはいえ，合理的配慮について誤解や混乱が生じうるのは，ある意味ではやむをえないことである。なぜなら，それは日本の法体系にこれまで存在しなかった，海外由来の新しい考え方だからだ。新しいものに対しては，さまざまな誤解はもちろん，過度な期待や不安がつきまとうのが世の常である。また，現時点で，合理的配慮の概念そのものに曖昧な部分が残っていることも，この概念が誤解を生む一因となっている。

　確かに，法施行後，さまざまな合理的配慮の事例が蓄積するにつれて，その具体的な正体は次第に明らかになっていくだろう。また，社会のさまざまな場面で，合理的配慮をめぐる紛争や対立が生じ，その解決に向けた模索が繰り返される中で，この新しい概念に対する社会的な理解も徐々に進んでいくだろう。このように，時が経つにつれて合理的配慮とは何かが詳らかになっていくことは，恐らく間違いない。

　しかし，だからといって時間の経過に身を任せておけばよい，ということにはならない。誤解や混乱を残したまま，合理的配慮の概念が導入されれば，その意義が活かされないまま形骸化していく可能性がある。さらに，障害者の参

加機会の観点からも，社会全体の活力の観点からも，むしろ望ましくない結果がもたらされる可能性さえあるのではないか。誰も得をしないそうした事態を避けるためにも，現時点で確認すべきことを確認し，整理すべきことを整理しておく必要がある。法施行直後のこの時期に本書を刊行する理由のひとつはここにある。

　本書を届けたい読者は，さまざまな立場で合理的配慮に関わるおよそすべての人である。その中には，合理的配慮を必要としている障害者自身はもちろん，合理的配慮の提供が求められる行政や企業の関係者，その提供を円滑に進めるための支援を行う専門家，合理的配慮をさまざまな場面で活用する実務家のほか，合理的配慮の提供場面に関わりうる一般の人びとも含まれる。もちろん，合理的配慮をめぐる学術的課題に関心をもつ研究者にも，本書を手にとっていただきたいと考えている。合理的配慮の法制化に直接的・間接的に利害関係をもつこれらすべての人びとが，合理的配慮をどのようなものとして受け止め，どういう態度を示すかが，この法制化の成否を左右する鍵となる。

　以上のような幅広い読者を対象とする本書は，たとえば視覚障害者にはこのような配慮をしてくださいとか，それぞれの会社でこういった相談窓口を設けてください，といったことを記したマニュアル本ではない。また，最新の関係情報をまとめたニュース記事的な時事本でもない。そうした知識や情報に一定の意義があることを認めたうえで，本書のねらいはいささか別のところにある。

　それは，私たち著者がアカデミックな分野に身を置いていることと関係する。川島は法学，飯野はジェンダー／セクシュアリティ研究，西倉と星加は社会学をベースとする研究者である。このように専門分野を異にする私たちは，本書を執筆するにあたって，合理的配慮という新しい考え方を適切に日本社会に定着させ，その可能性を豊かに開花させるには，学問分野を横断した理論的・実証的探究も不可欠である，と考えた。こうした問題意識のもと，合理的配慮の意義と課題，その可能性を広く深く探ろうとする学際の書として編まれたのが本書である。

　そうしたアカデミックな性格のため，本書を手に取られた読者の中には，ときに難解な用語が飛び交う文章に少し戸惑われる人もいるかもしれない。もちろん，どの章も，幅広い読者を想定して，専門的になりすぎないよう，わかり

やすさを心掛けて執筆したが，それでもやはり「少し難しい」と感じる人もいるだろう。だが，合理的配慮の意義と課題を広い視野からじっくりと深く掘り下げて考えるには，アカデミックな観点から論点を明確化して分析を加えることが，どうしても必要であった。この意味で，本書は，すべての読者に対して一歩踏み込んだ有益な知識と知見を提供できるものと，私たちは確信している。このねらいが成功しているか，その判断は読者のみなさまに委ねたい。

　私たち4名の著者は，以上のようなモチーフを共有し，2012年に本書の出版を企画した。それ以来，1回につき約4～6時間，合計で15回近くに及ぶ議論の場を設け，執筆内容について具体的な検討を進めてきた。異分野の研究者が同じテーブルに集まったこともあり，しばしば互いの主張と焦点の違いも浮き彫りになり，その都度，相互理解のため議論を重ねる必要があった。その意味で，本書に収められた各章は，それぞれの専門分野の視点と知見を活かしたオリジナルな論文であると同時に，私たちの濃密な対話から生まれた協同の産物でもある。

　なお，本書には，文部科学省科学研究費助成事業基盤研究（C）「社会的ケアとしての合理的配慮：市民社会の配慮実践を支える理論とプログラム開発」（研究代表者：星加良司，2012～14年度），同「障害差別禁止の新展開」（研究代表者：川島聡，2013～15年度）の成果の一部が含まれている。

　本書の刊行にあたっては，難航を極めた脱稿までのプロセスに辛抱強くお付き合いいただいた有斐閣の松井智恵子さんに大変お世話になった。ここに記して深謝したい。また，すでに有斐閣を退社しておられるが，企画段階から本書の大まかな形が見えてくるまでの期間，担当編集者としてお力添えいただいた櫻井堂雄さん（現ちとせプレス社長）にも，とくに謝意を表したい。

　　2016年春

　　　　　　　　　　　　　　　　　　　　　　　　　　著者一同

● 著者紹介

川島　聡（かわしま　さとし）　　序章，第1章，第2章，第5章
- **現在**　放送大学教養学部教授
- **主著**　『概説　障害者権利条約』（共編）法律文化社，2010年。『障害法』（共編）成文堂，2015年。

飯野由里子（いいの　ゆりこ）　　第3章，第9章，終章
- **現在**　東京大学大学院教育学研究科附属バリアフリー教育開発研究センター特任教授
- **主著**　『レズビアンである〈わたしたち〉のストーリー』生活書院，2008年。『障害を問い直す』（共著）東洋経済新報社，2011年。

西倉実季（にしくら　みき）　　第7章，第8章，終章
- **現在**　東京理科大学教養教育研究院教授
- **主著**　『顔にあざのある女性たち──「問題経験の語り」の社会学』生活書院，2009年。「公／私の境界を引き直す──個人的な経験を排除しない『障害の社会モデル』であるために」『質的心理学フォーラム』第7号，2015年。

星加良司（ほしか　りょうじ）　　序章，第4章，第5章，第6章
- **現在**　東京大学大学院教育学研究科附属バリアフリー教育開発研究センター教授
- **主著**　『障害とは何か──ディスアビリティの社会理論に向けて』生活書院，2007年。『障害学のリハビリテーション──障害の社会モデルその射程と限界』（共編）生活書院，2013年。

目　次

序　章　合理的配慮が開く問い ——————————————— 1

1　合理的配慮の概念 ……………………………………… 1
(1) 合理的配慮とは何か　1
(2) 合理的配慮の対象範囲　2
(3) rational と reasonable　4

2　合理的配慮のインパクト ……………………………… 5
(1) 法制化の意義　5
(2) 万人のための「共生の技法」へ　7

3　本書の目的と構成 ……………………………………… 9

第1部　合理的配慮とは何か

第1章　権利条約における合理的配慮 ——————————— 19

1　立法化のきっかけ ……………………………………… 19
2　差別概念としての合理的配慮の登場 ………………… 22
(1) 宗教から障害へ，そして世界へ　22
(2) スリメノス対ギリシャ事件（2000年4月6日）　23

3　権利条約の誕生 ………………………………………… 25
(1) 合理的配慮の概念が導入された経緯　25
(2) 合理的配慮の定義　27
(3) 障害者権利委員会の見解　30

4　2つのタイプの差別と合理的配慮 …………………… 34

第2章　差別解消法と雇用促進法における合理的配慮 ——— 39

1　合理的配慮の登場 ……………………………………… 39
2　合理的配慮の条文 ……………………………………… 42
(1) 基本法から差別解消法へ　42

(2) 雇用促進法　46
　3　合理的配慮の内容 ……………………………………………… 49
　　　(1) 個々のニーズ，非過重負担，社会的障壁の除去　49
　　　(2) 意向の尊重，本来業務付随，機会平等，本質変更不可　51
　4　合理的配慮の手続 ………………………………………………… 53
　5　合理的配慮の不提供と差別 ……………………………………… 55
　　　(1) 差別の概念　55
　　　(2) 合理的配慮の不提供を差別とする法律（差別解消法）　57
　　　(3) 合理的配慮の不提供を差別としない法律（雇用促進法）　59
　6　合理的配慮と努力義務 …………………………………………… 60
　7　合理的配慮と不当な差別的取扱い ……………………………… 61

第3章　合理的配慮とポジティブ・アクション ─── 69
　　合理的配慮になりうるもの，なりえないもの

　1　従来の配慮は合理的配慮ではないのか ………………………… 69
　2　合理的配慮になりうるもの①──大学入試センター試験で受けられる配慮 …………………………………………………………… 71
　3　合理的配慮になりうるもの②──雇用場面での個別の配慮
　　　……………………………………………………………………… 75
　4　合理的配慮とは質的に異なるもの ……………………………… 79
　5　合理的配慮とポジティブ・アクションの関係 ………………… 82

第2部　なぜ合理的配慮なのか

第4章　合理的配慮と能力評価 ──────────── 89

　1　合理的配慮は能力評価を歪めるのか …………………………… 89
　2　公正な評価のための仕掛け ……………………………………… 91
　3　「本質的な能力」とは何か ……………………………………… 93
　　　(1) 教育と「本質的な能力」　93
　　　(2) 就労と「本質的な能力」　95

4　能力評価における課題 ……………………………………… 97
　　　(1)　能力評価の下降補正？　98
　　　(2)　「本質的な能力」の変容と新たな課題　99
　　　(3)　能力評価とポジティブ・アクション　102
　5　「公正な能力評価」に向けて ……………………………… 103

第5章　合理的配慮と経済合理性 ——————— 107
　1　合理的配慮は「自由」の制約か ……………………………… 107
　2　コスト−ベネフィット分析の射程 …………………………… 109
　3　コスト−ベネフィット分析の臨界と道徳的制約 …………… 111
　　　(1)　機会平等のための道徳的制約　112
　　　(2)　障害の社会モデルに基づく洞察　114
　4　非過重負担という基準 ……………………………………… 116
　　　(1)　非過重性の判断材料　116
　　　(2)　非過重性の暫定的基準　118
　5　コスト負担をめぐる課題 …………………………………… 119

第6章　合理的配慮と社会政策 ——————— 125
　　　コストの社会的分配の理由
　1　合理的配慮の限界と社会政策の役割 ……………………… 125
　2　社会的負担の仕組 …………………………………………… 127
　　　(1)　金銭的コスト　127
　　　(2)　管理・運営上のコスト　128
　　　(3)　財　源　130
　3　公的負担をめぐる問い ……………………………………… 131
　4　公共財としての「公正な社会」 …………………………… 134
　5　自己利益を超える価値 ……………………………………… 136
　　　(1)　合理的配慮をめぐる経済的損失　136
　　　(2)　「正しさ」への義務　138
　6　「機会平等」という規範 …………………………………… 139

第3部　合理的配慮をどう広げるか

第7章　対象者の拡大可能性 ─── 145
合理的配慮を必要とするのは誰か

1. 合理的配慮の対象とならない障害者 ……………… 145
2. 「障害者」とは誰か──医学モデルと社会モデル ……… 148
3. 配慮を得る資格があるのは誰か──2つのタイプの合理的配慮 ……………… 150
4. インペアメントの普遍化──対象者の拡大に向けて ……… 154

第8章　合理的配慮をめぐるジレンマ ─── 163
アクセスとプライバシーの間

1. 障害の開示という問題 ……………… 163
2. 申出段階での問題──障害の開示とスティグマ ……… 165
3. 配慮提供段階での問題①──方法のまずさからくるプライバシーの侵害 ……………… 168
4. 配慮提供段階での問題②──アクセスとプライバシーのジレンマ ……………… 172
5. それでも残る課題 ……………… 175

第9章　多様な差異を踏まえた合理的配慮 ─── 181
障害とジェンダー，セクシュアリティの交差性

1. 「わがまま」な要求なのか ……………… 181
2. 「障害女性差別」への注目 ……………… 183
3. 考慮に入れられなかった差異 ……………… 187
4. より多くの障害者に合理的配慮を提供していくために ……… 190

終　章　障害法から普遍的理念へ ―――――― 195
1　合理的配慮に関する what, why, how ………… 195
2　合理的配慮の普遍化可能性 …………………… 198
3　対話の困難，対話への希望 …………………… 202

巻末資料 ――――――――――――――― 209
障害者差別解消法　210
基本方針　216
文部科学省の対応指針　226
障害者雇用促進法　233
差別禁止指針　239
合理的配慮指針　244

索　引 ――――――――――――――― 253

イラスト：オカダケイコ

本書のコピー，スキャン，デジタル化等の無断複製は著作権法上での例外を除き禁じられています。本書を代行業者等の第三者に依頼してスキャンやデジタル化することは，たとえ個人や家庭内での利用でも著作権法違反です。

凡　例

1　国内の法律

障害者差別解消法：障害を理由とする差別の解消の推進に関する法律（平成 25 年法律第 65 号）
障害者雇用促進法：障害者の雇用の促進等に関する法律（昭和 35 年 7 月 25 日法律第 123 号）
個別労働紛争解決促進法：個別労働関係紛争の解決の促進に関する法律（平成 13 年 7 月 11 日法律第 112 号）

2　条約・国外の法律

障害者権利条約：障害者の権利に関する条約（Convention on the Rights of Persons with Disabilities）
障害者権利条約の選択議定書：Optional Protocol to the Convention on the Rights of Persons with Disabilities
社会権規約：経済的，社会的及び文化的権利に関する国際規約（International Covenant on Economic, Social and Cultural Rights）
自由権規約：市民的及び政治的権利に関する国際規約（International Covenant on Civil and Political Rights）
女性差別撤廃条約：女子に対するあらゆる形態の差別の撤廃に関する条約（Convention on the Elimination of All Forms of Discrimination against Women）
欧州人権条約：Convention for the Protection of Human Rights and Fundamental Freedoms
公民権法：Civil Rights Act of 1964（米）
障害をもつアメリカ人法：Americans with Disabilities Act（ADA）
イギリス障害者差別禁止法：Disability Discrimination Act 1995（DDA）
イギリス平等法：Equality Act 2010
オーストラリア障害者差別禁止法：Disability Discrimination Act 1992（DDA）

3 指針等

基本方針：障害を理由とする差別の解消の推進に関する基本方針（平成 27 年 2 月 24 日閣議決定）

文部科学省の対応指針：文部科学省所管事業分野における障害を理由とする差別の解消の推進に関する対応指針（平成 27 年文部科学省告示第 180 号）

国土交通省の対応指針：国土交通省所管事業における障害を理由とする差別の解消の推進に関する対応指針

（厚生労働省の）差別禁止指針：障害者に対する差別の禁止に関する規定に定める事項に関し，事業主が適切に対処するための指針（平成 27 年厚生労働省告示第 116 号）

（厚生労働省の）合理的配慮指針：雇用の分野における障害者と障害者でない者との均等な機会若しくは待遇の確保又は障害者である労働者の有する能力の有効な発揮の支障となっている事情を改善するために事業主が講ずべき措置に関する指針（平成 27 年厚生労働省告示第 117 号）

内閣府の Q&A：内閣府障害者施策担当「障害を理由とする差別の解消の推進に関する法律 Q&A 集〈地方公共団体向け〉」（平成 25 年 6 月）

厚生労働省の Q&A：厚生労働省「改正障害者雇用促進法に基づく障害者差別禁止・合理的配慮に関する Q&A」（平成 27 年 6 月）

差別禁止部会意見：障害者政策委員会差別禁止部会（部会長：棟居快行大阪大学教授）「『障害を理由とする差別の禁止に関する法制』についての差別禁止部会の意見」（平成 24 年 9 月 14 日）

労政審分科会意見書：厚生労働省労働政策審議会障害者雇用分科会（分科会長：今野浩一郎学習院大学教授）「今後の障害者雇用施策の充実強化について」（平成 25 年 3 月 14 日）

4 機関等

国連：United Nations（UN）
欧州連合：European Union（EU）
欧州人権裁判所：European Court of Human Rights
雇用機会均等委員会：Equal Employment Opportunity Commission（EEOC）（米）
差別禁止部会：内閣府障害者政策委員会差別禁止部会

序章

合理的配慮が開く問い

●川島　聡・星加　良司

1　合理的配慮の概念

(1) 合理的配慮とは何か

　近年，日本では障害者に関する法制をめぐり大きな改革がなされた。2013年6月に障害者差別解消法（以下，差別解消法）が成立し，障害者雇用促進法（以下，雇用促進法）が改正されたのだ。そして，これらの法整備によって日本の法制度に従来存在しなかった新しい考え方が導入された。それが「合理的配慮」である。[1]

　差別解消法と雇用促進法の改正部分は2016年4月に施行された。成立から施行までの3年間で，これらの法律や合理的配慮を取り上げた，数々の概説書や研究書等が出版され，施行後も新刊が登場している。[2] では，このように関心を集めている合理的配慮とは何であろうか。

　実のところ，雇用促進法と差別解消法には「合理的配慮」という言葉自体は存在しない。そこで，この言葉が用いられている政府の基本方針や各省庁の指針を踏まえて整理してみると，これらの法律のもとで障害者に提供しなければならない合理的配慮とは，ごく簡単にいえば次のようなものだということがわかる（詳しくは本書第2章）。

　まず，合理的配慮の意味を捉える際には，「社会的障壁の除去」を考えなけ

ればならない。社会的障壁とは，障害者が生活するうえで支障となる外的な要因を意味する。たとえば，車いすを使用する従業員Aさんの前にある段差，聴覚障害のあるBさんが駅で運行状況を知りたいときに流れる音声のみの情報，視覚障害のあるCさんに授業で配布されるインク印刷のみの資料，これらはすべて社会的障壁である。

　こうした社会的障壁を除去する措置のひとつが合理的配慮である。Aさんのために事業主が階段にスロープや手すりを設置することや，Bさんに対して駅員が列車の運行状況を筆談で伝えること，Cさんに対して学校が点字資料を渡すことなどが，社会的障壁の除去の具体例となる。

　ただ，社会的障壁を除去する措置が合理的配慮だといえるためには，少なくとも次の2つの条件を満たさなければならない。ひとつは，障害者個々人の個別ニーズを満たすという条件である。不特定多数の障害者が来店することを想定して，あらかじめレストランの店内をバリアフリーにするのは合理的配慮ではない。これは，事前的改善措置やポジティブ・アクション等と呼ばれる（本書第3章）。これに対して，たとえばある障害者が，段差のため店内を移動できず，実際に段差を除去するニーズ（必要）が生じたときに，レストラン側が段差に携帯スロープを渡すことは合理的配慮に当たる。

　もうひとつは，非過重負担という条件である。ある車いす利用者が，建物の4階に上がるニーズを満たすために，エレベーターを設置するよう学校側に求めたとすれば，その高額の費用を負担することが学校にとって過重なものとなる可能性がある。このような場合には，エレベーターの設置以外の配慮ができないか，両者で話合いを重ねることが必要となる。

　以上をまとめれば，雇用促進法と差別解消法のもとで提供しなければならない合理的配慮とは，基本的に，①個々の場面における障害者個人のニーズに応じて，②過重負担を伴わない範囲で，③社会的障壁を除去すること，という内容をもつ措置を意味している。さらに，この概念には，障害者の意向を尊重することや，機会平等の実現を目的としていることなどの要素が含まれている。[3]

(2) 合理的配慮の対象範囲

　では，そのような合理的配慮を提供する義務を負っているのは誰であろうか。

この点，差別解消法と雇用促進法は，近所に住んでいる人や通りがかりの人など，障害者と接する一般の人びとに対して，合理的配慮の提供義務を課しているわけではない。合理的配慮の提供義務を負う主体は，差別解消法のもとでは「行政機関等」（役所や国公立の学校など）と「事業者」（民間のレストランやバスの運営会社など）であり，雇用促進法のもとでは「事業主」である。

　ここで注意されたいのは，本書では「義務」という言葉を，論述の便宜上，法的義務と努力義務を含んだ意味で用いている，ということだ。行政機関等や事業主は法的義務を負い，合理的配慮を必ず提供しなければならないが，事業者は努力義務を負い，できる限り合理的配慮を提供するように努めることが求められる。別の言い方をすれば，雇用の分野では，役所であっても民間企業であっても合理的配慮を必ず提供しなければならないが，顧客・利用者に対するサービスの分野では，民間企業などは努力義務を負うにとどまっているということだ。

　ちなみに努力義務を負う事業者は，主務大臣（文部科学大臣，国土交通大臣など）が作成する対応指針のもとで，合理的配慮を提供するよう自主的な取組を促される。事業者は，合理的配慮を提供しなくても，直ちに罰則が課されることはない（内閣府のQ&Aと国民向け回答を参照）。もしも事業者が合理的配慮を提供しないことが続き，自主的な改善を期待できないようであれば，主務大臣がその事業者に報告を求めたり，行政指導（助言・指導・勧告）をしたりする。また，事業者が虚偽の報告をしたり，報告を怠ったりした場合は，罰則（20万円以下の過料）を課されることにもなる。[4]

　行政機関等や事業者・事業主が合理的配慮を提供しなければならない対象である「障害者」についても，ここで触れておきたい。詳しくは本書第7章で論じるが，差別解消法は，障害者を「身体障害，知的障害，精神障害（発達障害を含む。）その他の心身の機能の障害がある者であって，障害及び社会的障壁により継続的に日常生活又は社会生活に相当な制限を受ける状態にあるもの」と定義する。また，雇用促進法は，障害者を「身体障害，知的障害，精神障害（発達障害を含む）その他の心身の機能の障害があるため，長期にわたり，職業生活に相当の制限を受け，又は職業生活を営むことが著しく困難な者」と規定している。

このように定義は異なっているが，両法に共通しているのは，「心身の機能の障害」をもち，かつ生活制限を受けている者が，「障害者」であるということだ。行政機関等や事業者・事業主は，こうした意味での「障害者」に対して合理的配慮を提供することになる。逆にいえば，「障害者」でない人には合理的配慮を提供する必要はない。この意味で，両法は非対称的なアプローチをとっている。

(3) rational と reasonable

さて，ここでは，「合理的配慮」という言葉について，一言注釈をつけておきたい。それは，この語に含まれる「合理的」という言葉が，いささか誤解を与えやすい表現であるからだ。

そもそも「合理的配慮」という日本語は，障害者権利条約（以下，権利条約）の公定訳文で採用された，"reasonable accommodation" の訳語である（本書第1章）。この言葉は，基本方針（差別解消法）と合理的配慮指針（雇用促進法）の中でも採用されている。ただ，権利条約，基本方針，合理的配慮指針のいずれも，「合理的（reasonable）」という語句を取り出して，その意味内容を規定しているわけではない。そのため，合理的配慮の概念に含まれる「合理的」という言葉が何を意味するかを直接に論じることは難しい。

とはいえ，分析的な観点から，「合理的配慮」というかたまりの概念が，英米の哲学思想でいうところの "rational" ではなく "reasonable" のニュアンスを有している，ということは指摘しておくべきだろう[5]。一般に，「合理的」という言葉は，"rational" と "reasonable" という意味合いの異なる2つの外来語の訳語として用いられる。"rational" は，「経済合理的」とか「目的合理的」といった文脈で用いられ，"reasonable" とは意味が異なる。とりわけ，ジョン・ロールズ以降の英米の哲学思想においては，"rational" という語が「自己の目的関数最大化のための最適手段選択に関わる意味」で用いられるのに対し，"reasonable" は「自己と目的を異にする他者から見ても『理に適った』といえる仕方で他者を尊重する態度に関わる意味」で用いられる，とされる。この区別を明瞭にするために，"reasonable" にはあえて「適理的」という訳語をあてる論者もいる（井上 2006）。

このことを念頭に置くと，権利条約，差別解消法，雇用促進法のいずれのもとでも，各主体が提供しなければならない合理的配慮は，"reasonable" の意味合いを含んでいる，ということができる。まず，権利条約と差別解消法においては，合理的配慮の概念は，非過重負担の要素を明確に含んでいるから，障害者と相手方の双方の事情を考慮に入れるという "reasonable" な性質を帯びることになる。一方，雇用促進法においては，合理的配慮の概念自体は非過重負担の要素を含まないのであるが（本書第2章），そのうち事業主に提供義務が課せられる合理的配慮は，非過重負担の要素を含むとされており，その限りで，障害者と事業主の双方の事情を考慮した "reasonable" なものだといえる。

　このように，行政機関等・事業者・事業主が提供しなければならない合理的配慮は，非過重負担という要件を満たす必要があるという意味で，相手方からみても「理に適った (reasonable)」ものである。詳しくは本書第5章で検討するが，ここでは以上で述べたように，政治哲学における使い分けと同様，"rational" とは明確に区別される "reasonable" という性質を帯びた概念として，合理的配慮を理解すべきであることを確認しておきたい[6]。

　なお，上記のとおり，「合理的配慮」それ自体の語法には，非過重負担の要素を含む場合（権利条約と差別解消法）と，非過重負担の要素を含まない場合（雇用促進法）があるが，本書では煩雑さを避けるため，あえてサービス分野のみならず雇用分野においても，基本的に，非過重負担の要素を含めて（つまり事業主に提供義務が課せられるものを指して），「合理的配慮」という言葉を用いる。ただし，文脈によって両者を厳密に区別して論じる必要があるときは，それを特記する。

2　合理的配慮のインパクト

(1) 法制化の意義

　以上で述べたとおり，合理的配慮の提供義務が法制化されたわけだが，こう書くと，これまでも私たちの社会はできる範囲で障害者に対する配慮を行ってきたのではないか，それとどこが違うのか，といった疑問を抱く人がいるかも

しれない。確かに，今まで配慮がなされてこなかったわけではない。実際，スロープや点字ブロックの設置は一定程度進んできた。しかし，従来，法的規制のもとで行われてきた配慮は，不特定多数の障害者を対象とするものであった（たとえば，バリアフリー法）。他方で，法的規制を受けずに，それぞれの障害者の個別ニーズに応じて配慮がなされる場合，その多くは相手の「思いやり」（善意や心くばり）に頼ったものであった。

これに対して，法制化された合理的配慮は，不特定多数の障害者を対象に講じられる措置ではなく，個々の障害者のニーズに応じて提供されるものである。またそれは，相手側のさじかげんで，「思いやり」の発露としてなされるものではなく，法的規制のもとで，障害者の意向が尊重された対話を通じて，機会平等の達成のために提供されるものである。日常用語としての「配慮」という言葉には「思いやり」のようなニュアンスが含まれているだけに，この点はとくに注意しておくべきだろう。要するに，法制化された合理的配慮とは，個人の気持ち次第の「思いやり」ではなく，共生社会にとって不可欠の前提たる機会平等，障害者の意向，両当事者の対話を重視するものであり，また集団（一般）向けのものではなく個人向けのものなのである。

このような合理的配慮の法制化がもたらす意義は大きい。第1に，合理的配慮の提供義務が，法的なルールとして社会的に承認されたことは，配慮を要する個々の障害者にとって，自分自身が現に今困っていることを表明し，その解決を求めてよいのだという認識の拠り所となる。他者の「思いやり」に期待して配慮をお願いするということは，相手方が想像する以上に困難を伴うものであり，それによって障害者のニーズの表明は抑制されてきた。合理的配慮の法制化によってこうした関係性が変容することで，個々の障害者が主体的に社会に参加する基盤が確実に強化されることになろう。[7]

第2に，行政機関等や事業者・事業主において，多様な人びとのニーズに応えようとする体制の整備が進むことになる。従来のバリアフリー措置のように，不特定多数を対象にした「障害者対応」であれば，あらかじめ計画的に決められたメニューに沿った措置を一律に講じておけば足りる。しかし，差別解消法や雇用促進法のもとで，行政機関等や事業者・事業主が，その都度生じる障害者の個別のニーズに適切に応えていくためには，それらに柔軟かつ臨機応変に

対応できる仕組づくり,組織づくり(相談窓口,苦情の自主的解決手法,職員研修など)が求められる。こうした取組は,法施行を前にした2015年度に入り,各省庁別に指針が策定され,私たちがなすべき行為(行為規範)が示されるに伴い,全国各所で進んできている。[8]

　第3に,差別解消法や雇用促進法は,確かに合理的配慮の不提供そのものに罰則を定めていないが,なんら実効性を担保していないわけではない。たとえば,これらの法律のもとでは,法違反を繰り返し,自主的な改善が期待できない場合は,行政指導(助言,指導,勧告)が予定されている。さらに,差別解消法のもとで,行政機関等の処分等が問題となる場合は,行政不服審査法に基づく不服申立が想定されており,行政機関等の職員による義務違反の場合は,対応要領により職員は懲戒処分に付されることがある(内閣府のQ&A)。そのほかにも,差別解消法は,相談と紛争解決に関して,既存の関係機関(行政相談委員,法務局,地方法務局,人権擁護委員など)を活用した体制の整備を図るとしている。また,各地域では,相談業務や紛争解決を進めるため,既存の関係機関からなるネットワーク(障害者差別解消支援地域協議会)を組織できるとされている。加えて,雇用促進法のもとで,都道府県労働局長は,紛争当事者に助言・指導・勧告ができるほか,紛争調整委員会(個別労働紛争解決促進法6条1項)に調停を行わせる権限を有する。こういった公的なバックアップ体制の実効性は現時点では未知数であるが,その潜在的な意義は小さくないと思われる。

(2) 万人のための「共生の技法」へ

　以上で示したように,合理的配慮の法制化が私たちの社会にもたらすインパクトは――未知数な部分を含んでいるとはいえ――大きなものだと考えられる。その主要な意義が,これまで社会参加の機会を不当に制約されてきた障害者の「生の可能性」の拡大に寄与する点にあることは,いうまでもない。ただ,私たちが見るところ,合理的配慮が法制化された意義は,それだけにはとどまらない。詳しくは,本書の各章で展開する検討をすべて踏まえて終章で改めて論じるが,合理的配慮の考え方は,現代社会における万人のための「共生の技法」となる可能性をも秘めている,と考えられるのではないだろうか。

　従来,「共生の技法」(あるいは「共生の作法」)という言葉は,さまざまな文

脈と意味で用いられてきたが（竹沢 1997, 井上 1986 等），本書でいう「共生の技法」とは，現在の社会が非対称的な社会構造の上に成立していることを踏まえたうえで，各人が互いの差異を認め合いながら共に生きることのできる社会をめざそうとする態度やふるまい方のことを意味している。

あまりにも多様な存在である私たちが，ひとつの社会で共生していくためには，社会が一定の公正さを保っていること（たとえば機会平等を確保していること）が不可欠だ。しかし，この社会では，マジョリティ（非障害者）とマイノリティ（障害者）の間で，享受できる利益に大きな落差が存在する。こうした非対称的な社会構造に個々の「小さな風穴」を開け，障害者が実質的な機会平等を享受できるようにするために導入された法的概念が，合理的配慮だといえる（本書第5章）。障害者集団を対象とする事前的改善措置（バリアフリー化など）を通じて，あらかじめ非対称的な社会構造に「大きな風穴」を開けておくことは，当然効果的である（本書第2章，第3章）。だが，そうした障害者一般のために現状を事前に改善しておく措置もまた万能ではない。そこからこぼれ落ちる障害者が必ず出てくるからだ。やはり，障害者個々人のニーズに応じて，きめ細やかな配慮をすることも同時に必要となる。[9]

その鍵となるのが，障害者との「対話」である。思えば，私たちは，よく知らない障害者に対して，どのような態度をとってよいかわからず，あたふたしたり，拒絶したりすることがある。他方で，私たちは，障害者のためにといって，その人の意向などおかまいなしに，自分のさじかげんで，一方的な行動をとってしまうこともある。しかし，差別解消法と雇用促進法は，そのどちらも排除して，合理的配慮の提供プロセスにおける「建設的対話」（基本指針）の重要性を強調した法律となっている。そうした対話の根底に据えられているはずで，また据えられねばならないのは，非対称的な社会構造に自らが身を置いていることに自覚的でありつつ，他者の固有の差異（個別性）を尊重し，配慮しようとする構えである。このような態度に裏打ちされた対話の様式が私たちの社会に浸透し，広がっていくことによって，豊かな社会関係の醸成につながる可能性が開かれていく，と考えることができる。

こうした「共生の技法」が，現在，障害分野において花開きつつあるのは，障害問題が人間の多様性を象徴的かつ顕著に浮かび上がらせるフィールドだか

らである。だとすれば，合理的配慮は，障害分野にとどまらず，多様性に満ちた私たちの社会全体へと広がる可能性を秘めているはずである。もともと合理的配慮の概念が宗教的マイノリティのために提起されたものであったことに象徴されるように（本書第1章），この技法のフロンティアは，宗教的マイノリティ，外国人，妊娠した女性，性的マイノリティなど，さまざまな領域に拡張していく可能性がある（本書終章）。合理的配慮が万人のための「共生の技法」となりうるというのは，そうした意味である。

3 本書の目的と構成

　ここまでに示してきたように，私たちは合理的配慮の法制化がきわめて重要な意義を有しうることを疑っていない。本書では，そのような可能性を秘めた合理的配慮の概念を日本に本格的に導入するにあたり，知っておきたいこと，考えておきたいことを多角的かつ包括的に検討することを目的としている。
　具体的には，合理的配慮という魅力的な概念が開く，次のような一連の問いが検討される。まず，法律に定める合理的配慮（の提供義務）とはどのようなものか（「合理的配慮とは何か」）。また，事業者や事業主が障害者に対して合理的配慮を提供しなければならない理由はどこにあるのか（「なぜ合理的配慮なのか」）。そして合理的配慮の実践を社会の隅々に広く行き渡らせる際には，どのようなことを考えなければならないか（「合理的配慮をどう広げるか」）。さらに，これらの問いの先に，障害分野を超えて，万人のための「共生の技法」としてのポテンシャルを，いかに合理的配慮から引き出しうるか，という大きな問いが控えている。
　こうした合理的配慮をめぐる一続きの問いを広く深く検討するためには，学際的な共同研究がきわめて有益である。本書が，法学，社会学，ジェンダー／セクシュアリティ研究を含む学際的なアプローチを採用しているのは，このためである。[10]
　本書は，序章と終章のほかに，それぞれ3つの章から成る3つの部によって構成されている。以下，読み進めていただくにあたってのガイドとして，その

大まかな見取り図を示すことにしよう。

　第1部（「合理的配慮とは何か」）は，合理的配慮という概念を正確に理解していただくために設けられている。この概念が第一義的には法的な概念である以上，その内容を正しく理解するためには，法律上の規定についての適切な把握が欠かせない。加えて，合理的配慮とポジティブ・アクションとの違いについて明確化しておくことも有益だろう。内容の性質上，やや煩雑に思える議論が含まれているかもしれないが，合理的配慮の意義と射程を詳しく知っておきたいと考える読者には，ぜひ押さえておいていただきたい議論である。

　第1章では，日本の法律における合理的配慮の生みの親である，権利条約に定める合理的配慮の概念を明らかにする。とりわけ，この概念を〈等しい者を異なって扱う型の差別〉と〈異なる者を異なって扱わない型の差別〉という2つの差別概念に照らして検討する。第2章では，差別解消法と雇用促進法のもとで行政機関等・事業者・事業主が提供しなければならない合理的配慮がどのような概念であるか解明する。合理的配慮が7つの内容と3つの手続を有するものであることを指摘するほか，いくつかの関連論点を検討する。第3章では，従来なされてきた障害者向けの配慮や施策と合理的配慮との差異を明確化することで，合理的配慮の輪郭を浮き彫りにする。とりわけ，ポジティブ・アクションとの対比を通じて，合理的配慮の特徴を明らかにする。

　第2部（「なぜ合理的配慮なのか」）では，合理的配慮にまつわるいくつかの危惧を解きほぐすことを目的としている。合理的配慮の義務化はそれを提供する側に対して過剰な要求となるのではないか，という声はいまだに根強い。恐らくそこには，合理的配慮義務が既存の社会のあり方を脅かすことになるのではないか，という直観的な懸念があるのだと思う。このような疑問をもち，合理的配慮の導入に違和感をもっている読者にこそ，この部の議論に目を通していただきたい。

　第4章では，合理的配慮と能力主義との関係を考える。合理的配慮が能力評価をめぐる公正な競争条件を歪めることになるのか否か，という論点を中心に考え方を整理し，課題を検討する。第5章では，合理的配慮に伴うコスト負担と「経済合理性」との関係が焦点となる。とりわけ，利潤最大化を目的とする民間企業におけるコスト負担の問題を取り上げ，それがどのような範囲で，ど

のような理由により正当化されうるのか探究する。第6章では，合理的配慮に伴うコスト負担が誰によって担われるべきかという論点を扱う。第一義的には事業者・事業主が負担することとされるコストについて，それを社会政策によって軽減することの可能性と妥当性について検討する。

最後に置かれる第3部（「合理的配慮をどう広げるか」）では，広く社会において合理的配慮を提供しようとする段階で生じる実践的で応用的な課題を検討する。多くの事業者・事業主が合理的配慮について理解し，その提供に納得したとしても，それだけで障害者の平等な社会参加を支える十分な手段として合理的配慮が機能するわけではない。そこには，法的義務の適切な履行という課題のみならず，社会的配置や文化をめぐるより広範な課題が横たわっている。その意味で，合理的配慮についてよく知っているし，その実施にあたってとくに不安はない，と感じておられる読者にも，この部の議論をご一読いただければと思う。

第7章では，合理的配慮を受けるのは誰か，という基礎的でありながら入り組んだ問いを考える。配慮を必要としている人がいて，そのニーズに応える手段があるならば，合理的配慮は提供されるべきだ，という常識的な回答に至るために乗り越えなければならない法的・社会的課題が検討される。第8章では，合理的配慮の提供に関わるアクセスとプライバシーとの緊張関係について考察する。プライバシーを尊重しつつ，有効な配慮を提供するための条件を明らかにしつつ，なお残る課題について指摘する。第9章では，多様な差異を踏まえた合理的配慮の意義について論じる。合理的配慮を効果的に機能させていくうえで，ジェンダーやセクシュアリティ等，人びとの多様な差異に基づくニーズの尊重がどのような重要性をもつのか検討し，それを可能にする社会的基盤について考える。

最後に，終章では，それまでの各章で繰り広げられた，障害者に対する合理的配慮に関する議論を整理しながら，合理的配慮が万人のための「共生の技法」として位置づけられる可能性を考えてみたい。

以上，本書の章構成に沿って，扱われている論点の概略を示した。この順序で本書を通読していただくことによって，合理的配慮の意義や可能性とともに，その運用にあたってのさまざまな課題が，ある程度まで体系的に把握できるよ

うになっている。ただ，読者の中には，より特化した関心から本書を手に取られた方も多いにちがいない。そうした読者の皆さんには，それぞれの興味に応じて各章を選択的に読み進めていただいてかまわない。あえていうまでもないが，読み方は読者に開かれている。それぞれの関心と目的に即して本書をお読みいただき，私たちの社会において合理的配慮の考え方を活かし，育てていくための議論と実践の輪が広がっていくことを，期待してやまない。

なお，本書の巻末には，差別解消法の全文と雇用促進法の抜粋に加えて，政府の基本方針，文部科学省の対応指針，厚生労働省の差別禁止指針・合理的配慮指針の本文を，資料として掲載した。読者が本書の内容をよりよく理解し，批判的に検討する際に，この資料を役立ててもらいたい。

●注
1) 2011年改正の障害者基本法に定める合理的配慮の規定を基本的に受け継いだのが，差別解消法である。なお，各地のいわゆる障害者差別禁止条例の中にも，合理的配慮の規定が含まれている。障害者権利条約が採択された2006年という比較的早い段階で，全国にさきがけて制定された「障害のある人もない人も共に暮らしやすい千葉県づくり条例」には，合理的配慮の概念が次のように盛り込まれた。「この条例において『差別』とは，次の各号に掲げる行為（以下『不利益取扱い』という。）をすること及び障害のある人が障害のない人と実質的に同等の日常生活又は社会生活を営むために必要な合理的な配慮に基づく措置（以下『合理的な配慮に基づく措置』という。）を行わないことをいう」。
2) 刊行順に列記すれば以下のとおりである。国立特別支援教育総合研究所（2014），障害者差別解消法解説編集委員会編（2014），西村（2014），須田・伊丹（2014），鈴木（2015），坂爪・湯汲編（2015），野口・成松編（2015），所（2015），永野ほか編（2016），大胡田・関哉編（2016），DPI日本会議編（2016），Karten（2011=2016），杉山（2016），中央法規出版編集部編（2016），野村・池原編（2016）。
3) 差別解消法の基本方針と雇用促進法の合理的配慮指針等を見ると，基本的に，合理的配慮の内容には，障害者の意向の尊重，本来業務付随，機会平等，本質変更不可の意味合いを含めて考える必要がある（本書第2章）。
4) 雇用促進法のもとで法的義務を課されている事業主（雇用分野）も，合理的配慮を提供しなかったからといって罰則が課されるわけではない。厚生労働省のQ&Aによれば，その理由は，障害のある労働者が継続して勤務することを重視すると，罰金を課すよりも助言や指導を与えるほうが有効であるからだ，とされている。なお，差別解消法に関して付言すれば，行政機関等の職員は，合理的配慮を提供しなかった場合に，「守るべき内部的な規範」（内閣府のQ&A）として服務規律の体系に位置づけられている対応要

領により，懲戒処分に付されることがある。
5) リサ・ワディントンは，欧州連合（EU）の理事会指令や諸国の法令等を検討して，「合理的配慮」にいう「合理的」（reasonable）の意味を次の3つに分類して整理している。すなわち，(A) 配慮が使用者に過度な困難を課さないこと，(B) 配慮が障害者のニーズ充足の点で効果的であること，(C) 配慮が使用者に過度な困難を課さず，かつ，障害者のニーズ充足の点で効果的であること，である（Waddington 2008）。このように「合理的」の意味は多義的であり，必ずしも双方の事情を考慮に入れた "reasonable" なもの（いわゆる（C））に限られない。一方で，本章は，このように法的観点から「合理的」の概念を分析したものではなく，"rational" と "reasonable" という政治哲学的な区別の観点から「合理的配慮」というかたまりの概念を整理したものである。
6) このように提供義務のある合理的配慮は，あくまでも "reasonable" なものであり，過重負担がない程度まで現状を変更する措置にすぎない。もとより，私たちが過重負担の配慮を相手に求めることは，「できないことをすべきだ」といっているに等しく，不当である。個々の行政機関等・事業者・事業主に向けて，いわば「無理なくできることをしなさい」というのが，合理的配慮の提供義務である。ただ，こういうと，「過重負担だと簡単に言われてしまうのではないか」とか「過重負担を超えた配慮はどうするのか」といった懸念が出てくるであろう。前者の懸念に関しては，過重負担の有無は客観的・総合的に判断されるべきで，抽象的に過重負担だと安易に判断されてはならないとされる。また，後者の懸念に関しては，過重負担となる配慮は，合理的配慮によってカバーされないので，たとえば事前的改善措置やポジティブ・アクション等によって対応される必要がある（本書第2章，第3章）。もとより，この世に万能な法律など存在しない。私たちは，合理的配慮の意義と限界と可能性を見定める必要がある。
7) 「思いやり」は人間のもつ利他性の発現でもあり，それ自体，もちろん私的関係の中では重要な意義をもち，単純に否定されるべきものではない。しかし，人間が誰に対しても常に「思いやり」をもって接することは難しい。障害者が，そうした確証のない「思いやり」に頼って，社会生活を送る際に必要な配慮を相手に求めることは，常に人の顔色をうかがいながら生活することにつながりかねない。とりわけ公共的場面で，他人の気持ひとつで配慮が受けられたり，受けられなかったりする状況は，障害者の社会参加を危うくする。さらに，「思いやり」は，「思いやっている」側と「思いやられている側」という上下関係をつくり，障害者の自尊心を害する，という副作用ももちうる。
8) この点に関しては，たとえば，努力義務にとどまる私立大学の中にも，——将来的に法的義務になるということを想定した行動であるかもしれないが——合理的配慮のルールを定めたり，担当室を設置したりしているところがある。ただ，法施行直後ということもあり，全国のまとまったデータは存在しない。
9) 事前的改善措置として，ユニバーサルデザインに沿って建物を前もってバリアフリー化したとしても，すべての障害者のニーズが漏れなく満たされるわけではない。ユニバーサルデザインとは，「最大限可能な範囲で全ての人が使用することのできる」設計であることを想起すべきである（権利条約2条）。要するに，合理的配慮は，事前的改善措置（ポジティブ・アクション）と相互補完的な関係に立ちながら，機会平等の達成手段となるのだ。さらに重要なのは，合理的配慮のような差別禁止法制度と補完関係にあるものとして福祉法制度があるが，その検討は本書の範囲を超えている（たとえば，

Waddington & Diller 2002 を参照)。
10) 合理的配慮の概念を明らかにすることは,障害者の生活改善という実践的観点からみて緊要な課題であるが,障害分野の諸学(障害学,社会福祉学など),社会諸科学(社会学,経済学,法学,政治学など),人文諸科学(思想,哲学,文学など)にとっても,新たな問いの地平を拓く可能性を秘めた重要な課題となろう。そうした諸課題を本格的に検討するための前提的考察の一環としても,本書は位置づけられる。

● 文　献

中央法規出版編集部編,2016,『障害者差別解消法 事業者のための対応指針(ガイドライン)不当な差別的取扱い・合理的配慮の具体例』中央法規出版
DPI日本会議編,2016,『合理的配慮,差別的取扱いとは何か──障害者差別解消法・雇用促進法の使い方』解放出版社
井上達夫,1986,『共生の作法──会話としての正義』創文社:3-27
井上達夫,2006,「公共性とは何か」井上達夫編『公共性の法哲学』ナカニシヤ出版
Karten, Toby J., 2011, *Inclusion Strategies & Interventions*, Solution Tree. (=2016, 川合紀宗訳『インクルーシブな学級づくり・授業づくり──子どもの多様な学びを促す合理的配慮と教科指導』学苑社)
国立特別支援教育総合研究所,2014,『共に学び合うインクルーシブ教育システム構築に向けた児童生徒への配慮・指導事例──小・中学校で学習している障害のある児童生徒の12事例』ジアース教育新社
永野仁美・長谷川珠子・富永晃一編,2016,『詳説 障害者雇用促進法──新たな平等社会の実現に向けて』弘文堂
西村修一,2014,『合理的配慮とICFの活用──インクルーシブ教育実現への射程』クリエイツかもがわ
野口武悟・成松一郎編,2015,『多様性と出会う学校図書館──一人ひとりの自立を支える合理的配慮へのアプローチ』読書工房
野村茂樹・池原毅和編,2016,『Q&A障害者差別解消法──わたしたちが活かす解消法 みんなでつくる平等社会』生活書院
大胡田誠・関哉直人編,2016,『今日からできる障害者雇用』弘文堂
坂爪一幸・湯汲英史編,2015,『知的障害・発達障害のある人への合理的配慮──自立のためのコミュニケーション支援』かもがわ出版
障害者差別解消法解説編集委員会編,2014,『概説 障害者差別解消法』法律文化社
須田正信・伊丹昌一編,2014,『合理的配慮の視点でつくる! 特別支援教育の授業づくり&指導案作成ガイド』明治図書出版
杉山有沙,2016,『障害差別禁止の法理』成文堂
鈴木京子,2015,『インクルーシブシアターを目指して──「障害者差別解消法」で劇場はどうかわるか』ビレッジプレス
竹沢尚一郎,1997,『共生の技法──宗教・ボランティア・共同体』海鳥社
所浩代,2015,『精神疾患と障害差別禁止法──雇用・労働分野における日米法比較研究』旬報社

Waddington, Lisa, 2008, "When It Is Reasonable for Europeans to Be Confused: Understanding When a Disability Accommodation Is "Reasonable" from a Comparative Perspective," *Comparative Labor Law & Policy Journal*, 29(3): 317-333.

Waddington, Lisa & Matthew Diller, 2002, "Tensions and Coherence in Disability Policy: The Uneasy Relationship between Social Welfare and Civil Rights Models of Disability in American, European and International Employment Law," Mary Lou Breslin & Silvia Yee eds., *Disability Rights Law and Policy: International and National Perspectives*, Transnational Publishers: 241-282.

第 **1** 部

合理的配慮とは何か

第 1 章　権利条約における合理的配慮
第 2 章　差別解消法と雇用促進法における合理的配慮
第 3 章　合理的配慮とポジティブ・アクション
　　●合理的配慮になりうるもの，なりえないもの

第1章

権利条約における合理的配慮

●川島　聡

1 立法化のきっかけ

　合理的配慮とは何か。たとえば視覚障害のある学生Aさんが，大学の歴史の授業を受ける際にテキストデータ（電子データ化した文字情報）が必要になったとしよう。このとき，教員Bさんが，負担が重すぎなければ，Aさんにテキストデータを渡すことを合理的配慮という。

　このテキストデータは，障害がない他の学生たちには提供されず，Aさんにのみ提供される。Aさん以外の学生全員には，インクで印刷したプリントを配るという慣行が用いられているわけだから，ここではAさんだけのために授業の慣行が変更されていることがわかる。このように，Aさんを障害がない他の学生と異なって扱うことが，合理的配慮である。

　もとより，インク印刷のプリントを配布するという慣行をはじめ，社会のさまざまな慣行，事物，制度，観念等（以下，本章では，総称してルールと呼ぶ）は，基本的に障害がない人を想定している。たとえば，階段を使用する，口頭で発言する，目でメニューを読む，箸で食べる等のルールは，障害がない人が生活を送るうえでは何ら支障とならないが，障害者が生活を送るうえでは支障となりうる。

　今日では，そうしたルールを障害者に押しつけて，障害者を社会から締め出

すことは許されない。障害者が社会で共に暮らすためには個々の障害者のニーズに応じてルールを柔軟に変更することが不可欠となる。そのようなルールの変更により，障害者が生活を送るうえでの支障（社会的障壁）を除去することが求められているのだ。

ここで再び冒頭の例を用いれば，BさんがAさんにテキストデータを提供すれば，Aさんは歴史の授業を受けるのに必要な情報を得ることができる。つまり，BさんがAさんのニーズに応じてルールを変更すれば，Aさんは授業を受ける機会を等しく享受できるのだ。確かにインク印刷のプリントを全員に1枚ずつ配布することも，ある種の機会平等である。しかし，そのことはAさんが求める機会平等（授業を受けるのに必要な情報に実質的にアクセスする機会の平等）にとって何の役にも立たないのである。

このように，障害当事者が求める機会平等のためにルールを変更する機能を果たす合理的配慮の概念は，最近になって日本の法律に導入された。2011年に改正された障害者基本法，2013年に成立した障害者差別解消法，同年に改正された障害者雇用促進法が，合理的配慮の提供義務を定めたのだ。

こうした合理的配慮の立法化のきっかけをつくったのが，障害者権利条約（以下，権利条約）である。権利条約は，2006年に国連総会で採択された条約で，自由権規約や社会権規約，女性差別撤廃条約などの主要人権条約のひとつに数えられる。そして権利条約は，主要人権条約としてははじめて「合理的配慮」[1]という文言を用い，さらに「合理的配慮の否定」（合理的配慮の不提供）を差別のひとつと定義した。

日本は，2007年9月28日に権利条約に署名し，6年以上かけて批准に向けた国内法整備に力を注いだ。その一環として，日本は，合理的配慮の提供義務を国内法に導入し，それから満を持して，2014年1月20日に権利条約を批准した。そして，他の批准した条約の場合と同じく（Government of Japan 1997），この批准により，権利条約は日本において法律に優位する国内的効力をもつに至った。

このように，権利条約は日本の法律に定める合理的配慮の生みの親だといってよい。そこで，日本法における合理的配慮は次章で取り上げることとして，その前に，本章では，権利条約における差別概念としての合理的配慮とはどの

ようなものか検討したい。

　本章での検討を進めるにあたり，まず差別が何を意味するか確認しておこう。上記のとおり，権利条約のもとで，合理的配慮の不提供は差別とされているからだ。ただ，もとより差別とは何かを論じることは，そう容易なことではない。差別の概念はそれぞれの国のそれぞれの法律によっても異なる。ここでは，国際人権法における差別の概念をごく簡単に述べるにとどめたい。

　従来，国際人権法においては，差別とは等しい者を異なって扱うとき（等しい者を等しくなく扱うとき）に生じるものだと理解されてきた。たとえば役所が，女性Cさんに対する窓口対応を，ただ女性だからという理由で拒否すれば，性別による差別が生じることになる。ここでいう差別とは，Cさんを性別以外は同じ市民（男性）と異なって扱い，Cさんに不利益を与えることを意味する。本章では，こうした従来のタイプの差別を〈等しい者を異なって扱う型の差別〉と呼ぶことにする。

　もちろん，権利条約もこのタイプの差別を禁止している。たとえば，役所が障害者Dさんに対する窓口対応を，ただ障害者だからという理由で拒否すれば，このタイプの差別が発生する。すなわち，同じ市民であるDさんを，ただ障害者だからという理由で，障害がない者と異なって扱うことが，このタイプの差別である。等しい者は等しく扱うべきであるのに，異なって扱うことが差別とされるのだ。

　これに対して，合理的配慮の不提供という新しいタイプの差別は，異なる者を異なって扱わないとき（異なる者を等しく扱うとき）に生じる[2]。この新しいタイプの差別を〈異なる者を異なって扱わない型の差別〉と呼ぶことにしたい。冒頭の例を用いていうと，もし教員Bさんが，他の学生たちと同じく，障害学生Aさんにもインク印刷のプリントを配布すれば，Aさんに対する差別が生じることになる。いいかえれば，Bさんが負担が重すぎるわけでもないのに，Aさんのためにテキストデータ（合理的配慮）を提供しなければ——Aさんを異なって扱わなければ——差別が発生するのだ。

　では，そうした新しい差別概念としての合理的配慮の概念が権利条約に記されるまでに，どのような背景が国際社会にあったのか。以下においては，この点をまず簡単に確認する（第2節）。次に，権利条約に定める合理的配慮の概念

を検討する（第3節）。最後に，合理的配慮の概念が〈異なる者を異なって扱わない型の差別〉でありながらも，実のところ，〈等しい者を異なって扱う型の差別〉とも関係しうることを指摘する（第4節）。

2 差別概念としての合理的配慮の登場

(1) 宗教から障害へ，そして世界へ

　合理的配慮の概念は，世界的な起源としては，1960年代半ばのアメリカで，宗教差別と関連して誕生した。また，この概念は，1980年代半ばのカナダでも，宗教差別と関連して登場した（Bribosia & Rorive 2013）。そして1990年には，「合理的配慮」（reasonable accommodation）という言葉を世界に広めた法律として，障害をもつアメリカ人法（以下，ADA）が成立した。

　それから間もなくして，1994年に社会権規約の監視機関（社会権規約委員会）が採択した一般的意見5号が，障害差別の中には「合理的配慮の否定」が含まれる，と記した（UN Committee on Economic, Social and Cultural Rights 1994）。また，欧州連合（以下，EU）では，2000年に採択された指令 2000/78 が，障害者雇用の分野における合理的配慮義務を定めた（Council of the European Union 2000）[3]。

　一般的意見5号と指令 2000/78 のどちらも，ADAが採用した "reasonable accommodation" という言葉を受け継いでいる。ただ，合理的配慮の不提供は，前者では差別と明記されているのに対し，後者ではそうではない。しかし，それにもかかわらず，障害法の研究者は，ポジティブ・アクション（一般的な措置）と合理的配慮（個別的な措置）との違いを強調し，指令 2000/78 のもとでも，合理的配慮の概念は障害差別の文脈に位置づけられるとの解釈を説得的に唱えた（EU Network of Independent Experts on Disability Discrimination 2004）。

　2005年には，ドイツの障害法研究者テレジア・デゲナーが，16カ国の障害差別禁止法が必ずしも全面的ではないにしても合理的配慮の不提供を差別と定めている，と記した。その諸国は，オーストラリア，ベルギー，カナダ，ドイツ，香港，ハンガリー，アイルランド，イスラエル，マルタ，オランダ，ニュージーランド，フィリピン，スウェーデン，イギリス，アメリカ，ジンバ

ブエである (Degener 2005)。

　このように合理的配慮の概念は，1960年代以降，宗教分野を皮切りに障害分野に広がり，世界的に急速に拡散していった。そして2000年には，国際人権法の領域で，差別概念としての合理的配慮の概念を考えるうえで重要な判決が現れた。欧州人権裁判所が，スリメノス対ギリシャ事件（*Thlimmenos v. Greece* 2000）で，〈異なる者を異なって扱わない型の差別〉を認定したのである。以下では，この判決の概要を見てみよう。

(2) スリメノス対ギリシャ事件（2000年4月6日）

　本件の申立人（スリメノス）はエホバの証人の信者である。彼は，その宗教的信念に基づき軍服を着用しなかったため，有罪判決を受けた。そして彼は，そのような自身の犯罪の経歴を理由に，公認会計士職に就くことができなかった。この点に関して欧州人権裁判所は次のように判断した。

　そもそも，スリメノスに対する有罪判決は，重大な犯罪を理由とする他の有罪判決とは性格を異にする。なぜなら彼は，宗教的・哲学的な理由で軍服着用を拒否したため，有罪判決を受けたのであって，誠実性と道徳性を欠いているわけではないからだ。よって，彼は公認会計士職に従事する能力を欠いてはいない。それゆえ，彼が不適切な人物であるとの理由で公認会計士職に就けない，という論理は正当化されない。とすれば，ギリシャは，彼が公認会計士職に就けるように，他の重大な犯罪者とスリメノスとを異なって扱うべきであったのに，そうしなかった。すなわち，ギリシャは，有罪判決を受けた者を公認会計士職に就かせないルールに，スリメノスのための「適当な例外」（appropriate exceptions）を設けるべきであったのに，そうしなかったのだ。よって，このようにルールに例外を設けなかったこと（異なって扱わなかったこと）は客観的・合理的に正当化されず，ギリシャは9条（信教の自由）と併せた14条（差別禁止）に違反する，と（第39〜49パラグラフ）。

　以上のように，欧州人権裁判所は，ギリシャが他の重大な犯罪者とスリメノスとを同様に扱ったことを信教の自由に関する差別と認定した。この差別の認定に関してとくに注目すべきは，欧州人権裁判所が次のように述べていたことである。

「これまでのところ，当裁判所は，この条約により保障される諸権利の享有にあたり差別されない，という14条に定める権利は，国家が類似した状況における人びとを客観的かつ合理的な正当化なしに異なって扱うときに侵害される，とみなしてきた。(中略)しかしながら，これは14条における差別禁止の唯一の面ではない，と当裁判所は判断する。この条約が保障する諸権利の享有にあたって差別されない権利は，国家が，著しく異なった状況にある人びと（persons whose situations are significantly different）を客観的かつ合理的な正当化なしに異なって扱わないときにも侵害される」（第44パラグラフ）。

この引用部分がまさしく，欧州人権裁判所が，〈異なる者を異なって扱わない型の差別〉をはじめて採用した部分である。ここで「異なって扱わない」というのは，いわゆる表面上中立的なルールに変更を加えない（例外を設けない）ことを意味する。

そもそも本件で問題となったルールは，信教を理由に人びとを異なって扱うものではなく，犯罪歴の有無で人びとを異なって扱うものである。そのため，このルールは，有罪判決を受けた者たちを公認会計士職から排除しているにすぎず，信教の自由に関して表面上は中立性を装っている。よって，このルールを表面上中立的なルールと呼ぶことができる。

本件で問題視されたのは，そうした表面上中立的なルールに変更を加えなかったことにより，スリメノスが公認会計士職に就けなかったことである。ここで，ルールに変更を加えないというのは，同じく有罪判決を受けた者たちのうち，道徳性を欠く者と道徳性を欠かない者（宗教的信念に基づき行動したスリメノス）とを「異なって扱わない」ことを意味する。

このように「異なって扱わない」（表面上中立的なルールに変更を加えない〔例外を設けない〕）ことが差別になる，という判断枠組を記したのが上記の引用部分である。そして「異なって扱わない」ことは，本章の冒頭で述べたように，合理的配慮を提供しないことを含意するため，スリメノス事件判決は，合理的配慮という言葉は用いていないものの，差別概念としての合理的配慮を考えるうえで，示唆に富んだものだといえる。[4]

3 権利条約の誕生

　ADAの成立やスリメノス事件をはじめとするこうした世界の大きな潮流を背景に，2006年に権利条約が誕生した。こうした背景を考えれば当然といえるかもしれないが，権利条約は差別概念としての合理的配慮の概念を盛り込むことになった。合理的配慮の概念は，権利条約より前に成立した主要人権条約には明文で規定されたことがないため，国際人権法上の「新しい概念」だといわれる（川島・東 2012）。

　本節では，まず，権利条約の中に，差別概念としての合理的配慮の概念が導入された経緯を述べておきたい（川島 2008）。次に，権利条約に定める合理的配慮の定義がどのような内容であるか検討する。そして，この内容をより詳しく明らかにするために，障害者権利委員会（権利条約に基づき設置された監視機関）が扱った合理的配慮に関する個人通報事例をいくつか検討する。

(1) 合理的配慮の概念が導入された経緯

　権利条約が誕生する契機は，2001年12月に国連総会で採択された決議である。この決議によって，権利条約に関する特別委員会（アドホック委員会）が設置されて，条約交渉が始まったのだ。結局，この決議から，2006年12月に権利条約が国連総会で採択されるまでの5年間で，計8回の特別委員会が開催された。

　ただ，権利条約に関する最初の草案（作業部会草案）は，特別委員会の場で作成されたわけではない。それは，第3回特別委員会（2004年5月）の少し前に開催された作業部会（同年1月）で作成された。そして，この草案に付された脚注のひとつは，作業部会における合理的配慮に関する議論状況を記していた。それによると，作業部会の場では，「合理的配慮の否定」（合理的配慮の不提供）が差別であると主張する者と，それに反対する者がいた。

　この点，先に見たスリメノス事件で欧州人権裁判所も述べたように，そもそも国際人権法の領域では，等しい者を異なって扱うとき（等しい者を等しくなく扱うとき）に差別が生じるという考え方は馴染み深いものであったが，異なる

者を異なって扱わないとき（異なる者を等しく扱うとき）に差別が生じるという合理的配慮の考え方はきわめて新しかった。そのため，後者のような新しい差別の考え方に対して，一部の諸国が警戒感を抱き，抵抗感を感じるのも無理はなく，作業部会の場で，「合理的配慮の否定」を差別とするかしないかで対立が起きるのも当然であった。結局，そうした対立があったため，作業部会草案の本文は合理的配慮の定義を記したが，「合理的配慮の否定」を差別と記すことはなかった。

　第7回特別委員会（2006年2月）の段階でも，障害差別の定義の中に「合理的配慮の否定」を含めることに賛成する立場（EU，カナダ，オーストラリア等）と，それに反対する立場（日本等）が対立していた。けれども，2年前の作業部会のときよりも合理的配慮の概念への理解が進み，反対派の警戒感や抵抗感は薄まり，賛成派が優勢となっていた。その結果，第7回特別委員会で採択された草案（修正議長草案）は，

「障害に基づく差別には，あらゆる形態の差別（合理的配慮の否定［並びに直接差別及び間接差別］を含む。）を含む。」

という一文を盛り込むことになった。そして，それから半年後に開催された第8回特別委員会（2006年8月）では，交渉の結果，この一文から「並びに直接差別及び間接差別」という角ブラケットの部分が削除された。そして最終的に，権利条約2条（さまざまな定義を定めた条文）は，

「障害に基づく差別には，あらゆる形態の差別（合理的配慮の否定を含む。）を含む。」

と定めたのである（「障害に基づく差別」の定義の全体は，後掲の **BOX** ①参照）。

　この定義に関連して1点指摘しておきたいのは，国際人権法において，差別禁止義務は漸進的（徐々）に達成される義務ではなく，即時に適用可能な義務に含まれる，ということである。そうした差別禁止義務のひとつとして，合理的配慮の提供義務も即時適用義務となったのだ（Lawson 2007, Lord & Stein 2008）。

この点，条約交渉の過程で，一部の政府が，上記のように差別の定義の中に「合理的配慮の否定」を含めることに反対した際に，この未知なる概念が即時適用義務となることに対して抵抗感を感じていたことは想像に難くない。

(2) 合理的配慮の定義

以上のような経緯で成立した権利条約には，合理的配慮（reasonable accommodation）という言葉が，2条（「障害に基づく差別」と「合理的配慮」の定義），5条（平等無差別），14条2（身体の自由・安全），24条2（c）（教育），24条5（教育），27条1（i）（労働・雇用）という7つの箇所で登場する（後掲のBOX①参照）。ここでは権利条約2条に定める合理的配慮の定義のみ確認しておきたい。本条によれば，

> 「『合理的配慮』とは，障害者が他の者との平等を基礎として全ての人権及び基本的自由を享有し，又は行使することを確保するための必要かつ適当な変更及び調整であって，特定の場合において必要とされるものであり，かつ，均衡を失した又は過度の負担を課さないものをいう。」

この定義は大きく分けて3つの要素からなっている。第1の要素は，少し長いが，「障害者が他の者との平等を基礎として全ての人権及び基本的自由を享有し，又は行使することを確保するための必要かつ適当な変更及び調整」という部分である。この部分に含まれる文言のうち，たとえば「必要」と「適当」との違い，「変更」と「調整」との違いは明らかではない。

さしあたり簡略化していえば，この第1の要素は，障害者の平等な人権行使を確保するための変更を意味する，ということができる。いいかえれば，この要素は，障害者が平等に人権を行使するうえで支障となっているルールの変更を意味する。とすれば，ここでいう変更は，いわゆる「社会的障壁の除去」（障害者差別解消法7条2項・8条2項）を意味するといってよい（本書第2章）。

ただ，そのような変更は，それだけでは合理的配慮ということにはならない。第2と第3の要素によって意味内容が限定された変更が，合理的配慮であるからだ。第2の要素は，「特定の場合において必要とされるもの」という部分で，

第3の要素は「均衡を失した又は過度の負担を課さないもの」という部分である。それぞれ見てみよう。

　第2の要素は，合理的配慮が，障害者一般（障害者集団）のニーズではなく，個々の特定の場面における障害者個人のニーズに応じたものであることを意味する。この要素は，EU代表が第4回特別委員会において提案した内容を反映したものである。EU代表は，合理的配慮とは個人のニーズを充足する「個人に合わせた概念」（an individualized concept）であると考え，このことを意味する「特定の場合において必要とされるもの」という文言を合理的配慮の定義に含めるべきだと提案したのだ。この文言は，そもそも指令2000/78に定める合理的配慮の規定（5条）で用いられていたもので，EU代表はそれに依拠して発言したといえる（川島 2008）。

　このような第2の要素とも関連して，障害者権利委員会が，一般的意見2号で，アクセシビリティと合理的配慮とを区別したことが注目される（UN Committee on the Rights of Persons with Disabilities 2014）。それによれば，合理的配慮の提供義務は「今からの義務」（*ex nunc* duty）で，個人に関わる。すなわち，特定の状況（職場，学校など）で，個々人が実際に合理的配慮を必要とした瞬間から，合理的配慮の提供義務は生じる。これに対して，アクセシビリティを確保する義務は「事前の義務」（*ex ante* duty）で，集団に関わる。すなわち，個々の障害者が特定の場所やサービスを利用したいと要求する前から生じているのが，障害者集団（一般）のためにアクセシビリティを確保する義務である[5]。

　第3の要素は，合理的配慮が「均衡を失した負担」と「過度の負担」を伴うものではないことを意味する。これらの2つの用語の違いは明らかではないが，たとえば雇用分野においてベネフィットを上回るコストがあれば，「均衡を失した負担」または「過度の負担」となろう。この点，後述するマリー＝ルイース・ユンゲリン対スウェーデン事件の共同反対意見が注目される。なぜなら，この意見は，ある配慮のベネフィットの中に，その配慮が他の障害者にもたらす積極的な効果をも含めているからだ。

　ここで，以上で見てきた3つの要素を簡単に整理すれば，合理的配慮とは，障害者の平等な人権行使を確保するための変更（社会的障壁の除去）のうち，個々のニーズに応じたもので，かつ，不均衡・過度な負担がないものを意味す

BOX ①　権利条約における合理的配慮への言及箇所

第2条［定義］
「障害に基づく差別」とは，障害に基づくあらゆる区別，排除又は制限であって，政治的，経済的，社会的，文化的，市民的その他のあらゆる分野において，他の者との平等を基礎として全ての人権及び基本的自由を認識し，享有し，又は行使することを害し，又は妨げる目的又は効果を有するものをいう。障害に基づく差別には，あらゆる形態の差別（合理的配慮の否定を含む。）を含む。

第2条［定義］
「合理的配慮」とは，障害者が他の者との平等を基礎として全ての人権及び基本的自由を享有し，又は行使することを確保するための必要かつ適当な変更及び調整であって，特定の場合において必要とされるものであり，かつ，均衡を失した又は過度の負担を課さないものをいう。

第5条3［平等及び無差別］
3　締約国は，平等を促進し，及び差別を撤廃することを目的として，合理的配慮が提供されることを確保するための全ての適当な措置をとる。

第14条2［身体の自由及び安全］
2　締約国は，障害者がいずれの手続を通じて自由を奪われた場合であっても，当該障害者が，他の者との平等を基礎として国際人権法による保障を受ける権利を有すること並びにこの条約の目的及び原則に従って取り扱われること（合理的配慮の提供によるものを含む。）を確保する。

第24条2(c)［教育］
2　締約国は，1の権利［教育についての障害者の権利──引用者］の実現に当たり，次のことを確保する。
(c)　個人に必要とされる合理的配慮が提供されること。

第24条5［教育］
5　締約国は，障害者が，差別なしに，かつ，他の者との平等を基礎として，一般的な高等教育，職業訓練，成人教育及び生涯学習を享受することができることを確保する。このため，締約国は，合理的配慮が障害者に提供されることを確保する。

第27条1 (i)［労働及び雇用］
1　締約国は，障害者が他の者との平等を基礎として労働についての権利を有することを認める。この権利には，障害者に対して開放され，障害者を包容し，及び障害者にとって利用しやすい労働市場及び労働環境において，

> 障害者が自由に選択し，又は承諾する労働によって生計を立てる機会を有する権利を含む。締約国は，特に次のことのための適当な措置（立法によるものを含む。）をとることにより，労働についての障害者（雇用の過程で障害を有することとなった者を含む。）の権利が実現されることを保障し，及び促進する。
> (i) 職場において合理的配慮が障害者に提供されることを確保すること。

る，といえる。そして合理的配慮を怠れば差別が生じることになる。

(3) 障害者権利委員会の見解

　権利条約は，締約国による条約義務の遵守を促進するための国際実施制度をいくつか用意している。そのひとつが，権利条約の締約国が自由な選択で締結できる選択議定書（日本は未批准）に定める個人通報制度である。

　個人通報制度のもとで，権利条約の規定が侵害されたと主張する個人・集団は（その個人・集団のために第三者も），一定の条件を満たした場合，障害者権利委員会に通報することができる。そして障害者権利委員会は，通報を受理して審査した後に見解（views）を採択する。

　この見解は，一般的意見と同じく，法的拘束力をもたない。だが，見解や一般的意見で示された条約解釈は，個人通報制度等を運用する任務を条約上与えられた障害者権利委員会が示した法解釈として相応の権威をもつとみるべきである，とされる（申 2013）。

　そのため，権利条約における合理的配慮の概念を具体的に明らかにするには，個人通報制度のもとでの事例を検討しておくことがきわめて重要である。ここでは，合理的配慮に関する代表的事例として，H. M. 対スウェーデン事件（*H. M. v. Sweden* 2012），X 対アルゼンチン事件（*X v. Argentina* 2014），マリー＝ルイース・ユンゲリン対スウェーデン事件（*Marie-Louise Jungelin v. Sweden* 2014）における障害者権利委員会の見解を検討する。

① H. M. 対スウェーデン事件（2012 年 4 月 19 日）

　本件の通報者（H. M.）は，エーラス・ダンロス症候群があり，歩いたり立っ

たりすることができなかった。H. M. は，その進行を抑える唯一のリハビリテーション手段として，水治療法用プールを自宅に設置しようと試みた。ところが，スウェーデン当局は，計画建築法に基づき，自宅でのプールの設置許可申請を棄却した。この点に関して障害者権利委員会は次のように判断した。

　まず，H. M. が自宅で水治療法用プールを利用することは，彼女の健康ニーズを満たす唯一の効果的な手段である。そして水治療法用プールの設置は，計画建築法に定める開発計画からの逸脱（departure from the development plan）という「適当な変更及び調整」を必要とする。ここでいう開発計画からの逸脱は，「均衡を失した又は過度の負担」をスウェーデンに課すものではない。にもかかわらず，スウェーデン当局は，H. M. の障害ニーズを考慮に入れず，開発計画からの逸脱を認めず，水治療法用プールの建築許可申請を棄却した。そして，この棄却処分は，H. M. が自己に特有な健康状態に必要な医療とリハビリテーションにアクセスすることに対して不利な影響を及ぼす「差別的効果」（discriminatory effect）をもった。よって，スウェーデンは5条1（平等無差別），5条3（合理的配慮），25条（健康），26条（リハビリテーション）等に違反する，と（第8.1～8.8パラグラフ）。[6]

　障害者権利委員会は，以上のように条約違反を認定するにあたり，中立的な法律は，個人の特有な事情が考慮されずに適用されるときに，「差別的効果」をもちうると説示したうえで，次のように述べている。

「この条約のもとで保障される権利の享受に関して差別されない権利は，国家が，著しく異なった状況にある人びとを客観的かつ合理的な正当化なしに異なって扱わないときに侵害されうる。」（第8.3パラグラフ）

　この一文は，いうまでもなく，スリメノス事件で採用された判断枠組を踏襲している。そしてH. M. 事件の場合，この一文に含まれた「異なって扱わない」というのは，スウェーデン当局が，H. M. の求める水治療法用プールの設置（開発計画からの逸脱）を認めなかったこと，すなわちH. M. に合理的配慮を提供しなかったことを意味する。

3　権利条約の誕生

②X対アルゼンチン事件（2014年4月11日）

　本件の通報者（X）は無期懲役囚で，公判前勾留中に脳卒中を起こし，認知障害や視覚障害等をもち，車いすを使用していた。そしてXは，刑務所においてシャワーやトイレをひとりで使用するのが難しい状況にあった。またXは，医師の勧めるリハビリテーションを継続して受ける必要があり，それに適した自己拘禁を申請したが，それは認められなかった。そこで彼は，このように刑務所（医療刑務所）で拘禁されたことは権利条約に違反するとして障害者権利委員会に通報した。この通報に関して，障害者権利委員会は次のように判断した。

　まず，アルゼンチンは，自由を奪われた障害者に合理的配慮を提供する義務を負い（14条），刑務所のアクセシビリティを確保する義務を負っている（9条）。しかし，本件の刑務所におけるトイレ，シャワー室，レクリエーション場，看護サービスは，アクセシビリティと合理的配慮が欠如していた。そのため，アルゼンチンは9条1（a）(b)（アクセシビリティ）と14条2（身体の自由及び安全）に違反する。また，アルゼンチンは，アクセシビリティの欠如と合理的配慮の不提供により，17条（心身がそのままの状態で尊重される権利）に違反する，と（第8.4～8.7パラグラフ）。

　これらの条文のうち，14条2のみが合理的配慮に言及した条文である（BOX①参照）。そして14条2は，5条（平等無差別），24条（教育），27条（労働）と並んで合理的配慮の提供義務に言及した数少ない条文のひとつであるだけに，自由をはく奪された者にとって合理的配慮がいかに重要であるかを象徴的に示している。実際，欧州人権裁判所のもとで，自由をはく奪された障害者に対する合理的配慮の不提供が問題となった事例がいくつもあることが知られている（川島 2015）。

③マリー＝ルイース・ユンゲリン対スウェーデン事件（2014年10月2日）

　本件の通報者（マリー＝ルイース・ユンゲリン）は，生まれつき重度の視覚障害者であった。ユンゲリンは，スウェーデンの社会保険庁の求人に応募し，面接を受けた。職務の資格要件は満たしていたが，社会保険庁の内部コンピュータシステムが視覚障害者に対応できていないことを理由に，彼女は不採用と

なった。そこで，ユンゲリンは，社会保険庁が彼女に合理的配慮を提供せず，彼女を差別したとして，障害オンブズマン（平等オンブズマン）を通じて労働裁判所に訴えを提起した。けれども，労働裁判所は，本件で求められた配慮は合理的なものではないとして，この申立を棄却した。そのためユンゲリンは，スウェーデンが5条（平等無差別の権利）と27条（労働権）に違反したとして，障害者権利委員会に通報した。だが，障害者権利委員会は，次のように述べて，条約違反を認定しなかった。

　まず，締約国は，配慮の合理性と均衡性の判断に関して，一定の「評価の余地」（裁量の余地）を有する。また，特定の事案における事実と証拠の評価は，明白に恣意的な場合か裁判拒否の場合を除き，一般に締約国の裁判所によってなされる。この点，スウェーデンの労働裁判所は，ユンゲリンの求めた配慮が「過度の負担」を社会保険庁に課すと判断した際に，彼女の申立のすべての要素を徹底的かつ客観的に検討していた。また本件では，明白な恣意性と裁判拒否はなかった。よって，スウェーデンは5条と27条に違反しない，と（第10.1～10.6パラグラフ）。

　ここで注目すべきは，以上のような障害者権利委員会の見解に対して5名の委員が共同反対意見を出し，1名の委員がこれに部分的に同意した，ということである。その共同反対意見は，締約国が，配慮の合理性や「過度の負担」の判断に関して，一定の「評価の余地」を有することを認めつつも，次のように述べて，スウェーデンの労働裁判所の判断を問題視した。

　そもそも労働裁判所は，ユンゲリンへの配慮が将来の障害者雇用に及ぼすベネフィット（他の視覚障害者の今後の雇用に対する積極的効果）や，国内障害政策の実施を担当する主要な公的機関のひとつである社会保険庁の役割と機能，さらには賃金助成金と補助金といった諸点を考慮に入れるべきであった。しかし労働裁判所は，それらを考慮せずに「過度の負担」の概念を広く解釈し，障害者の配慮を受ける可能性を著しく制約した。こうして労働裁判所は，社会保険庁による「合理的配慮の否定」を是認し，その結果，ユンゲリンを職務から事実上差別的に排除した。よって，本件に関して，障害者権利委員会は5条と27条の違反を認定すべきであった，と（Joint Opinion of Committee Members〔dissenting〕2014）。

このように，共同反対意見が，「過度の負担」を判断する際に，他の視覚障害者一般に対する積極的効果や補助金等を考慮に入れるべきだと主張したことは重要である。これにより，共同反対意見は，締約国による「過度の負担」の主張を認めにくくしているからである。

4　2つのタイプの差別と合理的配慮

　以上で取り上げた3つの事件は，いずれも合理的配慮の概念を考える際に有益な示唆を与える。たとえば，合理的配慮は差別禁止義務の文脈のみで機能するものではなく（X対アルゼンチン事件），また締約国は合理的配慮の判断に際して一定の「評価の余地」を有する（マリー=ルイース・ユンゲリン事件）。さらに，「過度の負担」の有無が判断される際に考慮に入れられるべき諸要素を具体的に指摘した同事件の共同反対意見も注目に値する。

　だが，差別概念としての合理的配慮の概念を明らかにしようとする本章の試みに照らすと，ここでとくに着目したいのは，やはりスリメノス事件における判断枠組を踏襲したH. M. 事件である。上記のとおり，障害者権利委員会がH. M. 事件で用いた判断枠組（「差別されない権利は，国家が，著しく異なった状況にある人びとを客観的かつ合理的な正当化なしに異なって扱わないときに侵害される」）は，そもそも欧州人権裁判所がスリメノス事件で用いていたものである。

　欧州人権裁判所（スリメノス事件）と障害者権利委員会（H. M. 事件）のどちらも，同じ判断枠組を用い，〈異なる者を異なって扱わない型の差別〉という新しいタイプの差別を認定している。このタイプの差別の代表例が合理的配慮の不提供である。そして，権利条約に定める合理的配慮の定義に沿って，「適当な変更及び調整」と「均衡を失した又は過度の負担」の有無を検討し，真正面から合理的配慮の不提供を認定したのが，H. M. 事件であるといえる。

　ただ，H. M. 事件で，障害者権利委員会は，合理的配慮の不提供（新しいタイプの差別）を認定するだけにとどまっていない，と思われる。すなわち，この事件で，障害者権利委員会は，合理的配慮の不提供が原因（理由）となり，〈等しい者を異なって扱う型の差別〉が生じたことも同時に認定している，と

考えられる。というのも，障害者権利委員会は，H. M. 事件で「差別的効果」に言及しているからだ。

そもそも本件で，スウェーデン当局は，H. M. の個別事情を考慮に入れず，計画建築法に定める開発計画をそのまま彼に適用した（＝開発計画からの逸脱を彼に認めなかった＝彼に合理的配慮を提供しなかった＝彼を異なって扱わなかった）。このことによる「差別的効果」として，彼は健康に必要な医療とリハビリテーションに，他の者と等しくアクセスすることができなかった。すなわち彼は，合理的配慮の不提供による「差別的効果」として，健康に必要な医療とリハビリテーションへのアクセスに関して他の者と異なる扱いを受けたのだ。この意味で，本件では，合理的配慮の不提供が原因（理由）となり，〈等しい者を異なって扱う型の差別〉が生じている，ということができる。[7]

このように，合理的配慮の不提供は，それ自体，〈異なる者を異なって扱わない型の差別〉でありながらも，〈等しい者を異なって扱う型の差別〉が発生する際の原因（理由）になりうる。つまり，新しいタイプの差別（合理的配慮の不提供）と従来のタイプの差別には，原因と結果の関係が見られるのだ。

さて，このような両者の関係を——間接差別（本章注4）の論点も視野に入れて——より詳しく検討することは今後の課題として，国内法における合理的配慮について検討する次章に移ろう。

● 注

1) 権利条約の英語正文のリーズナブル・アコモデーション（reasonable accommodation）は，スペイン語正文ではアホステース・ラソナブレーズ（ajustes razonables），仏語正文ではアメナジュマン・レゾナブル（aménagements raisonnables）である。"reasonable accommodation" を「合理的配慮」と訳すことに対しては従来さまざまな異論が提起されてきた。たとえば，「合理的」の代わりに「妥当な」「理に適った」「適理的」「道理的」等を用いるべきであるとか，「配慮」の代わりに「対応」「便宜」「変更」「調整」等を用いるべきであるといった主張である。ただ，すでに「合理的配慮」という訳語が権利条約の公定訳文の中で採用されており，日本で今日一般に広く用いられていることに鑑みて，本書では「合理的配慮」という訳語を用いている。

2) 関連する議論として，たとえば Karlan & Rutherglen (1996), Waddington & Hendriks (2002), 川島 (2015)。

3) ちなみに，この指令が採択される前に，障害者に対する合理的配慮義務を法律で明確

に定めていた国は，EU 加盟国の中では，イギリス（1995 年），アイルランド（1998 年），スウェーデン（1999 年）の 3 カ国にすぎなかった（Waddington 2007）。
4)　この点に関しては，De Schutter（2005），川島（2015）参照。欧州人権裁判所は，スリメノス事件では直接差別と間接差別という言葉を用いていない。だが，この事件は，表面上中立的なルールがエホバの証人の信者に特定の不利をもたらしたという意味で，間接差別の事例として理解することも可能である（De Schutter 2010, 2005）。ただ，この事件で欧州人権裁判所は，表面上中立的なルールが，間接差別の典型とされる集団（スリメノスと同じ信仰をもつ集団）ではなく，個人（スリメノス本人）に不利な効果を与えたことに着目している（Bell 2007）。このことを踏まえて，国際人権法における間接差別と合理的配慮との関係を検討することは今後の課題としたい。なお，その検討の際には，たとえば欧州社会権委員会がスリメノス事件の判断枠組を用いて，「間接差別は，関連するあらゆる相違に対して正当かつ積極的な考慮を払わないこと（中略）によって生じうる」と説示した自閉症ヨーロッパ対フランス事件（*International Association Autism-Europe v. France* 2003）や，欧州人権裁判所が権利条約にはじめて言及し障害差別をはじめて認定したグロール対スイス事件（*Glor v. Switzerland* 2009），合理的配慮は正当な目的達成のためのより制限的でない手段になりうるとしたフランチェスコ・セッサ対イタリア事件の共同個別意見（Joint Separate Opinion 2012）なども考慮に入れる必要がある（スリ〔ム〕メノス事件，自閉症ヨーロッパ事件，グロール事件の概要については，申〔2013〕を参照）。また，その検討にあたっては，とりわけアメリカ法における合理的配慮に関する豊かな研究成果からも学ぶべき点はあろう。
5)　一般的意見 2 号のこの部分は，F 対オーストリア事件（*F v. Austria* 2015）における障害者権利委員会の判断の中で言及されている。本件で，障害者権利委員会は，一般的意見 2 号に適宜依拠しながら，9 条（アクセシビリティ）とともに 5 条 2（「締約国は，障害に基づくあらゆる差別を禁止するものとし，いかなる理由による差別に対しても平等かつ効果的な法的保護を障害者に保障する」）の違反を認定している。
6)　H. M. 事件で，障害者権利員会は，25 条に関しては，本条柱書（「締約国は，障害者が障害に基づく差別なしに到達可能な最高水準の健康を享受する権利を有することを認める。締約国は，障害者が性別に配慮した保健サービス［保健に関連するリハビリテーションを含む。］を利用する機会を有することを確保するための全ての適当な措置をとる」）に言及し，また 26 条に関しては，本条 1 柱書・1 (a) に言及している。それらは次のように定める。「締約国は，障害者が，最大限の自立並びに十分な身体的，精神的，社会的及び職業的な能力を達成し，及び維持し，並びに生活のあらゆる側面への完全な包容及び参加を達成し，及び維持することを可能とするための効果的かつ適当な措置［障害者相互による支援を通じたものを含む。］をとる。このため，締約国は，特に，保健，雇用，教育及び社会に係るサービスの分野において，ハビリテーション及びリハビリテーションについての包括的なサービス及びプログラムを企画し，強化し，及び拡張する。この場合において，これらのサービス及びプログラムは，次のようなものとする」(26 条 1 柱書)。「可能な限り初期の段階において開始し，並びに個人のニーズ及び長所に関する学際的な評価を基礎とするものであること」(26 条 1 (a))。
7)　本文で述べたように，マリー＝ルイース・ユンゲリン対スウェーデン事件の共同反対意見は，スウェーデンの労働裁判所が社会保険庁による「合理的配慮の否定」を是認し，

その結果，通報者を職務から事実上差別的に排除した，と指摘する。この指摘は，同事件においても，合理的配慮の不提供が原因（理由）となり，〈等しい者を異なって扱う型の差別〉が生じたことを含意している。

● 文　献

Bell, Mark, 2007, "Direct Discrimination," Dagmar Schiek et al. eds., *Cases, Materials and Text on National, Supranational and International Non-Discrimination Law*, Hart Publishing: 185-322.

Bribosia, Emmanuelle & Isabelle Rorive, 2013, *Reasonable Accommodation beyond Disability in Europe?*, European Commission.

Council of the European Union, 2000, Council Directive 2000/78/EC of 27 November 2000 establishing a general framework for equal treatment in employment and occupation, Official Journal L 303/16 (2 December 2000).

De Schutter, Olivier, 2005, "Reasonable Accommodations and Positive Obligations in the European Convention on Human Rights," Anna Lawson & Caroline Gooding eds., *Disability Rights in Europe: From Theory to Practice*, Hart Publishing: 35-63.

De Schutter, Olivier, 2010, *International Human Rights Law: Cases, Materials, Commentary*, Cambridge University Press.

Degener, Theresia, 2005, "Disability Discrimination Law: A Global Comparative Approach," Anna Lawson & Caroline Gooding eds., *Disability Rights in Europe: From Theory to Practice*, Hart Publishing: 87-106.

EU Network of Independent Experts on Disability Discrimination, 2004, *Baseline Study: Disability Discrimination Law in the EU Member States*, European Commission.

F v. Austria, 2015, UN Doc. CRPD/C/14/D/21/2014 (CRPD Committee, 21 August 2015).

Glor v. Switzerland, 2009, Application No. 13444/04 (ECtHR, 30 April 2009).

Government of Japan, 1997, *Fourth Periodic Reports of States Parties due in 1996*, CCPR/C/115/Add. 3 (1 October 1997).

H. M. v. Sweden, 2012, Communication No. 3/2011, UN Doc. CRPD/C/7/D/3/2011 (CRPD Committee, 19 April 2012).

International Association Autism-Europe v. France, 2003, Complaint 13/2002 (ECSR 4 November 2003).

Joint Opinion of Committee Members (dissenting), 2014, Communication No. 5/2011, UN Doc. CRPD/C/12/D/5/2011 (CRPD Committee, 2 October 2014).

Joint Separate Opinion, 2012, *Francesco Sessa v. Italy,* Application No. 28790/08 (ECtHR, 3 April 2012).

Karlan, Pamela S. & George Rutherglen, 1996, "Disabilities, Discrimination, and Reasonable Accommodation," *Duke Law Journal*, 46(1): 1-41.

川島聡，2008，「障害者権利条約における障害差別禁止と合理的配慮」障害者職業総合センター編『調査研究報告書』87：33-55

川島聡・東俊裕，2012，「障害者の権利条約の成立」長瀬修・東俊裕・川島聡編『(増補改

訂）障害者の権利条約と日本——概要と展望』生活書院

川島聡，2015,「欧州人権条約と合理的配慮」『法律時報』87(1)：56-61

Lawson, Anna, 2007, "The United Nations Convention on the Rights of Persons with Disabilities: New Era or False Dawn?," *Syracuse Journal of International Law and Commerce*, 34(2): 563-619.

Lord, Janet E. & Michael Ashley Stein, 2008, "Future Prospects for the United Nations Convention on the Rights of Persons with Disabilities," Oddný Mjöll Arnardóttir & Gerard Quinn eds., *The UN Convention on the Rights of Persons with Disabilities: European and Scandinavian Perspectives*, Brill.

Marie-Louise Jungelin v. Sweden, 2014, Communication No. 5/2011, UN Doc. CRPD/C/12/D/5/2011 (CRPD Committee, 2 October 2014).

申惠丰，2013,『国際人権法——国際基準のダイナミズムと国内法との協調』信山社出版

Thlimmenos v. Greece, 2000, Application No. 34369/97 (ECtHR, 6 April 2000).

UN Committee on Economic, Social and Cultural Rights, 1994, *General Comment No. 5, Persons with Disabilities*, UN Doc. E/1995/22 (9 December 1994).

UN Committee on the Rights of Persons with Disabilities, 2014, *General Comment No 2, Article 9: Accessibility*, UN Doc. CRPD/C/GC/2 (11 April 2014).

Waddington, Lisa & Aart Hendriks, 2002, "The Expanding Concept of Employment Discrimination in Europe: From Direct and Indirect Discrimination to Reasonable Accommodation Discrimination," *International Journal of Comparative Labour Law and Industrial Relations*, 18(3): 403-427.

Waddington, Lisa, 2007, "Reasonable Accommodation," Dagmar Schiek et al. eds., *Cases, Materials and Text on National, Supranational and International Non-Discrimination Law*, Hart Publishing: 629-756.

X v. Argentina, 2014, Communication no 8/2012, UN Doc. CRPD/C/11/D/8/2012 (CRPD Committee, 11 April 2014).

第**2**章

差別解消法と雇用促進法における合理的配慮

●川島　聡

1　合理的配慮の登場

　前章で述べたように，権利条約の締結が大きなきっかけとなって，2013年に障害者差別解消法（以下，差別解消法）が制定され，障害者雇用促進法（以下，雇用促進法）が改正された。これらの法律は，いわゆる合理的配慮の提供義務を盛り込んだ法律だといわれる。差別解消法7条2項・8条2項と雇用促進法36条の2〜36条の4が，この義務を定めた条文である。

　もっとも，どちらの法律も「合理的配慮」という言葉そのものは一度も使っていない。そのこともあり，合理的配慮（の提供義務）とは何かがよくわからない，という声が聞かれる。確かに最近，しばしば新聞やテレビで，日本の法律が合理的配慮を導入したと報道されているが，肝心の合理的配慮が何を意味するか必ずしも明らかとはいえないのだ。

　だが，いうまでもないが，合理的配慮の概念がある程度まで明らかになっていなければ，それらの法律は行為規範（差別解消法の中に最大限盛り込まれたとされる差別禁止部会意見の表現を用いると，「人々が行動する際の判断基準」）としての機能を十分に果たすことができなくなるし，もちろん本書において合理的配慮を多角的に論じることさえも困難になってしまう。そのため，これらの法律のもとで，障害者に提供することが義務づけられている合理的配慮の概念とは何

であるのか，可能な限り明らかにしておく必要がある。

　では，合理的配慮とはどのような概念か。このシンプルな問いに答えるにあたって，まず押さえておかなければならないのは，差別解消法と雇用促進法の違いである。差別解消法は，内閣府が所管している法律であり，この法律のもとで，行政機関等と事業者は，教育，公共交通，役務の提供，行政機関の活動をはじめとする広範な分野で，障害者に対して合理的配慮を提供する義務を負うことになる。

　もっとも，雇用分野についてだけは，差別解消法13条に明記されていることであるが，差別解消法の合理的配慮の規定は適用されず，雇用促進法の合理的配慮の規定が適用されることになる。雇用促進法は，厚生労働省が所管している法律で，そのもとで，事業主は障害者に対して合理的配慮を提供する義務を負うのである。たとえば私立大学の場合でいえば，雇用関係にある障害教員が大学側（事業主）に就労面の合理的配慮を求める場合は雇用促進法が適用されるが，在籍している障害学生が大学側（事業者）に教育面の合理的配慮を求める場合は差別解消法が適用される。

　ただ，雇用促進法と差別解消法の関係条文を比較しながら読んでみるとすぐにわかるが，困ったことに，合理的配慮の提供義務に関する規定の中で用いられている言葉や表現は，両者でだいぶ異なる。また関連して，本書では便宜上「義務」という言葉を用いているが，厳密にいえば，差別解消法のもとでは，事業者が顧客に対して行う合理的配慮の提供は努力義務である一方で，雇用促進法のもとでは，事業主が従業員に対して行う合理的配慮の提供は法的義務となっている。加えて，合理的配慮の不提供は，差別解消法のもとでは「差別」となるが，雇用促進法のもとでは「差別」とならない。

　このように合理的配慮の規定内容がさまざまな点で異なるのは，確かに両者が異なる法律であるので，当たり前だといえるかもしれない。だが，そのことが原因となって，日本における合理的配慮の概念がさらにわかりにくくなっていることは間違いない。結局，差別解消法と雇用促進法の関係条文を見ただけでは，合理的配慮とは何かを理解しにくい状況にあるのだ。

　こうした状況にあって，何よりも私たちが注目すべきものが2つある。ひとつは，差別解消法に基づき作成された基本方針と，この基本方針に沿って作成

された対応要領・対応指針である。なぜなら，基本方針や対応要領・対応指針の中で，ようやく「合理的配慮」というワードが登場し，この言葉の説明がなされているからだ。

基本方針（6条）とは，政府が，差別解消に関する「施策を総合的かつ一体的に実施するため」，基本的な考え方を示したものである（2015年2月24日閣議決定）。また，対応要領（9～10条）とは，国・都道府県・市町村などの役所で働いている職員が差別禁止義務（7条）に適切に対応するために作成されるものであり（この作成については，都道府県・市町村など地方の場合は努力義務），対応指針（11条）とは，レストランやバス会社などの事業者が差別禁止義務（8条）に適切に対応できるように作成されるものである（以下では，論述の便宜上，対応要領には言及しない）。

もうひとつは，厚生労働省が雇用促進法に基づき作成した，いわゆる合理的配慮指針である。この指針は，差別解消法の対応指針に相当する雇用分野のガイドラインで，事業主が提供すべき合理的配慮に関して，「その適切かつ有効な実施を図るために必要な事項」を定めたものだ。この指針の中にも「合理的配慮」というワードは登場してくる。

以上のように，基本方針・対応指針（差別解消法）と合理的配慮指針（雇用促進法）は，いずれも「合理的配慮」という言葉を用いており，そこには一定の説明が付されている。ただ，その説明は短いものにとどまっており，やや曖昧な記述も含んでいる。加えて，基本方針・対応指針と合理的配慮指針との間には，それぞれが依拠する法律の規定がそうであるように，合理的配慮の意味内容に大きく異なる部分が見られる。しかも，どちらも「合理的」と「配慮」それぞれの言葉が何を意味するか記していない。

つまるところ，基本方針と各指針をただ眺めたところで，差別解消法と雇用促進法における合理的配慮の概念がどのようなものか詳らかにするのは，そう簡単なことではない。法律上の合理的配慮の意味をめぐっては，よくわからない部分がなお残されているのだ。とはいえ，基本方針と各指針に加えて，内閣府と厚生労働省の考え方を記したQ&Aなども併せて検討することにより，それぞれの法律において合理的配慮というかたまりの概念が何を意味するか，一定程度まで明らかにすることは可能である。のみならず，これらの法律に共通

する合理的配慮なる概念も，ある程度まで明確にすることが可能である。

本章では，以上の諸点に留意しながら，差別解消法と雇用促進法における合理的配慮の概念をできる限り明らかにすることを目的とする[1)]。以下においては，まず，差別解消法と雇用促進法における合理的配慮の提供義務がどのような特徴を有しているか，条文に則して大まかに捉えることにする（第2節）。その際に，差別解消法の母体となった障害者基本法（以下，基本法）4条（差別禁止を定めた条文）にも言及する。ただ，差別解消法と雇用促進法が私たちの社会生活に深く関わってくる法律であるのに対して，基本法は理念法にすぎないため，基本法への言及は最小限にとどめる。

次に，差別解消法と雇用促進法に共通する合理的配慮の内容と手続を具体的に検討する。この検討を通じて，合理的配慮の内容が7つの要素から構成されていることと（第3節），合理的配慮の手続が3つの性格を備えていることが（第4節），それぞれ明確になる。これにより，両法のもとで障害者に提供されなければならない合理的配慮とはどのような概念か，基本的なところを読者に示したい。

さらに，合理的配慮の概念をより詳しく明らかにするために，3つの関連論点を検討する。まず，合理的配慮の不提供が，差別解消法のもとでは差別とされる一方で，雇用促進法のもとでは差別とされない理由を考える（第5節）。また，差別解消法において事業者による合理的配慮の提供が努力義務とされている理由を検討する（第6節）。最後に，合理的配慮が不当な差別的取扱いとどのような関係にあるか考えてみたい（第7節）。ただ，この最後の論点は，とくに大きな論点であるので，国土交通省の対応指針を素材に，今後の課題を指摘するにとどめる。

2 合理的配慮の条文

(1) 基本法から差別解消法へ

まず，議論の出発点として，差別解消法の母体となった基本法4条が，合理的配慮をどう定めているか見てみよう。

そもそも基本法は，障害者施策に関する基本的な理念や方向性を示した法律で，共生社会の実現を大きな目的に掲げている。その目的を実現する手段として，4条1項は「差別することその他の権利利益を侵害する行為」を禁止しており，4条2項（2011年改正時に導入された規定）がいわゆる合理的配慮の提供責務を定める（BOX ⅱ）。[2]

> **BOX ⅱ　基本法4条（下線部は引用者）**
>
> **第4条**① 何人も，障害者に対して，障害を理由として，差別することその他の権利利益を侵害する行為をしてはならない。
> ② 社会的障壁の除去は，㋐それを必要としている障害者が現に存し，かつ，㋑その実施に伴う負担が過重でないときは，㋒それを怠ることによって前項の規定に違反することとならないよう，㋓その実施について必要かつ合理的な配慮がされなければならない。
> ③ （略）

　4条2項を一読すればわかるように，本項が何を意味しているか理解するのはそれほど簡単なことではない。そこで，まず指摘しておきたいのは，本項を理解する際の鍵となる言葉が「社会的障壁の除去」であるということだ。

　社会的障壁は，障害者が生活を営むうえで障壁となる「社会における事物，制度，慣行，観念その他一切のもの」とかなり広く定義されている（2条2号）。また関連して，障害者は，本人の機能障害のみではなく，社会的障壁との関係で生活制限を受ける者と定義されている（同条1号，本書第7章）。そして簡潔にいえば，障害者をとりまく社会的障壁を除去する責務が合理的配慮の提供責務ということになる。

　より詳しくいうと，4条2項（合理的配慮の提供責務の規定）は，BOX ⅱに記した下線部㋐㋑㋒㋓という4つの部分から構成されている。すなわち国は，社会的障壁の除去に関する障害者の必要（ニーズ）が現に存在する場合で（下線部㋐），かつ，過重負担が存在しない場合に（下線部㋑），権利利益侵害とならないよう（下線部㋒），社会的障壁の除去「の実施について必要かつ合理的な配慮」を提供する責務を負う（下線部㋓）。

　これら4つの部分のうち，ここで1点注意しておきたいのは，下線部㋐に

関して,『障害者白書(平成24年版)』(政府が障害者基本法に基づき国会に提出する年次報告書)が,「障害者が個々の場合において社会的障壁(中略)の除去を必要とし」という表現を用いていることだ。この表現が示唆するように,下線部㋐の障害者の必要(ニーズ)とは,障害者一般のニーズではなく,個々の場合における各障害者の具体的なニーズを意味する。

　たとえば,車いすを利用しているAさんが,レストランに入店しようとした際に大きな段差があったため入店できなかったとしよう。その段差という物理面の障壁を除去する必要(ニーズ)が実際にある場合に,レストランがそれに対応する,というのが合理的配慮である。また別の場面で,視覚障害のあるBさんが来店して,レストランのメニュー表が読めず,そのような情報面の障壁を除去するニーズが生じる場合もありうる。さらに,同じAさんでも,レストランや市役所,映画館など,そのニーズは場面ごとに変わりうるのであり,そのような個々の場面ごとに個人の異なるニーズに対応するのが合理的配慮である。

　さて,下線部㋐㋑㋒㋓という4つの部分からなる基本法4条2項(合理的配慮の提供責務の規定)は,基本的に,差別解消法に受け継がれている。差別解消

BOX Ⅲ　差別解消法7条2項・8条2項(下線部は引用者)

第7条① (略)

② 行政機関等は,その事務又は事業を行うに当たり,障害者から現に社会的障壁の除去を必要としている旨の㋔意思の表明があった場合において,その実施に伴う負担が過重でないときは,障害者の権利利益を侵害することとならないよう,当該障害者の性別,年齢及び障害の状態に応じて,社会的障壁の除去の実施について必要かつ合理的な配慮をしなければならない。

第8条① (略)

② 事業者は,その事業を行うに当たり,障害者から現に社会的障壁の除去を必要としている旨の㋕意思の表明があった場合において,その実施に伴う負担が過重でないときは,障害者の権利利益を侵害することとならないよう,当該障害者の性別,年齢及び障害の状態に応じて,社会的障壁の除去の実施について必要かつ合理的な配慮をするように努めなければならない。

法は，基本法と同じく内閣府所管の法律で，基本法4条を具体化したものである（2016年4月1日施行）。差別解消法7条2項と8条2項が，いわゆる合理的配慮の提供義務を定める（BOX Ⅲ）。

　より正確にいうと，差別解消法7条2項は行政機関等の法的義務，同8条2項は事業者の努力義務をそれぞれ定める。ただ，ここでは，とりあえずそのような違いをカッコに入れたうえで，差別解消法と基本法を比較すると，両法がほぼ同様の合理的配慮の提供義務を定めていることがわかる。

　確かに両法の間には異なる部分もある。たとえば，基本法が個々のニーズに言及している部分には，差別解消法では新たに「意思の表明」（下線部㋔㋕）という文言が加わっている[3]。だが，そうした違いはあるにせよ，基本法4条2項を構成している4つの部分（下線部㋐㋑㋒㋓）は，差別解消法7条2項・8条2項の中にほぼそのまま採り込まれている。

　骨組部分を拾って整理すれば，差別解消法のもとでは，相手方は，現に社会的障壁の除去に関するニーズを有する障害者からの「意思の表明」が存在する場合で，かつ，過重負担が存在しない場合に，権利利益侵害とならないよう，「社会的障壁の除去の実施について必要かつ合理的な配慮」を提供する法的義務または努力義務を負うことになる。

　ここで注目したいのは，「社会的障壁の除去の実施について（の）必要かつ合理的な配慮」という文言である。なぜなら，内閣府のQ&Aが「『合理的配慮の不提供』（社会的障壁の除去の実施に関する必要かつ合理的な配慮を行わないこと）」という表現を用いているからだ。この表現に照らすと，「社会的障壁の除去の実施について（の）必要かつ合理的な配慮」の略称が「合理的配慮」であると考えられる。そして，差別解消法に基づき策定された政府の基本方針も，おそらく同じ略称を用いており，「法は，（中略）個々の場面において，障害者から現に社会的障壁の除去を必要としている旨の意思の表明があった場合において，その実施に伴う負担が過重でないときは，障害者の権利利益を侵害することとならないよう，社会的障壁の除去の実施について，必要かつ合理的な配慮（以下「合理的配慮」という。）を行うことを求めている」と記している。

　では，合理的配慮（社会的障壁の除去の実施について（の）必要かつ合理的な配慮）とは何か。この点，基本方針は，「合理的配慮は（中略）障害者の権利利益

を侵害することとならないよう，障害者が個々の場面において必要としている社会的障壁を除去するための必要かつ合理的な取組であり，その実施に伴う負担が過重でないものである」と記している。この記述からは，合理的配慮が，基本的には，個々の場面における障害者個人のニーズに応じて，過重負担なく，社会的障壁を除去することを意味したものであることがわかる。[4]

なお，この基本方針の記述を読むと，権利利益侵害という要素も合理的配慮の中に含まれるかのように見える。だが，のちに詳しく述べるが，合理的配慮の不提供は差別のひとつであり，差別は権利利益侵害のひとつであると解されるので（本章第5節(2)），合理的配慮それ自体の内容を構成する要素に権利利益侵害は含まれないことになる。

(2) 雇用促進法

雇用分野の合理的配慮は，差別解消法ではなく2013年改正の雇用促進法が適用される（2016年4月1日施行）。そして，雇用促進法36条の2～36条の4が，いわゆる合理的配慮の提供義務を定める（BOX Ⅳ）。

BOX Ⅳ　雇用促進法36条の2～36条の4（下線部は引用者）

第36条の2　事業主は，労働者の募集及び採用について，(カ)障害者と障害者でない者との均等な機会の確保の支障となつている事情を改善するため，労働者の募集及び採用に当たり(オ)障害者からの申出により当該障害者の(イ)障害の特性に配慮した必要な措置を講じなければならない。(ウ)ただし，事業主に対して過重な負担を及ぼすこととなるときは，この限りでない。

第36条の3　事業主は，障害者である労働者について，(サ)障害者でない労働者との均等な待遇の確保又は障害者である労働者の有する能力の有効な発揮の支障となつている事情を改善するため，その雇用する障害者である労働者の障害の特性に配慮した，(シ)職務の円滑な遂行に必要な施設の整備，援助を行う者の配置その他の必要な措置を講じなければならない。ただし，事業主に対して過重な負担を及ぼすこととなるときは，この限りでない。

第36条の4①　事業主は，前2条に規定する措置を講ずるに当たつては，障害者の意向を十分に尊重しなければならない。

②　（略）

すでに述べたように、雇用促進法そのものは、差別解消法と同じく「合理的配慮」という言葉を用いていない。もっとも、雇用促進法に関する厚生労働省の考えを示したQ&Aは、「合理的配慮とは、障害者と障害者でない者との均等な機会や待遇の確保、障害者の有する能力の有効な発揮の支障となっている事情を改善するための必要な措置」を意味すると記し、「合理的配慮」という言葉に言及している。このように、Q&Aによれば、この言葉は、障害者が等しく働くうえで支障となっている事情を改善する措置を意味し、非過重負担という要素を含んでいない。

また、雇用促進法に基づき厚生労働省が定めた合理的配慮指針は、「法第36条の2から第36条の4までの規定に基づき事業主が講ずべき措置（以下「合理的配慮」という。）」と記したうえで、「合理的配慮に係る措置が過重な負担に当たるか否か」とか、「合理的配慮の提供の義務については、事業主に対して『過重な負担』を及ぼすこととなる場合は除く」という表現を用いている。

これらの表現を見てみると、合理的配慮指針にいう「合理的配慮」は、それ自体、過重負担の有無を考慮に入れずに内容が決まる概念だといえる。すなわち、合理的配慮は、過重負担を伴うか否かが確定する前の措置を意味し、過重負担を伴うものとそうでないものを含みうるのだ。そして、過重負担を伴わないものについてのみ、事業主は提供を義務づけられている、ということができる[5]。

要するに、合理的配慮指針にいう「合理的配慮」は、「過重負担のある合理的配慮」（＝提供義務のない合理的配慮）と「過重負担のない合理的配慮」（＝提供義務のある合理的配慮）の両方の意味を含みうる。事業主は、ある合理的配慮にもし過重負担が伴うようであれば、その合理的配慮を提供しなくてよい、ということだ。

これに対して、先述のとおり、基本方針の場合は、そもそも「合理的配慮」とは過重負担がない措置のみを意味し、過重負担がある措置は「合理的配慮」たりえない。よって、基本方針の「合理的配慮」に相当するのは、合理的配慮指針では「過重負担のない合理的配慮」（＝提供義務のある合理的配慮）ということになる。ただ、結局のところ、差別解消法（基本方針）のもとで障害者に提供しなければならない合理的配慮も、雇用促進法（合理的配慮指針）のもとで障

害者に提供しなければならない合理的配慮も，過重負担を伴わない点では同じである。つまり，両法のもとで提供義務のある合理的配慮は過重負担がないものを意味する，ということができる。

　さて，以上のように理解しうる雇用促進法の合理的配慮の概念を，ここからは条文に沿って考えていきたい。その際，雇用促進法における合理的配慮の提供義務が，募集・採用時の局面（36条の2と36条の4）と採用後の局面（36条の3と36条の4）に分けて定められていることに留意しておく必要がある。ここでは，両局面に共通する36条の4はいったん置いておき，前者の局面（36条の2）と後者の局面（36条の3）とを比較しながら，雇用促進法の合理的配慮の特徴を捉えることにする。

　まず，36条の2を見てみると，次の3点に大きな特徴があることがわかる。第1は，本条本文に含まれる「障害者からの申出」（下線部㋐）という文言である。ここにいう「障害者」は「個々の障害者」（合理的配慮指針）を意味する。そして，個々の障害者は，事業主に対して「申出」をする以上，当然のことながら，現に社会的障壁の除去に関する必要（ニーズ）を有しているはずである。そのため，「障害者からの申出」という文言は，「障害者から現に社会的障壁の除去を必要としている旨の意思の表明」という差別解消法の文言にほぼ相当し，個々のニーズの存在を含意する。

　第2に，本条本文は，事業主は「均等な機会の確保」にとって支障になっている事情を改善するため（下線部㋑），「障害の特性に配慮した必要な措置」（下線部㋒）を講じなければならない，と定める。広く見れば，ここでいう事情の改善は，やはり社会的障壁の除去の一種だと考えられるため，この「障害の特性に配慮した必要な措置」は，差別解消法の場合と同じく，社会的障壁を除去する措置を意味するといってよいだろう。

　第3に，本条ただし書によれば，そのような社会的障壁を除去する措置が「過重な負担」（下線部㋓）を伴うような場合には，事業主はそれを講ずる義務を負わない。

　以上をまとめれば，本条ただし書を含めた36条の2のもとで，事業主が提供しなければならない合理的配慮とは，基本的に，個々のニーズに応じて過重負担なく社会的障壁を除去することを意味する。

次に，36条の3の特徴を見ておきたい。36条の2と比較していえば，まず，36条の3は「障害者からの申出」（下線部⑦）という文言を含んでいない。なぜなら，採用後の局面では，労使の指揮命令関係・継続的雇用関係ゆえに，それぞれの事業主が申出を待たずに率先して，関係事情を確認し，障害者の個々のニーズを把握しなければならないからだ（合理的配慮指針参照）。

　また，本条は，いわゆる社会的障壁を除去する措置に関しては，「均等な機会の確保」という文言ではなく，「均等な待遇の確保」や「能力の有効な発揮」（下線部⑪）という文言を用いており，さらに，「職務の円滑な遂行に必要な施設の整備」や「援助を行う者の配置」という例示（下線部⑫）を含めている。

　加えて，これら以外についても36条の2と36条の3の間には若干の違いがあるが，結局のところ，基本的な要素に関していえば両者は同じである。すなわち，36条の2（募集・採用時）と36条の3（採用後）のどちらの局面でも，提供義務のある合理的配慮は，基本的に，個々のニーズ，非過重負担，社会的障壁の除去という3要素からなる。

3　合理的配慮の内容

(1) 個々のニーズ，非過重負担，社会的障壁の除去

　以上で述べてきたことからわかるように，差別解消法と雇用促進法のもとで，障害者の相手方（行政機関等，事業者，事業主）が提供しなければならない合理的配慮は，基本的には，①個々のニーズ，②非過重負担，③社会的障壁の除去という3つの要素からなる。確かに「合理的」と「配慮」のそれぞれの意味内容はなお明らかではないが，「合理的配慮」というひとまとまりの概念は，個々の場面における障害者個人の具体的なニーズに応じて，過重負担なく，社会的障壁を除去することを意味する。そして，この3要素は，基本的には，障害者権利条約の合理的配慮の定義を構成する3要素（本書第1章）と同じである。

　ここから3要素を検討していくが，まず，社会的障壁の除去には3つの形態があることを指摘しておきたい。すなわちそれは，物理的環境への配慮（段差

のための携帯スロープ等），意思疎通の配慮（筆談，手話等），ルール・慣行の柔軟な変更（休憩時間の調整等）という3形態をとりうる。この3形態は，政府の基本方針に記されている一方で，厚生労働省の合理的配慮指針には記されていないが，雇用促進法の合理的配慮を考える際にもひとつの参考になる。

　もちろん，たとえば段差などの物理的障壁を除去するためのスロープの設置は，それだけでは必ずしも相手方が提供を義務づけられる合理的配慮であることを意味しない。なぜなら，これまでの検討から明らかになったように，差別解消法と雇用促進法のもとで相手方が提供を義務づけられている合理的配慮とは，社会的障壁を除去する措置のうち，個々のニーズと非過重負担という条件を満たした措置だからだ。

　これらのうち，個々のニーズ（個々の場面における障害者個人のニーズ）に関していえば，同じくスロープを設置する行為であっても，もし相手方がそれを不特定多数の障害者を想定して行っているのであれば，それは合理的配慮ではなく，むしろ事前的改善措置ということになる。基本方針がいうように，事前的改善措置（建築物のバリアフリー化，介助者等の人的支援，情報アクセシビリティの向上，職員研修等）は，「不特定多数の障害者を主な対象として行われる」もので，差別解消法5条に定める「環境の整備」を意味する。本条のもとで，行政機関等と事業者は，事前的改善措置（環境の整備）の努力義務を負っているのである。

　次に，過重負担に関して述べると，相手方は過重負担があるときは社会的障壁を除去する必要はない。差別解消法と雇用促進法のもとで，相手方が提供を義務づけられる合理的配慮は，相手方の負担が非過重なもの，つまり重すぎないものに限られる。このように，過重負担は配慮の不提供を許容する根拠となるだけに，その有無は「具体的場面や状況に応じて総合的・客観的に判断」される必要がある（基本方針）。もしも過重負担の有無が一面的・主観的・観念的・抽象的に判断されれば，ある配慮がたとえ過重負担を伴わず提供可能な場合にも提供されない，という事態が容易に生じかねないであろう。

　また，過重負担の有無を判断する際には，政府の基本方針と厚生労働省の合理的配慮指針とが共通して示しているように，①事業への影響の程度，②実現可能性，③費用・負担の程度，④事業規模，⑤財務状況という要素を考慮に入

れる必要がある。ただし，合理的配慮指針は，基本方針とは異なり，過重負担の有無を判断する際の考慮要素に公的支援も含めている。公的支援への言及は，合理的配慮が，基本的には障害者と相手方という二者関係の問題でありながら，補足的に公的機関（国）が関与しうることを意味する（本書第6章）[6]。この点，基本方針は公的支援に関する記述を含んでいないが，差別解消法のもとでも，公的支援は提供されるべきであり，公的支援は過重負担の有無の判断時に考慮に入れられる必要があろう[7]。

(2) 意向の尊重，本来業務付随，機会平等，本質変更不可

実のところ，差別解消法と雇用促進法のもとで，提供義務のある合理的配慮たりうるには，④意向の尊重，⑤本来業務付随，⑥機会平等，⑦本質変更不可という4つの要素も——これらと①②③の要素との関係をどう考えるべきか議論の余地はあるが——伴っていなければならない。

まず，意向の尊重に関していうと，雇用促進法36条の4は，合理的配慮の提供に際して「障害者の意向を十分に尊重しなければならない」と定める。本条を受けて合理的配慮指針は，たとえば複数の配慮の選択肢の中から1つを選択する際に，障害者の意向を十分に尊重することを事業主に求めている。もとより，障害者の意向を尊重しない配慮は本人の自律的生を害しかねず，余計なお世話にさえなりかねないため（池原 2013），本条は重要な意味を有する。障害者の意向の内容にはさまざまなものがあろうが，プライバシー保護の意向も含まれうる[8]。

これに対して，差別解消法は，障害者の意向の尊重に関する明文規定をもたない。けれども，基本方針に含まれた「建設的対話による相互理解」という表現が含意するように，差別解消法のもとでも，障害者の意向の尊重は——それが条文上どの部分に根拠づけられるか（①②③の文脈または他の文脈にどう位置づけられるか）議論が必要であるが——当然認められるべきである。とすれば，結局のところ，どちらの法律のもとでも，合理的配慮とは障害者の意向（プライバシー保護の意向を含む）を十分に尊重したものでなければならない，といえる。もし相手方が障害者の意向を十分尊重しない措置を講じれば，合理的配慮の提供義務に違反することになろう。

次に、残りの要素をまとめて見てみると、差別解消法のもとで相手方が提供しなければならない合理的配慮は、⑤本来業務付随、⑥機会平等、⑦本質変更不可という3条件を満たした内容でなければならない。というのも、基本方針が、「合理的配慮は、行政機関等及び事業者の事務・事業の目的・内容・機能に照らし、必要とされる範囲で本来の業務に付随するものに限られること、障害者でない者との比較において同等の機会の提供を受けるためのものであること、事務・事業の目的・内容・機能の本質的な変更には及ばないことに留意する必要がある」と記しているからだ。

⑤⑥⑦の例としては、次のものがあげられよう。まず、⑤に関して、国土交通省の対応指針は、「例えば、医療行為など実施にあたって高度な専門知識や法令上の資格が必要とされる行為や、食事・排泄等の介助行為などは、国土交通省所管事業の本来の業務に付随するものとはいえず、合理的配慮の対象外と考えられる」と指摘している。

⑥に関しては、一方で、障害者の機会平等を実質的に実現できない非効果的な措置は合理的配慮の提供義務に反するといえる。しかし他方で、たとえば大学における学位取得の条件として義務づけられる特定分野に関する一定の知識の証明（学位取得にとって必要となる「本質的な能力」の証明）を免除してしまうような配慮は、学生間の機会平等を害するものとなるため、合理的配慮とはいえないであろう。

この例が示唆するように、⑥は実のところ⑦とオーバーラップする場合がある。すなわち、物事の本質（あるいは「本質的な能力」）に関わる事柄を変更するような配慮は、そもそも機会平等を害する場合もあるため、⑥と⑦は同時に問題となりうるのだ。このオーバーラップに関するわかりやすい他の例が、歩行障害のあるプロゴルフ選手が、歩行の代わりにカートで移動してPGAツアーに参加することを求めた裁判、いわゆるケイシー・マーティン事件（Supreme Court of the United States 2001）である。この事件をめぐり活発な議論がなされたように、歩行による移動はゴルフ競技の本質（ゴルフ競技にとっての「本質的な能力」）に関わる事柄なのかという問いは、カートの使用は選手間の機会平等を害するかという問いと連動する。もし歩行による移動がゴルフ競技の本質の一部であれば、カートの使用はゴルフ競技の本質を変更してしまい、カートを

使用した選手は他の選手と比べて不当に有利に扱われることとなり，選手間の機会平等は害されるであろう。

　以上のような⑤⑥⑦に関して留意すべきは，それらがどう位置づけられるかよくわからない，ということである。すなわち，基本方針（差別解消法）を見ても，⑤⑥⑦という各要素が①個々のニーズ，②非過重負担，③社会的障壁の除去の文脈（または他の文脈）にどう位置づけられるか曖昧である。また同様に，合理的配慮指針（雇用促進法）を見ても，確かに合理的配慮は⑤⑥⑦という3条件を満たす必要があるといえるが，それらがどう位置づけられるか必ずしも明らかではない。ただ，どのように理解したにせよ，これらの法律において⑤⑥⑦の各要素は，やはり総合的・客観的に判断される必要がある。仮に観念的・抽象的に「本来業務」や「機会平等」や「本質」の内容が解釈されれば，合理的配慮の不提供が安易に認められかねないからである。

4　合理的配慮の手続

　上記のような諸要素から構成される合理的配慮は，どのように提供されるのであろうか。この点，結論からいうと，差別解消法と雇用促進法のもとで，相手方（行政機関等・事業者・事業主）が障害者に合理的配慮を提供するプロセス（合理的配慮の手続）は，要点のみを押さえて整理すれば，事後的性格，個別的性格，対話的性格を有する，と考えられる。

　まず，事後的性格とは，相手方が合理的配慮の提供プロセスを開始しなければならない契機は，社会的障壁の除去に関するニーズを有する特定の障害者個人が現実に存在することを認識した後であることを意味する。言い換えれば，合理的配慮の提供義務は，相手方が具体的なニーズを有する特定の障害者が現に存在する前に，その者が将来現れる事態を見越して，前もって現状を変更しておく性格（事前的性格）をもたない。そして，この事後的性格は「意思の表明」（差別解消法）や「申出」（雇用促進法）という文言に反映されている，と考えられる。なぜなら相手方は，そもそも配慮の提供に向けて行動する前提として，障害者の具体的なニーズを実際に認識しておかなければならないが，その

認識を可能にするためには，当事者間の情報の非共有性（両当事者は互いに相手の情報を共有しておらず，相手の事情がわからないこと）ゆえに，障害者からの「意思の表明」や「申出」が基本的に必要となるからだ。[10]

次に，個別的性格とは，合理的配慮の提供プロセスが個別化されることを意味する。すなわち，特定の障害者個人が自己の意思を表明する宛先は，特定の相手方（特定の行政機関等・事業者・事業主）であるため，合理的配慮の提供プロセスは，個々の具体的な場面において当事者間で異なる多様なものとなり，個別化されるのである。個別的性格は，たとえば「合理的配慮は，個々の事情を有する障害者と事業主との相互理解の中で提供されるべき性質のものである」と述べる合理的配慮指針とか，合理的配慮とは「多様かつ個別性の高いものであり（中略）双方の建設的対話による相互理解を通じて，必要かつ合理的な範囲で，柔軟に対応がなされるものである」と記す基本方針に明瞭に見てとることができる。

また，このような合理的配慮指針と基本方針の記述中には，合理的配慮の提供プロセスが両当事者の対話（話合い）を通じて進んでいくという対話的性格をもはっきりと読み取ることができる。そもそも，障害者と相手方の間における情報の非共有性ゆえに，どのような配慮が必要かつ可能であるかは，両者が対話を通じて情報を交換し，ニーズと負担に関する双方の個別具体的事情を突き合わせる過程（interactive process）を経なければ，お互いにわからない。だからこそ対話的性格は合理的配慮の手続で重要な意味を有する。

なお，以上のような3つの手続的性格を有する合理的配慮と対照をなすものとして，先に言及した事前的改善措置がある。この措置は，ある障害者が配慮を求めた宛先である特定の相手方が講じるというものではなく，行政機関等および事業者一般が，障害者一般（不特定多数の障害者）を念頭に講じるものである。この意味で，この措置の実施プロセスは一般的性格を有する。また，この措置は，具体的なニーズを有する特定の障害者個人が現実に存在する前に講じられなければならないという意味で，事前的性格を有する。さらに，この措置は，そのように一般的・事前的性格をもつ（個別的・事後的性格をもたない）ため，個々の当事者間で個別具体的な事情を突き合わせて話合いを行うという性格（対話的性格）をも有しない。

事前的改善措置の例として，レストラン側が，Aさんという特定の人ではなく，車いすを利用する不特定多数の人びとが来店することを想定して，あらかじめ段差を解消するためにスロープを設置しておくことがあげられる（詳しくは本書第3章）。事前的改善措置は，こうして合理的配慮とは異なる手続的性格を帯びながら，合理的配慮と同様に実質的な機会平等を実現する役割を果たすのである。

5　合理的配慮の不提供と差別

　以上において，基本方針や指針等を踏まえて，差別解消法と雇用促進法における合理的配慮の概念を検討してきた。ここまでの検討の結果，障害者への提供が義務づけられている合理的配慮というかたまりの概念に関しては，少なくとも次のような共通点があることが明らかになった。すなわち基本方針や指針等を読む限りでは，両法のもとで，行政機関等，事業者，事業主が障害者に提供しなければならない合理的配慮とは，基本的に，①個々のニーズ，②非過重負担，③社会的障壁の除去という内容をもった措置で，個別的・事後的・対話的性格を帯びた手続によって提供されるものを意味している。そしてまた，合理的配慮の内容には，④意向の尊重，⑤本来業務付随，⑥機会平等，⑦本質変更不可の意味合いも――①②③の文脈または他の文脈にどう位置づけられるか明らかではないが――含まれる。
　要するに，ある行為が両法のもとで提供義務のある合理的配慮だといえるための必要条件（要件）とは，以上のような意味で，7つの要素からなる内容と，3つの性格を帯びた手続を有することだといえる。
　このことを確認したうえで，ここから合理的配慮の概念をさらに詳しく解明していきたい。まず，この節では，合理的配慮の不提供が差別であるか否かという論点を検討する。

(1) 差別の概念
　議論の出発点として，差別とは何かをごく簡単に述べておこう。差別の概念

は，もとより諸国の法令で異なる。この点，日本の差別解消法と雇用促進法のもとでは，不当な差別的取扱い（と均等な機会の不提供）が差別とされている。だが，合理的配慮の不提供は，差別解消法のもとでは差別とされているが，雇用促進法のもとでは差別とされていない。

　ここで，とりあえず不当な差別的取扱いの概念に着目すると，この概念は直接差別を意味しており，間接差別を含んでいない，と解されている。たとえば，内閣府のQ&Aは，直接差別と間接差別が何を意味するか，両者がどのように異なるかという問題を棚上げにしたうえで，不当な差別的取扱いの中に直接差別を含めているが，間接差別を含めていない。また，厚生労働省の差別禁止指針も，やはり直接差別と間接差別との関係を曖昧なままにしたうえで，「ここで禁止される差別は，障害者であることを理由とする差別（直接差別〔以下略〕）である」と明記する（厚生労働省のQ&Aも参照）。

　では，直接差別と間接差別はどう区別されるか。この問いは，差別意図や比較対象者などのさまざまな論点を踏まえて総合的に検討される必要がある。だが，その詳しい検討は今後の課題として，ここでは，さしあたりわかりやすさを重視し，差別の理由（障害，盲導犬，犬）に着目して，直接差別と間接差別の区別に関するごく簡単な整理をしておきたい。

　まず，基本方針（差別解消法）と差別禁止指針（雇用促進法）は，障害による差別のみならず盲導犬による差別も直接差別に含めている。この意味で，直接差別とは，障害（例，視覚障害）を理由に，あるいは障害者のみに関連する事柄（例，盲導犬）を理由に，障害者を非障害者と比べて不利に扱うことを意味する。たとえば，「障害者だから入店できません」あるいは「盲導犬を連れているから入店できません」というのが，直接差別（不当な差別的取扱い）の例である。

　これに対して，間接差別とは，障害者のみに関連する事柄ではないが，障害者と一定の関連性を有する事柄を理由に，障害者を不利に扱うことを意味している。たとえば犬には視覚障害者が連れる盲導犬のみならず愛犬家が連れるペットも含まれるので，犬は障害者のみに関連する事柄ではない。だが，犬を理由とする入店拒否が，仮に障害者集団に非障害者集団と比べて不均衡な不利な効果をもたらしているのであれば，この意味で，犬は障害者と一定の関連性

を有する事柄となる。この場合，犬を理由とする入店拒否は間接差別の問題となる。

このような間接差別の問題（直接差別の射程に入らない問題）は，不当な差別的取扱いの範囲に含まれないが，合理的配慮の観点からはアプローチできる場合がある。たとえば，犬を理由とする入店拒否に関しては，「盲導犬に限っては例外的に入店を認めるべきである」という合理的配慮の問題を提起することができるのだ。

差別解消法のもとで，合理的配慮の不提供は，直接差別と間接差別のどちらでもなく，独自の形態の差別として位置づけられている。たとえば，「あなたのために段差に携帯スロープを渡せません」という事例は，非過重負担等の要件を満たすのであれば，合理的配慮の不提供という独自の形態の差別となる。このように合理的配慮の不提供を差別のひとつに数えることは，従来の日本には見られない新しい差別の考え方である。これに対して，雇用促進法のもとでは，合理的配慮の不提供は差別とはされず，不当な差別的取扱い（と均等な機会の不提供）のみが差別とされる[11]。

このことに留意して以下においては，差別解消法における合理的配慮の不提供と差別との関係を詳しく検討するとともに，雇用促進法のもとで合理的配慮の不提供が差別とされない理由を考える。

(2) 合理的配慮の不提供を差別とする法律（差別解消法）

まず，差別解消法の規定を見てみると，合理的配慮の提供義務を定めた7条2項および8条2項が，「障害を理由とする差別の禁止」という条文見出しの下に配置されていることがわかる。このため，合理的配慮の不提供は差別のひとつとして考えられる。実際，差別解消法案に関する国会審議の際に政府参考人も，不当な差別的取扱いとは「作為による差別」で，合理的配慮の不提供とは「不作為による差別」である，と述べている（衆議院内閣委員会速記録，2013年5月29日）。

ここで論述の都合上，とりあえず7条2項（法的義務の規定）のみを確認すると，本項は「障害者の権利利益を侵害することとならないよう，（中略）必要かつ合理的な配慮をしなければならない」と定める。つまり，差別解消法のも

とで，行政機関等は，権利利益侵害とならないよう，合理的配慮を提供しなければならないのだ。

では，権利利益侵害とは何か。また，権利利益侵害は，差別とどのように関係し，合理的配慮の不提供とどのように関係するか。結論からいえば，権利利益侵害には差別が含まれ，差別には合理的配慮の不提供が含まれ，権利利益侵害（差別〔合理的配慮の不提供を含む〕を含む）により法違反が生じる，と解される。

この点に関して差別解消法の規定を具体的に確認していく前に，この規定の母体となった基本法の規定をまず見ておきたい。基本法4条1項は「差別することその他の権利利益を侵害する行為をしてはならない」と定める（**BOX** ⅱ参照）。そのため，この法律のもとで，権利利益侵害（行為）は禁止されている。すなわち，権利利益侵害（行為）は基本法違反となる。また，「その他の」という文言が用いられているので，差別（行為）が権利利益侵害（行為）の代表例であることがわかる。

このように解釈される基本法4条の具体化法が差別解消法であるので，差別解消法違反と権利利益侵害と差別との関係も，基本法の場合と同様に解釈することができる。たとえば，ある市役所の職員が，窓口に視覚障害者が来たときに，ただ障害者であることを理由に対応を拒否したら，明らかに差別をしたことになる。この差別（窓口対応の拒否）は権利利益侵害の代表例であり，それにより差別解消法違反が生じることになる。

さらに重要なこととして，たとえば国土交通省の対応指針が，差別解消法は「合理的配慮の不提供を差別と規定」すると記しているように，合理的配慮の不提供そのものが差別の概念に含まれると解されうる。たとえば，ある聴覚障害者がコミュニケーション・ボードを用いた筆談による窓口対応を希望した場合，過重負担がないにもかかわらず，市役所の職員がそれを拒否すれば，合理的配慮の不提供となる。そして，ここでいう合理的配慮の不提供それ自体が差別のひとつとなる。

以上をまとめれば，差別解消法のもとで禁止される権利利益侵害のひとつの形態が差別であり，その差別のひとつの形態が合理的配慮の不提供である，と解される。よって，合理的配慮の不提供があれば，ただそれだけで，差別解消

法違反が生じることになる。とすれば，差別解消法違反の成立のためには，合理的配慮の不提供が証明されれば十分で，わざわざ差別や権利利益侵害が別個に証明される必要はない，と考えられる。

そして実のところ，こうした解釈は，差別解消法違反を主張する際に，合理的配慮の不提供（または不当な差別的取扱い）を証明するのみならず，権利利益侵害をも別個に証明することは，障害者側に過度な負担を課すため，後者を違法性の要件にすべきではない，という重要な指摘（岩村ほか 2014，浅倉 2014，植木 2015b）にも合致している。

(3) 合理的配慮の不提供を差別としない法律（雇用促進法）

次に，雇用促進法の規定を見てみたい。この法律は，「障害者に対する差別の禁止」という条文見出しのもとに，均等な機会の不提供（34条）と不当な差別的取扱い（35条）のみを配置する。そのため，雇用促進法は合理的配慮の不提供（36条の2～36条の4）を差別に位置づけていない。この点につき，労政審分科会意見書は，「合理的配慮（過度の負担となる場合を除く。）の不提供を差別として禁止することと合理的配慮の提供を義務付けることはその効果は同じであると考えられることから，端的に事業主への合理的配慮の提供義務とすることで足りると考えられる」と記している。

ここでいう「その効果」が何を意味するかは必ずしも明らかではないが，確かに雇用促進法が合理的配慮の提供義務違反を差別と位置づける場合も，差別と位置づけない場合も，事業主が合理的配慮を法的義務として提供しなければならない点では変わりはなく，さらにいえば，この法律が私法上の効果を規定せず（たとえばこの法律を直接根拠に損害賠償を事業主に請求できない），公法上の効果を規定する点でも変わりはない[12]。

ただ，そうだとしても，権利条約の差別禁止規定を締約国（日本）が誠実に遵守するためにも，また障害法体系（権利条約，基本法，差別解消法，雇用促進法を含む）における差別禁止概念をめぐる無用な混乱を避けるためにも，雇用促進法も合理的配慮の不提供を差別と位置づけるべきであったように思われる。むしろ，「その効果」が何も変わらないのであれば，雇用促進法が合理的配慮の不提供を差別とすることも，とくに問題はないように思われる[13]。

にもかかわらず，そのように差別としなかった背景には，まさしく「差別」という強い語感ゆえに，合理的配慮の不提供を差別とする新しい考え方に対して強い抵抗感が存在していたことは想像に難くない。いずれにしても，たとえば2011年に国連の障害者権利委員会が，国内法において「合理的配慮の否定」が障害差別として明示的に認められることを確保するよう，チュニジアに対して勧告していることに鑑みれば（UN Committee on the Rights of Persons with Disabilities 2011），日本が同様の勧告を受けることは十分ありうる。

6 合理的配慮と努力義務

差別解消法は事業者に合理的配慮の努力義務を課しているが，雇用促進法は事業主に合理的配慮の法的義務を課す。差別解消法が合理的配慮を努力義務にとどめた点には批判もあるが（浅倉 2013b，植木 2015a, 2015b），ここでは，なぜ努力義務となったかを確認しておきたい。

基本方針によれば，行政機関等は，「その事務・事業の公共性に鑑み，障害者差別の解消に率先して取り組む主体」であるので，合理的配慮の提供は法的義務となっている。だが，事業者は，「事業における障害者との関係が分野・業種・場面・状況によって様々で」，「配慮の内容・程度も多種多様である」ため，努力義務とされている。ここでいう事業者とは，「商業その他の事業を行う者」で，「目的の営利・非営利，個人・法人の別を問わず，同種の行為を反復継続する意思をもって行う者」とされる。そして，事業者には，個人事業者や無報酬の事業を行う者，社会福祉法人など，きわめて広い範囲の者が含まれることになる（基本方針参照）。

また，厚生労働省のQ&Aによれば，差別解消法は，事業分野を特定せず，包括的に事業者に合理的配慮を求めているので，合理的配慮を努力義務にとどめ，対応指針（差別解消法に基づき各主務大臣が基本方針に即して作成した指針）のもとで，事業者が合理的配慮に主体的に取組むことを予定している。これに対して雇用促進法では，雇用分野に特有な事情（権利条約の明文規定，きわめて重要な分野，労働者と事業主の継続的契約関係・指揮命令関係）ゆえに，合理的配慮は

法的義務となっている。

　加えて，このことと併せて留意したいのは，私的自治の原則という考え方である。それは，私人間の権利義務関係は，私人による自由な意思にまかせるべきで，国家は介入すべきではないとする原則を意味する。この原則の観点から，「障害を理由とする差別の解消の推進に関する法律案（骨子案）」は，まずは合理的配慮を努力義務としたうえで，意識啓発・周知を図り，その後の相談事例や裁判例の集積を待って，努力義務から法的義務への変更を検討する，としている。

　以上の諸点が，差別解消法において事業者による合理的配慮が努力義務とされた理由である。なお，これらの理由に加えて，雇用促進法や男女雇用機会均等法等の辿った経験（荒木 2004）も考慮に入れると，合理的配慮の努力義務は，一定の年月を経た後に，場合によっては分野（文部科学省や国土交通省の所管分野等）を特定したうえで，法的義務になることが予想される。

　だが，いずれにしても，現時点で，差別解消法は合理的配慮を努力義務にとどめているため，その実効性の確保が問題となる。この点につき，内閣府のQ&Aがいうように，差別解消法は，合理的配慮の実効性を確保するために主務大臣の権限をいくつか規定しており，主務大臣は，「特に必要があると認めるときは」，事業者に対して報告徴収と助言・指導・勧告をすることができる（12条）。[14]

7　合理的配慮と不当な差別的取扱い

　本章の最後に，合理的配慮が不当な差別的取扱いとどのような関係にあるか検討する。そして両者が別々の概念でありながらも，実のところ相互に交わりうる概念であることを指摘し，今後の課題に触れておきたい。

　さしあたり，差別解消法に着目して述べれば，行政機関等（7条1項）と事業者（8条1項）のどちらも，「障害を理由として障害者でない者と不当な差別的取扱いをすることにより，障害者の権利利益を侵害してはならない」。基本方針によれば，ここでいう不当な差別的取扱いとは，相手方が，正当な理由

(「客観的に見て正当な目的の下に行われたものであり，その目的に照らしてやむを得ないと言える場合」）なく，障害を理由とするサービスの提供拒否等により，比較対象者（「問題となる事務・事業について本質的に関係する諸事情が同じ障害者でない者」）と比べて，障害者を不利に扱うことを意味する。[15] そして，先に述べたように，不当な差別的取扱いは直接差別を意味し，その禁止は法的義務である。

　ここで，国土交通省の対応指針を見ると，「障害を理由としない，又は，正当な理由があるため，不当な差別的取扱いにあたらないと考えられる事例」が複数あげられている。そして，その事例のひとつに，「低床式車両やリフト付きバスでない場合，運転者ひとりで車いす使用者の安全な乗車を行うことは無理と判断し，他の利用者に車内マイクを使って協力をお願いしたが，車内で利用者の協力が得られず乗車できない場合，説明をした上で発車する」というものがある。

　この国土交通省の事例は，実質的に見ると，バスの構造的問題や人的制約ゆえに，「実現可能性の程度」に関する過重負担が存在したため，車いすユーザの乗車を可能にさせる配慮が提供されなかった事例である，と考えることもできる。そのため，この事例は，端的に，合理的配慮の文脈で扱うことができるものである。にもかかわらず，この事例が，不当な差別的取扱いにあたらない具体例として紹介されていることは注目に値する。

　ここで，不当な差別的取扱いにあたらないという意味に関して注意したいのは，この事例が，「正当な理由があるため，不当な差別的取扱いにあたらないと考えられる事例」としても，「障害を理由としないため，不当な差別的取扱いにあたらないと考えられる事例」としても理解することができる，ということだ。前者の理解によれば，バスの乗車拒否は，確かに車いすを理由としたものであるが，過重負担による配慮の不提供（による乗車不可能性）という正当な理由があるため，不当な差別的取扱いにはあたらない，ということになる。後者の理解によれば，バスの乗車拒否は，そもそも車いすを理由としたものではなく，過重負担による配慮の不提供（による乗車不可能性）を理由としたものであるため，不当な差別的取扱いにはあたらない，ということになる。[16]

　いずれにしても，この事例が不当な差別的取扱いにあたらないとされる実質的な理由は，過重負担による配慮の不提供（による乗車不可能性）である。この

意味で,この事例では,不当な差別的取扱いと合理的配慮とが交わっている[17]。とすれば,この事例は,不当な差別的取扱いと合理的配慮との区別の相対化や,努力義務と法的義務との混交という課題を私たちに突きつけているといえる。このような課題を詳しく検討することは今後に委ねることとして,次章では,合理的配慮の概念をポジティブ・アクションの概念との比較を通じて明らかにしていきたい。

注

1) 本章の検討対象となる差別解消法と雇用促進法が施行される以前に,たとえば阪神バス事件(神戸地尼崎支判平成26年4月22日労判1096号44頁)など合理的配慮に関する興味深い裁判例が見られるが,本章では,それを検討対象としない(障害分野のケースは,障害と人権全国弁護士ネット編 2009, 2014 など参照)。
2) 基本法は,「特定の施策を実施すべき(中略)国の義務」でなく,国の「抽象的な責務」を定めたものである(東京地判平成13年7月23日判例タイムズ1131号142頁。第177回国会内閣委員会第14号〔平成23年6月15日〕も参照)。このことをあえて強調した表現として,本章では,基本法に単独で言及する文脈に限って「合理的配慮の提供責務」という表現を用いる。
3) このほかに注目される相違点として,差別解消法に「障害者の性別,年齢及び障害の状態に応じて」という表現が加わったことがあげられる。この表現は,内閣府のQ&A(国会答弁を集約した内閣府の考え)が記すように,権利条約6条(障害女性)および7条(障害児)の趣旨を考慮に入れたものである(本書第9章)。
4) 合理的配慮の内容に非過重負担の要素が含まれるか否かが議論されることがある。この点,文書による照会・回答ではないが,筆者が2016年3月11日に内閣府障害者施策担当に電話で照会したときに,「基本方針の記述に沿って,差別解消法における合理的配慮とは,過重な負担がないものに限られる」旨の回答を得ている。
5) ただし,合理的配慮指針は「合理的配慮とは,次に掲げる措置(第5の過重な負担に当たる措置を除く。)である」という表現も用いている。この箇所にいう合理的配慮の概念と本章の本文で述べた合理的配慮の概念との間には齟齬が生じうる。なぜなら,この箇所を文字どおりに素直に読めば,合理的配慮とは「過重負担のない措置」のみを意味する,と理解することもできるからだ。だが,合理的配慮指針は,その全体の内容と厚生労働省のQ&Aに鑑みると,やはり本章の本文で述べた意味で合理的配慮という言葉を用いていると思われる。よって,この箇所は文字どおりの意味で読むべきではない。
6) 合理的配慮に関する公的支援は,フランス等でみられることが知られている(永野 2013, Hendriks 2005)。
7) 以上のような諸要素を総合的に検討したうえで,たとえばある配慮が財政的に過度なコストを要するとか,ベネフィットを上回るコストを要すると客観的に判断された場合,その配慮は過重負担にあたる(長谷川珠子 2013, 富永 2014 を参照。関連した議論と

して，本書第5章）。何をコストとベネフィットに読み込むかは難しい問題であるが，その検討の際には少なくとも事前的改善措置の論点を考慮に入れておく必要がある。たとえば，ある車いすユーザからの求めに応じて相手方が建物にエレベーターを設置する行為は，確かにコストのかかる合理的配慮にあたるが，今後も車いす利用者が来ることを想定した行為であれば，事前的改善措置の側面をも有する。この点については，基本方針が「合理的配慮を必要とする障害者が多数見込まれる場合，障害者との関係性が長期にわたる場合等には，その都度の合理的配慮の提供ではなく，後述する環境の整備（事前的改善措置――引用者）を考慮に入れることにより，中・長期的なコストの削減・効率化につながる点は重要である」と記していることに留意すべきである。

8) プライバシーに関する議論は，長谷川（2014），本書第8章を参照。
9) 合理的配慮指針は，採用後の合理的配慮が「職務の円滑な遂行に必要な措置」（36条の3本文参照）であることを根拠に，(イ)日常生活に必要な車いすを提供する措置や，(ロ)配慮をしても重要な職務に支障をきたす場合の当該職務の継続措置は，「合理的配慮として事業主に求められるものではない」，と記している（(イ)は⑤に該当し，(ロ)は事案によって⑥と⑦の両方に該当する）。このように理解する場合は，⑤⑥⑦は少なくとも非過重負担の文脈（36条の3ただし書）には位置づけられない，と思われる。だが，その一方で，「事業活動への影響の程度」（合理的配慮指針）という観点から非過重負担の文脈に⑤⑥⑦を位置づけることができるようにも思われる（本書第5章第4節）。
10) 「意思の表明」（申出）は重要な論点であるが，ここでは数点のみ付言しておきたい。第1に，「意思の表明」（申出）は障害者本人によることが基本であるが，それが困難な場合，支援者や第三者が本人を支援して意思を表明してよい（基本方針と厚生労働省のQ&A参照）。この場面で，いわゆる意思決定支援者も重要な役割を果たしうると思われる。第2に，基本方針は，「意思の表明」に際しては，「障害者が他人とコミュニケーションを図る際に必要な手段」が用いられるとする。第3に，情報の非共有性の観点からは，相手方が障害者のニーズを明白にわかっていたり，障害者の事情を確認できたりする立場にあれば，「意思の表明」（申出）の要件は緩和されるか，あるいは不要になる。この点，基本方針は，相手方は目の前にいる障害者が配慮を必要としていることが明白にわかるのであれば，たとえ「意思の表明」がなくても障害者に対話を持ちかけることが「望ましい」と指摘する。また，雇用促進法36条の2（募集・採用時）の場合と異なり，36条の3（採用後）は「申出」に言及していない（合理的配慮指針，厚生労働省のQ&A参照）。
11) なお，差別解消法と雇用促進法は，障害者に対する差別を禁止するが，非障害者に対する差別は禁止していない（非対称的アプローチ）。そのため，基本方針は，「障害者を障害者でない者と比べて優遇する取扱い（いわゆる積極的改善措置）」は不当な差別的取扱いにあたらないとする。また，差別解消指針も，「障害者でない者と比較して障害者を有利に取り扱うこと」（積極的差別是正措置）は「障害者であることを理由とする差別」にあたらないとする。ちなみに雇用率制度は，古典的福祉施策から積極的差別是正措置へとその位置づけの転換が図られていると考えられるが（Cf. Waddington & Diller 2002），障害者と非障害者の双方に「副作用」をもちうる。すなわち，障害者にとっては処遇格差などが（長谷川珠子 2013），非障害者（使用者）にとっては職業選択の自由などが（征矢 1998）それぞれ問題となりうる。

12) 雇用促進法は，差別解消法と同様，私法上の効果を規定しておらず，私法上の効力は民法上の一般条項に基づき事案ごとに判断される（2013年5月28日の参議院厚生労働委員会，内閣府のQ&A，池原2013）。また，雇用促進法は，差別解消法と同様，公法上，事業主向けの指針を作成する厚生労働大臣の権限と，事業主に助言・指導・勧告しうる同大臣の権限を定める（36条の6）。そして，紛争防止・解決に関しては，差別解消法が，既存機関を活用した「必要な体制の整備」（14条）や障害者差別解消支援地域協議（17条）を定めているのに対して，雇用促進法は，公法上，紛争当事者に助言・指導・勧告しうる都道府県労働局長の権限（74条の6）と，紛争調整委員会（個別労働紛争解決促進法6条1項）に調停を行わせる同局長の権限（74条の7）を定める（雇用促進法の実効性確保については長谷川聡2013参照）。

13) 関連する議論として，浅倉（2013a），長谷川珠子（2013，2015），杉山（2014）参照。

14) 差別解消法は，公法上は，このような行政機関の権限の根拠を定めている（雇用促進法のもとでの行政上の措置に関しては前掲注12参照）。このため，差別解消法は，民事法的・刑事法的アプローチではなく，「行政法規により行為規範を定立し，行政措置によりその実効性を確保する手法」たる行政法的アプローチを採用している，とされる（障害者差別解消法解説編集委員会 2014）。

15) 内閣府のQ&Aは，「『不当な』とは，当該取扱いに正当な理由がある場合には，本法により禁止される不当な差別的取扱いには該当しないという趣旨である」としている。そして基本方針は，「正当な理由」の有無は，「障害者，事業者，第三者の権利利益（例：安全の確保，財産の保全，事業の目的・内容・機能の維持，損害発生の防止等）及び行政機関等の事務・事業の目的・内容・機能の維持等の観点に鑑み」，判断されなければならない，と記す。ここにあげられている「安全の確保」は「正当な理由」の典型例のひとつであるが，もしも安全が確保できるか否かが一面的・主観的・観念的・抽象的に判断されるのであれば，障害者へのサービス提供の拒否等が，きわめて安易に許容されかねない。そのため，基本方針が，「正当な理由」の有無は（過重負担の有無と同じく）「具体的場面や状況に応じて総合的・客観的に判断」されることが必要である，と記していることは重要である。

16) ここであげられている具体的な事例が，「障害を理由としないため，不当な差別的取扱いにあたらないと考えられる事例」と「正当な理由があるため，不当な差別的取扱いにあたらないと考えられる事例」のどちらに位置づけられるか明らかではない。ちなみに，雇用促進法とその差別禁止指針は，「正当な理由」の概念に言及していない。よって，雇用促進法は，「正当な理由があるため，不当な差別的取扱いにあたらないと考えられる事例」を想定していないのかもしれない。とすれば，雇用促進法の禁止する「不当な差別的取扱い」の「不当な」が何を意味するかが問題となろう（差別解消法の場合における「不当な」の意味については前掲注15参照）。

17) 関連する議論として，東（2015），植木（2015b），富永（2014）参照。

● 文　　献

荒木尚志，2004，「労働立法における努力義務規定の機能——日本型ソフトロー・アプローチ？」中嶋士元也先生還暦記念編集刊行委員会編『労働関係法の現代的展開』信山

社出版：19-45
浅倉むつ子，2013a,「障害差別禁止をめぐる立法課題——雇用分野を中心に」広渡清吾・浅倉むつ子・今村与一編『日本社会と市民法学——清水誠先生追悼論集』日本評論社：589-613
浅倉むつ子，2013b,「障害差別禁止立法の課題と展望」『労働法律旬報』1794：6-8
浅倉むつ子，2014,「改正障害者雇用促進法に基づく差別禁止」『部落解放研究』201：89-110
長谷川聡，2013,「障害を理由とする雇用差別禁止の実効性確保」『季刊労働法』243：38-48
長谷川珠子，2013,「障害者雇用促進法における『障害者差別』と『合理的配慮』」『季刊労働法』243：25-37
長谷川珠子，2014,「日本における『合理的配慮』の位置づけ」『日本労働研究雑誌』646：15-26
長谷川珠子，2015,「障害者雇用促進法と合理的配慮」『法律時報』87(1)：68-73
Hendriks, Aart, 2005, "Promoting Disability Equality after the Treaty of Amsterdam: New Legal Directions and Practical Expansion Strategies," Anna Lawson & Caroline Gooding eds., *Disability Rights in Europe: From Theory to Practice*, Hart Publishing, 187-195.
東俊裕，2015,「障害者差別解消法と合理的配慮」『法律時報』87(1)：62-67
池原毅和，2013,「合理的配慮義務と差別禁止法理」『労働法律旬報』1794：9-14
岩村正彦・菊池馨実・川島聡・長谷川珠子，2014,「〈座談会〉障害者権利条約の批准と国内法の新たな展開——障害者に対する差別の解消を中心に」『論究ジュリスト』8：4-26
永野仁美，2013,『障害者の雇用と所得保障——フランス法を手がかりとした基礎的考察』信山社出版
障害者差別解消法解説編集委員会，2014,『概説障害者差別解消法』法律文化社
障害と人権全国弁護士ネット編，2009,『ケーススタディ障がいと人権——障がいのある仲間が法廷を熱くした』生活書院
障害と人権全国弁護士ネット編，2014,『障がい者差別よ，さようなら！——ケーススタディ障がいと人権2』生活書院
征矢紀臣，1998,『障害者雇用対策の理論と解説』労務行政研究所
杉山有沙，2014,「障害差別禁止立法の現状と課題——障害者基本法，障害者差別解消法，障害者雇用促進法に対する憲法学的考察」『社学研論集』23：194-209
Supreme Court of the United States, 2001, *PGA Tour, Inc. v. Martin*, 532 U.S. 661.
富永晃一，2014,「改正障害者雇用促進法の障害者差別禁止と合理的配慮提供義務」『論究ジュリスト』8：27-32
植木淳，2015a,「日本国憲法と合理的配慮」『法律時報』87(1)：74-79
植木淳，2015b,「障害差別禁止法理の現段階」『北九州市立大学法政論集』43(1・2)：1-28
UN Committee on the Rights of Persons with Disabilities, 2011, Concluding Observations on Tunisia, UN Doc. CRPD/C/TUN/CO/1 (15 April 2011).
Waddington, Lisa, & Matthew Diller, 2002, "Tensions and Coherence in Disability Policy: The Uneasy Relationship between Social Welfare and Civil Rights Models of Disability in

American, European and International Employment Law," Mary Lou Breslin & Silvia Yee eds., *Disability Rights Law and Policy: International and National Perspectives*, Transnational Publishers, 241-280.

第3章

合理的配慮とポジティブ・アクション
合理的配慮になりうるもの，なりえないもの

● 飯野 由里子

1 従来の配慮は合理的配慮ではないのか

　第1章，第2章を読んでもなお，読者の中には「障害者に対する配慮はこれまでもなされてきたのではないか？ それらは合理的配慮ではないのか？」という疑問を抱いている人がいるかもしれない。たとえば，日本にはすでにバリアフリー法[1]という法律があり，国，地方公共団体，施設設置管理者，公共交通事業者に対し，障害者が非障害者と同じように移動したり施設を利用したりするために必要な対策を講じるよう義務づけている。読者の中にも，駅やショッピングセンターを利用した際「最近，車いすユーザ用の駐車スペースやトイレが増えてきたな」と感じている人が多いのではないだろうか。また，通勤・通学で電車を利用している読者の中には，プラットホームに設置された点字ブロック（点状・線状ブロック）やホームドアが増えてきていることに気づいている人もいるだろう。そのほか，駅や市役所，病院等の案内所で「筆談器あります」という表示を見かけたことがあるという人もいるはずだ。これらはすべて，バリアフリー法に基づいて講じられている対策の具体例である[2]。
　車いすユーザ用の駐車スペースやトイレ，点字ブロックやホームドア，筆談器の設置は，日常生活や社会生活において障害者の活動を制限している社会的障壁を除去する効果をもっている。この点で，バリアフリー法のもとですでに

講じられているさまざまな対策は，合理的配慮と同じような機能を果たしているといえる。しかし，バリアフリー法は「公共の福祉の増進」を目的に，公共施設や交通機関を利用する不特定多数の障害者を念頭においてバリアフリー化を行っていこうというものであり，個別の場面で生じる社会的障壁にその都度，柔軟に対応していこうというものではない。このことを，第2章で取り出した合理的配慮の3要素との関係で整理しなおすと次のようにいえる。すなわち，バリアフリー法のもとで講じられているさまざまな対策は「社会的障壁の除去」ではあっても「個々のニーズ」に応じてなされているわけでは必ずしもない。

これに対し，合理的配慮とはあくまでも「個々のニーズ」に応じた「社会的障壁の除去」，つまり具体的な障害者が特定の場合に個別的に経験する社会的障壁を除去することである。こうした変更を効果的に行っていくためには，配慮を必要としている側（障害者）はもちろんのこと，配慮を提供する側（事業者・事業主）の個別事情も踏まえる必要がある。だからこそ合理的配慮では，障害者と事業者・事業主との間で対話を行うことが求められるのだ。社会的障壁の除去にあたり，個々の障害者の意思を尊重しようとするこのような立場は，障害者の権利性をより重視した形で配慮提供を行おうとするものであり，まさにこの点に，合理的配慮の新しさがある。

さて，バリアフリー法のもとで講じられてきた対策以外にも，障害者に対する支援策はさまざまある。本章では，それら既存の支援策が「個々のニーズ」に応じた「社会的障壁の除去」を「非過重負担」で行う合理的配慮とどのような点で異なっているのか確認することにしよう。その際，議論の筋をわかりやすくするため，既存の支援策を個々の障害者の参加機会を確保するために個別に提供されてきた配慮（第2節，第3節）と，そうした個別支援の枠を超えて行われるポジティブ・アクション（第4節）の2つに分け，前者を運用の仕方によっては合理的配慮になりうるものとして，後者を合理的配慮とは質的に異なるものとして位置づけ，考えていくことにする。

2 合理的配慮になりうるもの①
● 大学入試センター試験で受けられる配慮

　入学試験時や定期試験時に提供されるさまざまな配慮は，障害者に対して教育分野で広くなされてきた配慮の一例である。たとえば，独立行政法人大学入試センターは毎年夏に受験案内を公開する際「受験上の配慮案内（障害等のある方への配慮案内）」（以下，「配慮案内」）も一緒に公開している。障害をもつ受験生は，この「配慮案内」を参考にしながら希望する配慮の申請を行い，認められれば試験時に配慮を受けられるようになっている（日本学生支援機構 2012）。だがその際，大学入試センターが提供している配慮メニューの例示にすぎない「配慮案内」がマニュアル的に用いられることが多く，その結果，配慮が必要であるにもかかわらずうまく受けられないで困っている受験生がいるともいわれている。

　次頁の表3-1は，大学入試センターで具体的にどのような配慮が提供されているのかを「配慮の種別」ごとにまとめたものである。これを見る限り，障害をもつ受験生には現段階でもさまざまな配慮が提供されていることがわかる。しかし「配慮案内」に記載された細かな規定に基づきマニュアル的に配慮内容を振り分けていくだけでは「個々のニーズ」に応じた「社会的障壁の除去」がなされないケースが出てくる。以下，具体的な事例に即して見ていこう。

　たとえば，視覚による情報処理に困難があるため通常のマークシート解答では試験に参加することができない受験生Aさん，Bさん，Cさんがいるとしよう。3人の障害の状態は，それぞれ以下のとおりである。

Aさん	視覚障害	矯正視力は両目とも 0.1
Bさん		矯正視力は右 0.4，左 0.1
Cさん	同名半盲と左半側空間無視	同名半盲により，視能率が50％程度欠損。また，半側空間無視により注意を向けた空間のうち，左半分を見落としてしまう

　さて，現在の大学入試センターの規定をマニュアル的に用いた場合，3人の受験生にはどのような配慮が提供されることになるのだろうか。この点を確認

表 3-1 受験上の配慮事項一覧

配慮の種別	配 慮 事 項
解答方法や試験時間に関する配慮	点字解答（試験時間を1.5倍に延長） 文字解答（試験時間を1.3倍に延長 または 延長なし） チェック解答（試験時間を1.3倍に延長 または 延長なし） 代筆解答（試験時間を1.3倍〔科目によっては1.5倍〕に延長 または 延長なし） 上記のほか，マークシート解答においても試験時間を1.3倍に延長にする場合あり
試験室や座席に関する配慮	1階またはエレベーターが利用可能な試験室で受験 洋室トイレまたは障害者用トイレに近い試験室で受験 窓側の明るい座席を指定，座席を前列に指定，座席を試験室の出入口に近いところに指定 別室の設定
持参して使用するものに関する配慮	拡大鏡等の持参使用 照明器具の持参使用 特製机・いすの持参使用 車いすの持参使用 杖の持参使用 補聴器または人工内耳の装用（コードを含む）
その他の配慮	拡大文字問題冊子（14ポイント・22ポイント）の配付 照明器具の試験場側での準備 手話通訳士等の配置 注意事項等の文書による伝達 リスニングの免除 リスニングにおける音声聴取の方法の変更 試験場への乗用車での入構 試験室入口までの付添者の同伴 介助者の配置 特製机・いすの試験場側での準備 座席の指定，試験時間中の薬の服用，吸入器の持参使用など

（出所）「平成28年度大学入学者選抜 大学入試センター試験 受験上の配慮案内（障害等のある方への配慮案内）」に基づき作成。

するためには，表 3-1 ではなく表 3-2 の「視覚に関する配慮事項」を見なければならない。すると，A さんは表 3-2 中の①に該当しているため，1.3 倍に延長した試験時間の中で，文字解答という方法（文字解答用紙に，受験者が選択肢の数字等を記入することで解答する方法）で試験に参加することが認められている。もちろん，合理的配慮の観点に照らせば，1.3 倍が A さんにとって十分な時間延長かどうか（A さんの「個々のニーズ」）という点で問題は残る。だが，現在の

表3-2 受験上の配慮内容（視覚に関する配慮事項）

対象となる者	配慮する事項	
	解答方法	試験時間
点字による教育を受けている者	点字解答	1.5倍に延長
① 良いほうの眼の矯正視力が0.15以下の者	文字解答	1.3倍に延長
② 両眼による視野について視能率による損失率が90％以上の者		
③ 上記以外で，解答用紙にマークすることが困難な者		延長なし
上記以外で視覚に関する配慮を必要とする者		──

（出所）「平成28年度大学入学者選抜 大学入試センター試験 受験上の配慮案内（障害等のある方への配慮案内）」に基づき作成。

　規定をたとえマニュアル的に用いたとしても，Aさんには解答方法に関する配慮と試験時間に関する配慮の両方が提供されることになっており，結果的に合理的配慮が提供される可能性は高いといえる。

　これに対し，Bさんは表3-2中の③に該当しているため，文字解答という方法で試験に参加することは認められているが，試験時間の延長は認められていない。もちろん，解答方法に関する配慮だけでもBさんの「個々のニーズ」に応じた「社会的障壁の除去」がなされる可能性はあり，その場合，Bさんに合理的配慮が提供されることになる。しかし，視力が一定以上あれば文字解答にかかる時間が短くて済むというわけではない。本来であれば，視力に関する情報だけで，Bさんが他の受験生と平等な条件で試験に参加するために必要な試験時間を判断することはできないはずだ。だからこそ，合理的配慮という考え方のもとでは，障害者に提供される配慮の内容は，その人の「個々のニーズ」に基づいて判断されるべきだとされているのである。したがって，現在の規定をマニュアル的に用いてBさんを③の類型に当てはめるようなやり方は，Bさんの「個々のニーズ」に応じた「社会的障壁の除去」がなされない可能性があるので問題である。合理的配慮の考え方に基づけば，Bさんに試験時間の延長を必要とする個別の事情があるならば，規定を柔軟に解釈・運用することで，解答方法に関する配慮と併せて試験時間に関する配慮も提供されなければならない。

　最後に，Cさんは表3-2中の①～③のいずれにも該当しないため，解答方法という点でも，時間延長という点でも，配慮の対象外とされている。もちろん，

Cさんが視覚に関する配慮を必要としていても，通常の方法で試験に参加できるのであれば問題はない。だが，Cさんは自分が注意を向けた空間の左半分を見落としてしまうという障害（左半側空間無視）をもっているため，漢字の「働」を「動」と読み間違えてしまったり，英単語の「he」「she」「the」の区別がうまくつかなかったりする。つまり，試験の問題文を読むという作業そのものに相当の困難を抱えているのだ（近藤 2012）。

　Cさんのような障害をもつ受験生が試験問題の内容にアクセスするためには，パソコンによる音声読み上げを利用したり誰かに代読してもらったりするなど，「読み」に関わる配慮が必要となる。ところが，入学試験時や定期試験時に提供される配慮メニューの中にそうした配慮が含まれているケースはまだ少なく，大学入試センターにおいても，代読受験や音声読み上げを利用しての受験という選択肢はそもそも用意されてこなかった（表3-1）。だが，視覚による情報処理に困難がある受験生に対し，大学入試センターが用意してきた配慮内容（文字解答と試験時間の延長）だけでは，Cさんの「個々のニーズ」に応じた「社会的障壁の除去」がなされる可能性がきわめて低いことは明らかだろう。つまり，Cさんのケースは，既存の規定を柔軟に解釈・運用するだけでは解決されない問題を含んでいるのである。

　実は2014年度の大学入試センター試験では，この点について注目すべき決定がなされた。読み書き障害のため「読み」に関する配慮を必要とする受験生が，パソコンの音声読み上げによる受験を希望したところ，その代替措置として代読による受験が認められたのである[3]。このケースは，視力や視能率を基準にすることで「読み」に関する障害をもつ受験生をあらかじめ配慮の対象外としてきた従来のあり方を考えると，大きな方針転換だといえる。もちろん，この受験生が，もともとはパソコンの音声読み上げによる受験を希望していたことを考えると，代読受験という方法で彼が試験問題の内容に十分にアクセスできたのかどうか，やや疑問は残る。だが，合理的配慮の考え方に基づけば，既存のメニューには含まれていない配慮が，受験生の「個々のニーズ」に応じて提供されるという方向は歓迎すべきである。また，こうした個別の判断が今後どの程度なされていくのかも注目される[4]。

　もちろん，大規模にかつ一斉に行われるような試験の場合，提供できる配慮

の内容には自ずと限界が生じることになるだろう。だが，2016年4月に障害者差別解消法が施行されたことで，大学入試センターに限らず多くの教育機関は理念的要請としてではなく法的義務として，障害をもつ受験生に合理的配慮を提供していくことになる。そこでは，試験の意味が大きく損なわれるとか，運営上著しい混乱をきたすといったことが起きない限り（つまり「非過重負担」の範囲で），受験生の「個々のニーズ」に応じた「社会的障壁の除去」を行うことが要求されている。こうした要求を遵守していくためには，障害の状態を視力や視能率等で把握し，それを基準に配慮内容を振り分けるような発想から脱却し，障害をもつ受験生の個々のニーズに沿った配慮内容と提供方法の検討を柔軟に行っていくための新たなルールづくり，仕組づくりが求められる。

3 合理的配慮になりうるもの②
● 雇用場面での個別の配慮

　障害者に対する個別の配慮は，教育分野だけではなく，雇用分野でもなされてきた。たとえば，車いすを利用する労働者を雇用した職場でオフィスのレイアウトを変更し車いすでの移動を円滑にするとか，視覚障害をもつ労働者のパソコン利用を可能にするために通常のパソコンに加えて画面読み上げソフトを購入するといったことは，そうした配慮の一例である。実は改正前の障害者雇用促進法のもとでも，事業主には障害をもつ労働者の「能力の発揮」と「雇用の安定」のための協力が求められていた。そして多くの事業主は，そうした協力の一環として，雇用した障害者に対して個別の配慮を提供してきた。[5]

　事実，厚生労働省が公表している『平成25年度障害者雇用実態調査』によると，障害者を雇用している事業主のうち7割程度の事業主が障害をもつ労働者に対して雇用上の配慮を行っていると回答している。[6]具体的にどのような配慮が提供されているのかという点について，障害種別に分けて整理してみると次頁図3-1のようになる。これによると「配置転換等人事管理面についての配慮」「通院・服薬管理等雇用管理上の配慮」「短時間勤務等勤務時間の配慮」は，障害種別に関係なく広く提供されていることがわかる。

　同時に，図3-1からは，障害種別に応じた配慮の特徴を見ることもできる。

図3-1　障害者に対する雇用上の配慮（複数回答）

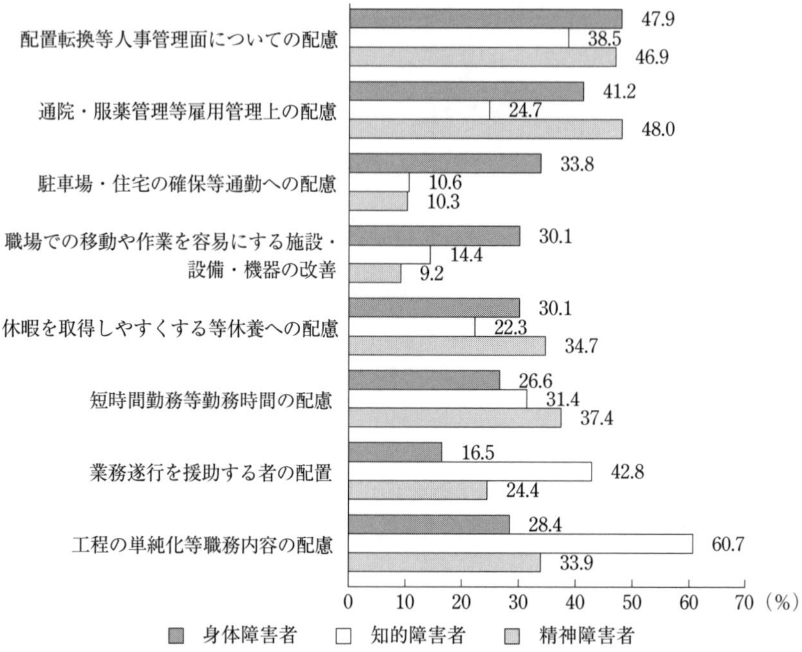

配慮項目	身体障害者	知的障害者	精神障害者
配置転換等人事管理面についての配慮	47.9	38.5	46.9
通院・服薬管理等雇用管理上の配慮	41.2	24.7	48.0
駐車場・住宅の確保等通勤への配慮	33.8	10.6	10.3
職場での移動や作業を容易にする施設・設備・機器の改善	30.1	14.4	9.2
休暇を取得しやすくする等休養への配慮	30.1	22.3	34.7
短時間勤務等勤務時間の配慮	26.6	31.4	37.4
業務遂行を援助する者の配置	16.5	42.8	24.4
工程の単純化等職務内容の配慮	28.4	60.7	33.9

（出所）『平成25年度障害者雇用実態調査』に基づき作成。

たとえば，知的障害者の場合，複雑な指示や抽象的な指示を受けるとわからなくなってしまうこともあるため，「工程の単純化等職務内容の配慮」が多く行われている。たとえば「スーパーの倉庫で商品を箱から出し，売場に出て商品を陳列する」という業務を細分化し「倉庫で商品を箱から出し，空き箱を片付ける」という工程のみを任せる（作業工程の細分化）とか，売場で商品の陳列を指示する際，「きちんと並べる」ではなく「商品の向きを揃えて並べる」等，具体的な指示を行う（具体的な言葉による指示出し）といった配慮がこれにあたる（高齢・障害・求職者雇用支援機構 2013）。また，知的障害者の中には意思交換が苦手であったり，慣れない場面では緊張が高まってうまく業務がこなせなかったりする者もいるため「業務遂行を援助する者の配置」を行っている事業主も多い。たとえば，職場内でのサポート体制ができるまでの間，障害者と事業主の双方に対して助言や支援を行うジョブコーチ（職場適応援助者）制度の利[7]

用は，その一例である。

　2016年4月の障害者雇用促進法（以下，雇用促進法）の改正により，事業主には障害をもつ労働者に合理的配慮を提供することが義務づけられることになった。すでに配慮提供を行ってきた事業主に関しては大きな心配はないだろうという声もあるが（長谷川 2014），今後は配慮を提供しているかどうかだけではなく，提供している配慮の内容が障害をもつ労働者の「個々のニーズ」に応じた「社会的障壁の除去」になっているかが厳しく問われることになるという点はおさえておく必要がある。

　同時におさえておかなければならないのは，合理的配慮の義務化においては，配慮がどのような手続を経て提供されるのかも問われるという点である。これは，本書第2章で述べた「対話的性格」と関わる。たとえば，公共交通機関を利用しての通勤に困難を抱えている労働者Dさんを雇用したとしよう。雇用促進法のもとでは，Dさんが事業主に対し，通勤負担を軽減するための何らかの配慮を申し出てきたら，事業主はDさんとの話合いをなるべく早く開始するよう求められる。また，たとえDさんが自ら申し出なかったとしても，職務の遂行にあたって何らかのニーズを抱えていることが明らかであれば，事業主の側からDさんに対し，職務において支障となっている事情がないかを確認し，もしあれば，Dさんとの話合いを開始することが求められる。[8]

　こうした話合いが求められるのは，事業主がDさんの意向を踏まえずに特定の配慮を勝手に提供したり，Dさんが特定の配慮を受けるよう事業主が恣意的に干渉したりすることを避けるためである。それらは，たとえ「善意」によるものであったとしても，パターナリスティック（温情的庇護的）な処遇であり，Dさんのニーズや権利を尊重しているとはいえない。ましてや，特定の配慮を受けることが，Dさんの不利益につながるような事態があってはならない。

　さて，話合いの中でDさんの意向を確認したところ，Dさんの側から，事業主が会社の近くのアパートを借り上げ，彼に貸与するという案が出てきたとしよう。この提案に対し，事業主は自らの事情によっては「財政的に負担が大きい」と感じる場合もあるだろう。だが，財政的に負担が「大きい」からという理由だけで，Dさんの案を直ちに却下することはできない。なぜなら，D

3　合理的配慮になりうるもの②　　77

表3-3 障害者雇用促進法に基づいて実施されている各種助成

障害者作業施設設置助成金	作業施設, 作業設備等の整備等を行う事業主への助成金
障害者福祉施設設置助成金	福利厚生施設の設備等を行う事業主への助成金
障害者介助等助成金	雇用管理のために必要な介助等の措置を行う事業主への助成金
職場適応援助者助成金	障害者に対する職場適応援助者による援助の事業を行う社会福祉法人等または自社の事業所に職場適応援助者を配置し, 雇用する障害者に対する援助を実施する事業主への助成金
重度障害者等通勤対策助成金	通勤を容易にするための措置を行う事業主への助成金
重度障害者多数雇用事業所施設設置等助成金	障害者を多数雇用し施設等の整備等を行う事業主への助成金
障害者能力開発助成金	能力開発訓練事業を行う事業主等や能力開発訓練を受講させる事業主への助成金

(出所)「障害者雇用納付金制度に基づく各種助成金のごあんない」独立行政法人高齢・障害・求職者雇用支援機構より作成。

　さんが求めている配慮を提供することが, 事業主にとって過重な負担となるかどうかは, 単に費用の大きさだけで測られるものではなく, 事業主の事業規模や財務状況等を総合的に検討したうえで判断されるものだからである。

　その際, 事業主には, 雇用促進法の「雇用納付金制度」に基づく助成金が利用できないか検討することも求められる。「雇用納付金制度」とは「割当雇用制度」(一定割合以上の障害者を雇用することを事業主に義務づける制度) によって定められている雇用率を達成していない事業主から金銭を徴収し, 雇用率を超えて障害者を雇用している事業主へ調整金や報奨金を支給する制度である[9]。これは, 障害者を雇用することに伴う経済的負担を引き受けている事業主 (つまり, 雇用率を達成している事業主) と引き受けていない (つまり, 雇用率を達成していない事業主) との間の差を調整するとともに, 障害者雇用に取り組むためのインセンティブを与えることをねらった制度である。詳しくは本書第6章第2節 (3) で触れるが, 実はここで徴収されている納付金の一部は, 障害者雇用にあたって必要な環境の整備等を行う際, 事業主に対して支給される各種助成金 (表3-3) の財源にもなっている。

　たとえば, Dさんの案を「非過重負担」の範囲で実現するために, 事業主は「重度障害者等通勤対策助成金」の中の「重度障害者等用住宅の賃借助成金」を活用することができる。これは, 事業主が会社の近くのアパートを借り

上げ，障害者に貸与する場合，その借料の一部を助成するものである。[10]もちろん，事業主の事情によっては，こうした助成金を活用してもなお，アパートの借り上げ・貸与を「非過重負担」の範囲で行うことが難しいと判断せざるをえない場合もあるだろう。そのようなときには，事業主がDさんの提案を拒否したとしても義務違反は問われない。

　だが，Dさんの提案を却下したことで，話合いが終了するわけではない。なぜなら，この時点では，Dさんの申出に対して，何ら具体的な配慮が提供されていないからだ。そこで，今度は事業主の側からDさんの職務遂行を可能にするための具体策を提案するなど，代替案を示すことで，Dさんとの話合いを継続していくことが求められる。そして，配慮を受ける側であるDさんにも，事業主の事情を理解し，ともに代替案を探っていく努力が求められることになる。つまり，合理的配慮においては，配慮が提供されるかどうかだけではなく，その内容が障害者と事業主の間の話合い（対話）の中で模索され確定されていくプロセスも重視される。合理的配慮がこれまでなされてきた雇用上の配慮と大きく異なるのは，まさにこの点にあるといえる。したがって，従来の配慮を合理的配慮として提供していくためには，①配慮内容が障害をもつ労働者の「個々のニーズ」に応じた「社会的障壁の除去」になっていること，②そうした変更が障害者と事業主との対話を通してなされていることの2点が，それぞれの職場において精査される必要がある。

4　合理的配慮とは質的に異なるもの

　さて，第2節，第3節では，それぞれ教育と雇用の分野で，障害者に対して個別に提供されてきた配慮に焦点を当てた。これらの配慮は，運用の仕方次第では合理的配慮として提供される可能性をもっている。だが，障害者に対する支援策の中には，障害者の「個々のニーズ」に働きかけるというよりは，障害者－非障害者の間に根強く存在している集団格差や障害者を不利な状態に置き続けている社会環境に働きかける性質をもったものもある。社会構造の不均衡なあり方によって不利益を被ってきた集団に向けて行われるこうした支援策は，

一般的にポジティブ・アクションと呼ばれている。それは，集団間の実質的な機会の平等を実現することを目的に，暫定的にとられる措置である（田村・金井編 2007，辻村 2011）。

ただ，その際にとられる方法はさまざまある。たとえば，ある大学で学生集団Xの割合が学生集団Yに比べて圧倒的に低いことがわかり，集団Xの教育機会の確保が社会的に取り組むべき問題として認識されたとしよう。この目的を実現するためのポジティブ・アクションとして，大学側がとりうる方法は主に3つある。第1に，大学側は新たに入学する学生の10%を集団Xに割り当てるという，かなり思い切った方法（割当制）をとることができる。ただしこの方法をとった場合，集団Yに属する誰かが自らの属性によって不利益を被る可能性があり，それが社会的な反発を招くことがある。つまり，割当制を採用することで生じるコストを集団Yに属する個人に負わせることは平等の原則に違反するのではないかという批判が起こりうるのだ。これが，いわゆる逆差別（reverse discrimination）の問題である[11]。

第2に，大学側は入学選抜試験でほぼ同じ「能力」がある集団Xに属する候補者と集団Yに属する候補者がいた場合にのみ，前者を優先的に採用するという方法（プラス要素方式）で，集団Xの割合を徐々に増やしていくことができる。もちろん，こうした方法をとったとしても，採用されなかった候補者の側から批判や反発が出ることはありうる。また，採用された候補者に対して周囲が「マイノリティだから入学できただけだろう」というまなざしを向けることで，集団Xに属する個人が自身の能力を十分に発揮できない状態に置かれるといったこと（「スティグマ」の問題）も起こりうる。

第3に，大学側は，集団Xが学習しやすい環境の整備を進めていくことで，かれらの入学に対するインセンティブを高めるという方法（環境の整備）をとることができる。ここでは，具体的には，集団X向けの説明会（アウトリーチ）を開催したり，集団X向けの相談室を設置したりといった策がとられることになる。

以上3種類のポジティブ・アクションを既存の障害者施策に当てはめてみると，第1節で触れたバリアフリー法は，環境の整備にあたるといえる。これに対し，割当制を採用しているのが，障害者雇用率制度である。第3節でも触れ

たように，日本では雇用促進法のもと，事業主に対し，一定割合以上の障害者を雇用することが義務づけられている。2016年現在，「割当雇用制度」の基礎となっている法定雇用率は，民間企業の場合は2.0％，国や地方公共団体の場合は2.3％，教育委員会の場合は2.2％である。常用労働者（期間を定めずに雇用されている労働者）数が50人以上のすべての事業主は，少なくともこの雇用率を下回らない形で障害者を雇用することが義務づけられている。

　すでに述べたように，雇用率制度が採用している割当制については，障害者を非障害者よりも優先的に扱うことを積極的に認めている側面がある。このため，この手法がとりわけ採用の場面で用いられる場合，「逆差別」の問題を疑問視する声はいまだに多く，障害者雇用率制度もその例外ではない。この点について，どう考えればよいだろうか。

　その際，手がかりとなるのが，割当制に対して批判的なアメリカ合衆国の判例の中でもとりわけ有名な「バッキー判決」（1978年）である。この事件は，カリフォルニア州立大学医学部（大学院）が，入学定員100人中16人（つまり，定員の16％）を人種的マイノリティに割り当てる特別入学プログラムを実施したことをめぐり，白人の男性がその合憲性を争ったものである。結果的に，上記の特別入学プログラムは，連邦最高裁判所によって違憲であると判断された[12]。だが，この「バッキー判決」においても，連邦最高裁判所は入学審査の際に人種を考慮することを禁じることはできないとした。つまり，あらゆる割当制を「逆差別」として禁止することはできないということが示唆されたのである。

　さて，日本の障害者に対する割当雇用制度の場合，達成するよう定められている雇用率の割合は，民間企業の場合でも2.0％である。障害者の雇用機会が大きく損なわれたままの状況が現実に続いており，かつそうした状況は少しでも改善していくべきだという理念が社会的に共有されていることを踏まえれば，この程度の軽微な優先処遇であれば「逆差別」にあたらないとするのが一般的な理解だろう。むしろ，問われるべきは，こうした制度が存在しているにもかかわらず，民間企業において法定雇用率を達成している企業の割合が47.2％（2015年6月1日現在）と，いまだ半数以下にとどまっているという現実のほうではないだろうか（図3-2）。

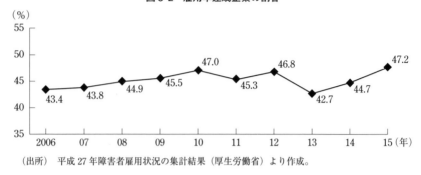

図 3-2　雇用率達成企業の割合

（出所）平成 27 年障害者雇用状況の集計結果（厚生労働省）より作成。

5　合理的配慮とポジティブ・アクションの関係

　前節で焦点を当てたポジティブ・アクションは障害者の機会平等の実現をめざしている点で，合理的配慮と同じ目的を共有している。だが，それぞれが変化させようとしている対象とそのためにとられる方法は大きく異なっている。合理的配慮のねらいは，個々の障害者が個別の場面においてさまざまな形で直面している社会的障壁を除去していくことにある。そして，社会的障壁が生じる多様な状況に対応していくため，合理的配慮では対話的な問題解決手法が重視されることになる。

　これに対し，ポジティブ・アクションのねらいは，障害者を非障害者よりも圧倒的に不利な状態に置き続けてきた社会的文脈を変化させていくことにある。そこでは，バリアフリー法に基づく公共施設や交通機関におけるバリアフリー化のような環境の整備から，障害者雇用率の義務化のような割当制まで，さまざまなものが含まれていた。ただ，ここで注意してほしいのは，合理的配慮とポジティブ・アクションが異なるという指摘は，両者が無関係であるということと同義ではないという点である。

　たとえば，差別解消法の基本方針では，バリアフリー法に基づくバリアフリー化は，「不特定多数の障害者を主な対象として行われる事前的改善措置」であり「個別の場面において，個々の障害者に対して行われる合理的配慮を的確に行うための環境の整備」であるという理解が示されている。[13] 確かに，周り

の「環境の整備」がどの程度行われているのかによって，個々の障害者が個別の場面で必要とする合理的配慮の内容は変わってくる。基本方針が示しているのは，バリアフリー法に基づくバリアフリー化は合理的配慮ではないが，その内容に大きな影響を与える「環境」を事前に整備・改善しておくうえで必要であるという理解だろう。さらに重要なのは，事前的改善措置として何を行っておくべきかに関する共通理解は，合理的配慮の実践を通して個別事例が蓄積されることによって醸成されるという点である。この意味で，バリアフリー法のもとでのバリアフリー化と合理的配慮は社会的障壁を除去するための「両輪」であり，相補的な関係にあるといえる。

　もちろん，だからといって，合理的配慮とポジティブ・アクションは常に相補的な関係にあるといいたいわけではない。たとえば，第4節で取り上げた障害者雇用率と合理的配慮との間にそうした関係は見られない。むしろ，障害者をある特定の文脈において優先することは「逆差別」の問題やスティグマの問題を生じさせる可能性があるため，合理的配慮の本来の理念に反してしまう側面もあるだろう。こうした理由から，ポジティブ・アクションはバリアフリー法のもとで講じられている環境の整備程度にとどめておいたほうが無難ではないかという立場もある。しかし，ポジティブ・アクションの本来の目的は，長い間，不利な状態に置かれてきた集団に特別の機会を暫定的に提供することで，社会構造の不均衡を是正していくことにある。こうした本来の目的に照らして考えたとき，環境の整備だけで果たして十分なのかという疑問が残る。

　障害者権利条約の目的は，あくまでも「全ての障害者によるあらゆる人権及び基本的自由の完全かつ平等な享有を促進し，保護し，及び確保すること並びに障害者の固有の尊厳の尊重を促進すること」（1条）にある。この目的を達成するためには，直接差別・間接差別の禁止や合理的配慮提供の義務化だけではなく，ポジティブ・アクションが求められる局面もあるはず。では，より有効かつ適切なポジティブ・アクションを実施していくためには何が必要なのか。この点についても，合理的配慮の議論と並行して今後積極的に議論していく必要があり，このことが忘れられてはならない。

●注
1) 正式名称は「高齢者，障害者等の移動等の円滑化の促進に関する法律」。一般的・総合的なバリアフリー施策を維持するために，ハートビル法と交通バリアフリー法を統合・拡充した法律で，2006年に施行され，2011年に改正された。なお，本法律の目的は「高齢者，障害者等の移動上及び施設の利用上の利便性及び安全性の向上の促進を図り，もって公共の福祉の増進に資すること」（1条）にある。
2) 施設管理者には，公共交通事業に携わる者や道路管理に携わる者のほか，路外駐車場や都市公園に管理に携わる者が，公共交通事業者には，駅・バスターミナルなどの旅客施設，鉄道車両・バスなどの車両に関わる事業を営む者，駅・バスターミナルなどの旅客施設を設置し管理する者が含まれる。

　バリアフリー法は，施設管理者や公共交通事業者に「移動等円滑化のために必要な措置」として，定められた基準に適合したバリアフリー化を行うよう求めている。しかし，バリアフリー化が義務づけられているのは，新たに建設された施設や大規模な改良を行う場合のみであり，既存の施設については努力義務にとどまっている。この点で，バリアフリー法に基づくバリアフリー化が，障害者が他の者と同じように移動したり施設を利用したりする機会を十分に保障しているとは言い難い。
3) 本ケースの詳細については，近藤（2016）の第8章「高校・大学入試でのICT利用の事例」を参照。
4) 既存の配慮に限定しない配慮実践という点では，今回のような配慮が「読み」に困難がある他の受験生たちにどこまで開かれたものとなっていくのかという問題も重要である。この意味で，今後「配慮案内」に代読受験が盛り込まれるのかどうか，またどのような形で盛り込まれるのかが注目される。残念ながら，2016年度の「配慮案内」では，代読受験の可能性には触れられていない。
5) 改正前の雇用促進法においても，3条で「障害者である労働者は，経済社会を構成する労働者の一員として，職業生活においてその能力を発揮する機会を与えられるものとする」とされ，5条で「すべて事業主は，障害者の雇用に関し，社会連帯の理念に基づき，障害者である労働者が有為な職業人として自立しようとする努力に対して協力する責務を有するものであつて，その有する能力を正当に評価し，適当な雇用の場を与えるとともに適正な雇用管理を行うことによりその雇用の安定を図るように努めなければならない」と明記されている。なお，2016年4月から施行された改正雇用促進法においても，上記3条と5条は変更点なく引き継がれている。
6) 障害種別ごとに見てみると，身体障害者に対し配慮を行っている事業主は73.8%，知的障害者に対し配慮を行っている事業主は68.4%，精神障害者に対して配慮を行っている事業主は66.0%と若干の差が出ている。
7) ジョブコーチ制度については，本書第6章第2節（2）も参照。
8) 厚生労働省の合理的配慮指針の「第3 合理的配慮の手続」を参照。これによると，合理的配慮の手続は「募集及び採用時」と「採用後」とでは若干異なっている。すなわち，合理的配慮の手続は，前者の場合は，障害者が事業主に対して募集及び採用にあたって支障となっている事情やその改善のために希望する措置の内容を申し出ることで開始されるが，後者の場合は，事業主が障害者に対し職務において支障となっている事情の有無を確認することから開始される。つまり「採用後」に関しては，ニーズがある

ことが明らかにわかっているような場合であれば，たとえ本人から配慮の申出がなかったとしても，事業主の側から「確認」を行うことで話合いのプロセスを開始すること，とされている。

9) 2016年現在，常用労働者数が200人以上いる民間企業で，かつ雇用率を達成していない事業主には，法定雇用率の人数を下回るごとに，1人につき月額5万円（一定の企業は月額4万円）の納付金が徴収されている。他方，法定雇用率を超えて障害者を雇用している事業主には，雇用率を上回る雇用者1人につき月額2万7000円の調整金が，さらに，常用労働者が100人以下の民間企業が法定雇用率を超えて障害者を雇用している事業主には，雇用率を上回る雇用者1人につき月額2万1000円の報奨金が支給されている。

10) 重度障害者等通勤対策助成金には，①重度障害者等用住宅の賃借助成金，②指導員の配置助成金，③住宅手当の支払助成金，④通勤用バスの購入助成金，⑤通勤用バス運転従事者の委嘱助成金，⑥通勤援助者の委嘱助成金，⑦駐車場の賃借助成金，⑧通勤用自動車の購入助成金が含まれる。各助成金の詳細については，独立行政法人高齢・障害・求職者雇用支援機構「重度障害者等通勤対策助成金のごあんない」を参照。

11) 2010年3月，九州大学が理学部数学科後期日程の定員9人のうち5人（つまり半数以上）を「女性枠」とするという大胆な計画を打ち出した。これに対し，「逆差別（男性差別）だ」とか「法の下の平等に反する」等の批判が相次いだため，大学側がこの計画の実行を断念せざるをえなくなったという出来事は記憶に新しい。この出来事については新名（2013）でも触れられている。

12) 詳細は，*University of California Regents v. Bakke*, 438 U.S. 265 (1978) を参照。

13) 基本方針の「第5 その他障害を理由とする差別の解消の推進に関する施策に関する重要事項」の「1 環境の整備」を参照。なお「事前的改善措置」には，本文で触れているバリアフリー化以外にも，「意思表示やコミュニケーションを支援するためのサービス・介助者等の人的支援，障害者による円滑な情報の取得・利用・発信のための情報アクセシビリティの向上等」が含まれる。

● 文　献

長谷川珠子，2014，「日本における『合理的配慮』の位置づけ」『日本労働研究雑誌』No. 646：15-26

近藤武夫，2012，「読み書きできない子どもの難関大学進学は可能か？——高等教育における障害学生への配慮と支援の公平性」中邑賢龍・福島智編『バリアフリー・コンフリクト——争われる身体と共生のゆくえ』東京大学出版会：93-116

近藤武夫編，2016，『学校でのICT利用による読み書き支援——合理的配慮のための具体的な実践』金子書房

高齢・障害・求職者雇用支援機構，2013，『知的障害者と働く——理解を深め，ともに働く環境づくり』

厚生労働省職業安定局，2014，『平成25年度障害者雇用実態調査結果』

日本学生支援機構，2012，「障害学生受入促進研究委託事業——障害のある生徒の進学の促進・支援のための高大連携の在り方に関する調査研究」報告書

（http://www.jasso.go.jp/tokubetsu_shien/chosa_kenkyu/koudairenkei/index.html）

新名隆志，2013，「どこから『差別』になるの？」新名隆志・林大悟編『エシックス・センス——倫理学の目を開け』ナカニシヤ出版：3-30

田村哲樹・金井篤子編，2007，『ポジティブ・アクションの可能性——男女共同参画社会の制度デザインのために』ナカニシヤ出版

辻村みよ子，2011，『ポジティヴ・アクション——「法による平等」の技法』岩波新書

第 **2** 部

なぜ合理的配慮なのか

第 4 章　合理的配慮と能力評価
第 5 章　合理的配慮と経済合理性
第 6 章　合理的配慮と社会政策
　　　　●コストの社会的分配の理由

第4章

合理的配慮と能力評価

● 星加 良司

1 合理的配慮は能力評価を歪めるのか

　私たちが社会生活を送っていくうえで,「能力」が問題となる場面は多い。たとえば,学校や企業においては,入り口で「能力」に基づく選抜がなされ,中に入れば「能力」の発揮が求められる。そして,これらの「能力」は評価の対象とされ,その評価の方法が適切である限り,それに基づいて異なる取り扱いをすることも正当であると考えられている。

　それでは,次の2つの状況について,私たちはどのように感じるだろうか。

　状況α　　入学試験の際,紙に印刷された試験問題がすべての受験生に配られた。障害のないAさんは,これまでの勉強の成果を活かして次々に解答を記入していき,制限時間内に見直しまで行った。一方,文字を読むことに関わる認知の障害(読み書き障害)のあるBさんは,紙に印刷された文字を読むのに相当の時間を費やした結果,全体の3分の1程度しか問題を解くことができなかった。

　状況β　　入学試験の際,Aさんには紙に印刷された試験問題が,Bさんには音声読み上げ用のソフトウェアがインストールされたパソコンと電子データ化されたテスト問題が配られた。Aさんが「状況α」と同様に問題を解いて

いったのに対し，Bさんは問題を音声で認識することができたおかげで今度はすべての問題に制限時間内に解答することができた。

　感じ方はさまざまだろう。状況αについて，障害の有無によって有利／不利が生まれていることを不公平だと感じる人もいるかもしれないし，Bさんを気の毒に思いつつ仕方のないことだと感じる人もいるかもしれない。また状況βについても，Bさんが試験問題に解答できるようになったことを望ましいと感じる人がいる一方で，AさんとBさんに別々の形式で試験問題が配られたことに納得がいかない人もいるだろう。
　こうした相反する感覚をどのように整理すべきかについては後で検討するとして，はじめに結論的なことを述べれば，実は，障害者差別解消法（以下，差別解消法）の施行によって状況βこそが望ましいものと考えられるようになる。実際，文部科学省の対応指針「別紙1」の中でも，「入学試験や検定試験において，本人・保護者の希望，障害の状況等を踏まえ（中略）音声読み上げ機能の使用等を許可すること」や「読み・書き等に困難のある児童生徒等のために，授業や試験でのタブレット端末等のICT機器使用を許可」することが，合理的配慮の具体例としてあげられている。
　ここで注意したいのは，これらには，見方によってはある種の能力の代替・補完と見なすことのできる要素が含まれているということだ。しかし，能力評価を公正に行うことは，私たちの社会の基本的なルールだったはずだ。では，両者はどのような関係になっているのだろうか？
　本章ではこの問題を取り上げる。まず，合理的配慮の提供が公正な能力評価という規範と両立するものであることを述べ（第2節），それを可能にする「本質的な能力」という考え方が，就労や教育の場面でどのように用いられるのかを確認する（第3節）。そのうえで，「本質的な能力」を適切に評価するための合理的配慮の提供において，検討が必要になるいくつかの課題を示す（第4節）。

2　公正な評価のための仕掛け

　複数の人が競争するにあたって，①特定の誰かが能力を発揮できない環境と，②誰もが能力を発揮できる環境とを選ぶことができるなら，多くの人びとは②の環境が望ましいと考えるはずだ。もちろん，①の中ですでに能力を発揮できていた人にとっては②はむしろ競争相手を増やしてしまうことにつながるから，①のほうが居心地がよい，ということはあるかもしれない。しかし，こうした居心地のよさに安住しようとすることは，通常「既得権益」として批判の的とされ，打破されるべきものとされる。少なくとも第三者の視点から見れば，──さしあたり2つの環境を整えるうえでのコストの違いを考慮しなければ──②のほうが望ましい姿だと考えられるだろう（コストの問題については本書第5章で詳しく扱う）。

　以上のことを認めるなら，本章の冒頭であげた事例についても，判断は自ずから明らかであるように思える。いうまでもなく，状況αは①の環境と，状況βは②の環境と対応している。だとすれば，②を望ましいと感じた人びとは，状況βこそが実現されるべき状態だと考えるはずではないか。

　ところが不思議なことに，私たちの社会では状況αを「自然」なものと感じ，状況βに違和感を覚える人が多い──少なくとも，そういった感覚をもつ人は一定数存在する。そして，現に状況αのような運用がなされてきた社会においては，状況βに対する違和感がたとえ少数でも存在している限り，状況βへの移行は起こりづらい。そのため，状況αのような環境が温存されることで，特定の障害のある人びとが能力を発揮する機会が阻害され，能力が過剰に低く評価されるということが起こってきた。

　合理的配慮とは，こうした偏った環境を是正し，障害者を含めあらゆる人びとが本来発揮できるはずの能力を引き出すことのできる公正な競争環境を生み出そうとする，「条件平準化原理（level-the-playing-field principle）」に基づく機会平等のための仕掛けである。状況βこそが，公正な競争条件を整えるうえで妥当なものだとすれば，不公正な条件となっている状況αは取り替えられなければならない。このように考えると，「変更及び調整」としての「配慮（accommodation）」とは，状況αから状況βへの移行を助けるための，法に裏打ちされた手段であると見ることができる。

　さて，ここで状況βこそが公正な条件だという主張に対して違和感を覚える読者がおられるかもしれない。状況βにおいて，AさんとBさんは少なくとも外形的には別々の試験問題を配られている。その結果，Aさんは目で文字を読んで内容を理解する必要があるのに対して，Bさんは耳で聞いて内容を理解することが認められている。したがって，AさんとBさんとでは測られている能力が微妙に違っており，それは場合によってはBさんを有利に取り扱っていることになりうるのではないか。そうだとすれば，状況βにおける能力評価は「公正」なものとはいえないはずだ。こうした疑念が生じることが考えられる。

　では，状況βはどのような意味で「公正」な能力評価だといえるのだろうか。確かに，状況βではAさんとBさんに対して異なる能力評価の方法が用いられている。状況βが「公正」な競争条件だというためには，そこでは「同じ土俵」で競争が行われていなければならないはずだ。言い換えれば，そこで評価対象となっている「能力」は同じものでなければならない。にもかかわらず，実際の能力評価の方法は別のものが用いられている。これはどういうことだろうか？

　このなぞを解く鍵は，「本質的な能力」という考え方である。確かに，AさんとBさんは別の方法で評価されるのだから，そこで測られている「能力」は見かけ上別のものだ。しかし，その別々の「能力」は，本質となる部分（要素）を共通にもっており，能力評価の真のねらいはその「本質」を測ることにある。上記の例では，試験によって測りたい真の能力は，問題の内容を適切に理解したうえでそれが求めているアウトプットを返すという認知的な処理を正しく行うことであり，それこそが「本質的（relevant/essential）」な重要性をもっている。その意味で，問題を視覚によってインプットするか，聴覚によってインプットするかという点は，ここでは瑣末な事柄にすぎない。このように考えれば，別々の手段を用いて「能力」を測っていても，「本質的な能力」を評価するという目的は同一であり，その意味でAさんとBさんは「同じ土俵」に立っているといえる。つまり，能力評価における合理的配慮とは，「本質的

な能力」を評価するにあたってノイズとなる環境と身体とのミスマッチを除去するために，それぞれの身体の異なりに応じた多様な評価手段を用意するものなのだ。

　以上を踏まえると，「本質的な能力」を公正に評価するためにこそ，ある種の「特例扱い」が必要となることがわかるだろう。状況βとは，AさんもBさんも十分な能力を発揮できる環境だが，それを可能にしているのはBさんに対する「特例扱い」である。Aさんは状況αのもとですでに「本質的な能力」を十分に評価されていたのだから，状況βへの移行にあたって特段新しい扱いを必要としていない。だから，新しい扱いが必要となるのはBさんだけである。そのため，結果としてBさんだけが異なる取り扱いを受けることになる。「特例扱い」とはそういう意味であって，Bさんを特別に優遇しようとするものではない。

3　「本質的な能力」とは何か

　では，「本質的な能力」とは具体的にはどのようなものなのだろうか。本節では，教育と就労の場面に焦点を当てて，その中身について考えてみよう。

(1) 教育と「本質的な能力」

　教育分野の合理的配慮に関する基本的な考え方を示した文部科学省の対応指針では，合理的配慮とは，「障害者でない者との比較において同等の機会の提供を受けるため」のものであり，かつ，「事業の目的・内容・機能の本質的な変更には及ばない」ものであると規定されている。つまり，教育上必要とされる能力評価は，障害者に対しても同じように行われるのであり，合理的配慮は「本質的な能力」の評価を歪めるものであってはならないとされている。

　また，大学等における障害学生に対する合理的配慮の提供についての基本的な考え方を示した「障がいのある学生の修学支援に関する検討会報告（第一次まとめ）」（文部科学省 2012）においても，学生に対する合理的配慮が，「教育の本質や評価基準を変えてしまう（中略）ような教育スケジュールの変更や調整

を行うことを求めるものではない」ことが明記され，また入学者の選抜においては，「大学の学修に必要な能力・適性等について，障害のない学生と公平に判定するための機会を提供すること」が原則とされている。このように，大学の教育目的に照らして必要とされる能力評価については，障害の有無にかかわらず公平になされるべきものとされており，その評価の結果，不合格になったり卒業できなかったりすることは，やむをえないことだとされるのである。

　こうした考え方は，合理的配慮の運用実績が豊富な英米においても共通している。合理的配慮は，カリキュラムの本質的要素の実質的な改変（substantial change）やサービスの提供の仕方の実質的な変更（substantial alteration）を伴わない範囲に限定される。たとえば障害をもつアメリカ人法（以下，ADA）においては，カリキュラムの本質的な変更にあたるケースとして，①ある教育課程への入学条件や教育活動への参加条件が当該学生の入学や参加の機会を妨げている場合にその条件を撤廃すること，②障害学生への教師の多大な配慮のために他の学生に対する指導が実質的に減少するようなクラスに当該学生を参加させること，③障害学生の用いる補助装置や障害学生のふるまいが他の学生の学習能力に重大な影響を及ぼすようなクラスに当該学生を参加させること，等があげられる（Pardeck 1998=2003）。中でも入学・参加条件の変更は，教育機関が学術基準（academic standards）を設定する自由を有していることとの関係で重要な争点とされてきた。とりわけ，臨床経験を求める専門職養成プログラムにおいては，高等教育機関が学生に対して知的・身体的な側面に関わる学術基準を満たすよう要求することが認められてきており，その変更を求めることは合理的配慮の範囲に含まれないとされるのが通例である[1]。そのため，アメリカでは教育機関が学生の求める特別な配慮提供を拒否した場合でも，学術基準に適合する配慮を提供したことを主張できさえすれば，それを越える，すなわち学術基準の変更を伴うような配慮を求められることはない[2]。

　イギリスにおいても，能力基準（competence standards）の変更に関しては，合理的配慮の提供義務の重要な例外として扱われている。能力基準とは，ある人が一定水準の資格や能力を保有しているか否かを決定するのに用いる学術的，医学的，ないしその他の基準のことであり，①同一の基準が障害学生・非障害学生の双方に適用されていること，②その基準の適用が正当な目的を達成する

つり合いのとれた (proportionate) 方法であること,という2つの基準が満たされていることを教育提供者が示すことができれば,能力基準の適用は正当なものと考えられるのである。[3]

(2) 就労と「本質的な能力」

　雇用分野においても,基本的な考え方に変わりはない。障害者雇用促進法(以下,雇用促進法)においては,障害の有無にかかわらず均等な雇用機会を確保すべきことが規定されるとともに,障害のある労働者に対して均等な待遇を確保し,能力の発揮を妨げている事情を改善するための合理的配慮を提供することが義務づけられている。この規定の基礎にあるのは,合理的配慮は障害者の能力発揮を阻害している要因を取り除くものであり,それによって均等な雇用機会が実現されるという考え方だ。そのため,雇用における能力評価に基づく競争は,まったく否定されていない。

　具体的には,厚生労働省の差別禁止指針において,企業が障害のある労働者を雇用するにあたって,「業務遂行上特に必要なものと認められる場合」に,労働能力についての適正な評価に基づいて,採用の合否を決定したり賃金や昇進等の待遇に差をつけたりすることは,差別にはあたらないとされている。ここで,業務遂行上とくに必要と認められる労働能力とされるものが「本質的な能力」であり,それは障害の有無にかかわらず,評価の対象とされるということだ。だから,合理的配慮を提供したうえで「本質的な能力」を評価した結果,障害者の能力が他の候補者の能力よりも劣っているなら,障害者を雇用する必要はないということになる。[4]　さらに,厚生労働省の合理的配慮指針によれば「中途障害により,配慮をしても重要な職務遂行に支障を来すことが(中略)判断される場合に,当該職務を継続させること」は合理的配慮にはあたらないとされており,これも同様の考え方に基づくものであるといってよい。

　では,「本質的な能力」の内容はどのように特定されるのだろうか。これについては,アメリカの状況が参考になる。ADAにおいても,企業があるポストについての求人を行った場合に,障害をもった応募者を優先的に採用する必要はない。企業には,障害の有無にかかわらず,複数の応募者の中から,「本質的な能力」において有能な応募者を選ぶ自由がある。重要なのは,選抜にあ

たって課される基準が，職務に関連し業務上の必要性に合致していることであり，そこで測られる「本質的な能力」に基づいて競争が行われる。合理的配慮によって代替・補完される能力は，業務の周辺的・副次的な要素に関わるものであって，本質的な職務（essential functions）に関わるものではない。つまり，合理的配慮は「本質的な能力」そのものには立ち入らない範囲で提供すべきものとされているわけだ。

さて，ここまでの基本的な考え方については教育分野とまったく同様なのだが，測るべき能力が「本質的」か否かを判断するにあたって，雇用分野にはやや特徴的な点がある。第2節で確認した「本質的な能力」とは，ある特定の行為（たとえば試験問題を読んで解答すること）の中に含まれている中核的な要素を抽出したものだった。こうした意味で「本質的」であるか否かを腑分けする操作は，雇用分野で求められる職務（たとえば事業の実績に関する報告書を作成すること）においても，同様に行われる。ただし，これに加えて，職場で一般的に求められている仕事内容のうち，その職務にとって不可欠な行為とそうでないものとを区別し，前者にあたるタスクの遂行のみを「本質的な能力」として要求することをも意味している。つまり，ある職務にとって，報告書のコピーをとって各部署に配ることまでは「本質的」なものと見なされていないとすれば，そうした仕事を免除したとしても「本質的な能力」の評価を歪めることにはならないということだ。

アメリカでは，ここで指摘した意味での「本質的な能力」の範囲を判断するにあたって，企業が採用の際に業務内容を明文化しておくことが重要とされている。たとえば，ソーシャルワークに携わる専門職向けに書かれたADAの概説書には，人事専門職の採用の際に用いられる「業務内容説明書」の例が示されている。そこであげられている職務の「本質的な能力」は，次のようなものだ。

「1. 求めに応じて，雇用，格付け，教育訓練において責任ある行為を行う。
2. 従業員の採用に際して，最小限の応募条件を決め，就職希望者の面接試験を実施し，採用候補者を責任者に報告する。
3. さまざまな筆記試験と実地試験の作成，改訂及び管理を行う。それには，

試験結果の点数化，候補者リストの作成が含まれる．
4. データを集計及び分析し，採用方法の改善案を作成する．
    （中略）
9. 教育訓練プログラムの開発，教育訓練，及び学習計画の作成を支援する．また，必要に応じてインストラクターを務める．
10. 教育訓練のニーズの評価及び決定を補佐し，助言し，または必要に応じて教育訓練用補助機器や教材等の開発や準備を行う．
11. 雇用機会均等（EEO: Equal Employment Opportunity）専門職に協力して，雇用機会均等報告書とアファーマティブアクション計画の作成に必要な情報を提供する．
12. 記録を管理し，所管分野の報告書を作成する．
13. ワープロ，表計算，データベース等のコンピュータソフトウェアを利用する．
14. 求めに応じて，割り当てられた仕事を交代で行う等，人事部のあらゆる職務に協力する」(Pardeck 1998=2003: 63-64)

　こうした「業務内容説明書」は，合理的配慮と「本質的な能力」の範囲をめぐるトラブルが起こった際に，重要な判断材料となる．ここに明示されているような業務の遂行は「本質的な能力」として要求されているものであり，基本的にそれら自体を代替したり免除したりする必要はない．しかし，それをどのような方法で遂行するのかについては多様な手段を想定することができるし，ここに明示されていないような業務は当該職務にとって「周辺的」なものと見なすことができる．こうした領域に関しては，合理的配慮による代替・補完の対象となりうるというわけだ．

4　能力評価における課題

　ここまで見てきたように，合理的配慮は「本質的な能力」そのものを底上げしたり不問に付したりするものではない．障害者もまた，「本質的な能力」に

おいて評価され序列化される対象であることに変わりはない。

　そのことを確認したうえで，本節では「本質的な能力」の評価に際して問題となりうるいくつかの論点を取り上げて，合理的配慮を効果的に機能させるためのポイントについて考えたい。

(1) 能力評価の下降補正？

　本書第5章で詳しく触れることになるが，合理的配慮は「非過重負担」の範囲で提供されるものであり，また複数の選択肢がある場合には提供者側に選択の余地が認められている。つまり，提供者側はより安価で容易な配慮を選ぶことができるのだ。[5] このことを踏まえると，提供される合理的配慮のオプションは，それによって活動への最低限のアクセスが確保されるラインに限界づけられる傾向があるといえる。なぜなら，「最低限」を上回るための配慮のオプションは，しばしば「安価で容易」ではないと見なされるからだ。

　この問題の構造を明確化するために，次のようなケースについて考えてみよう。今，聴覚障害のある学生に対して，手話通訳の配置，ノートテイクの提供，読唇と筆談によるコミュニケーションという3種類の配慮が可能であるとする。それぞれの配慮にかかるコストは，手話通訳がもっとも大きく，読唇と筆談がもっとも小さいものとしよう。このとき，読唇と筆談でコミュニケーションをとることによって授業の内容を最低限理解することができる――具体的には単位の修得に支障がない――場合には，仮にノートテイクや手話通訳が提供されればより「優秀」な成績を収めることができるのだとしても，読唇と筆談という配慮が「合理的」なものとして選択されるおそれがあるのではないか。

　より一般化した形でいえば，以下のようになる。今，障害学生Aさんに対してa・b・cの3種類の配慮が提供可能であるとしよう。このとき，3種類の手段を用いた場合に実現される学業達成（Achievement）は，それぞれAa・Ab・Ac，配慮提供にかかる費用（Cost）はCa・Cb・Ccであり，それらは以下の関係を満たしているものと仮定する。

　　　$Aa < Ab < Ac$
　　　$Ca < Cb < Cc$

さらに、もうひとつの条件を付け加えてみよう。単位修得ないし進級について要求される最低水準（minimum）の達成を Am、A さんが属する学生集団の標準的（standard）な達成を As とすると、以下の関係が成り立つと仮定しよう。

Aa＝Am＜Ab＝As＜Ac

さて、この場合教育機関が障害学生 A さんに対して実際に提供する配慮はどの水準になるだろうか。配慮 a によって要求されている最低水準（Am）が達成されているということは、A さんは、教育機関が設定した到達目標を曲がりなりにも満たしているということになる。これは、教育へのアクセスを確保する手段として配慮 a は一定の有効性をもっている、という解釈を可能にする。そのように考えるなら、「安価で容易」な手段として、配慮 a が「合理的配慮」として選択される可能性は十分にある。もう少し常識的に考えれば、少なくとも配慮 b が選択されることが望ましいとはいえるだろうが、配慮 c が提供される可能性がどの程度あるかと考えると、心もとない。[6]

もちろん、上記の例において、実質的な平等を実現するためにどの配慮が適切であるのかを一意的に確定することはできない。私たちに観察可能なのは結果として得られた達成水準のみであるため、3 種類の配慮が有する手段としての適切さを判断することができないからだ。しかし、ここで問題にしたいのは、そうであるにもかかわらず「非過重負担」という制約条件のもとで常に低水準の配慮が選ばれる傾向があり、そのこと自体が「機会平等」の実現という規範的目標を侵食する可能性を孕んでいるという点である。だとすれば、こうした危険性を踏まえて、実質的に平等な機会を保障するものとして合理的配慮が機能するよう、運用のあり方をモニターしていくことが必要であるといえよう。

(2) 「本質的な能力」の変容と新たな課題

第 3 節で見たように、「本質的な能力」を規定するのは、第一義的には企業や学校である。しかし、それは社会から企業や学校に対して寄せられる期待や要請と無縁ではない。たとえば、就労にあたってどのような「本質的な能力」が求められるかということは、そこで生産される財やサービスを消費する側の好みに依存せざるをえない。いくら雇用主がある人を雇用したいと思っていた

としても，その人がつくるものがまったく売れないのでは経営が成り立たない。その意味で，労働者に求められる能力は，消費者によって規定されている。つまり，就労において求められる「本質的な能力」は，市場という社会的制度との関係で浮かび上がってくるものなのだ。

　この点に関連して，近年私たちは重要な変化の只中にある。現代の経済社会の基本的な特徴として，産業構造の転換と労働市場の流動化をあげることができる。従来の規格化された工業生産を中心とする労働の比重は相対的に低下し，代わって情報化・消費社会化の進行を背景として，消費者の欲求に柔軟に，またきめ細かく対応した付加価値の生産の重要性が飛躍的に高まっている。その結果，さまざまな外的な変化に対応するばかりでなく自ら変化を生み出していく力，新しい価値を自ら創造していく力，即応性・想像性を発揮するための基本的な資質としての対人コミュニケーション能力やネットワーク形成力，といったものが，就労や教育の場面で求められるようになってきた。

　実はこうした能力観の転換は，合理的配慮の有効性に関わる新たな論点を浮上させている。そのポイントは，「本質的な能力」の様相が変化してきていることにある。現代社会が要求する能力とは，現在の一時点におけるローカルな能力ではなく，ある程度普遍的に妥当するような能力のことだとされる。リチャード・セネットが，現代の能力主義社会の特徴として，「問題から問題へ，また，課題から課題へ器用に渡り歩く能力」（Sennett 2006=2008: 118）や「すでに習得されたものの活用能力ではなく，新しい何かを習得する能力」（ibid.: 101）が求められるようになっていることを指摘しているのは，そのことを示している。また，OECD（経済協力開発機構）が実施したDeSeCo (Definition and Selection of Competencies:Theoretical and Conceptual Foundations) プロジェクトでは，複雑さと不確実性が高まっている現代社会で生きていくためには，「最初に学習されたやり方でくり返し適用することのできるスキル以上の能力」を保有することが有用だと強調されている（Rychen & Salganik 2003=2006）。こうした傾向は日本でも同様であり，初等・中等教育においては「生きる力」や「人間力」といった言葉が，また高等教育や就労の場面では，「汎用的技能（generic skills）」や「就業能力（employability）」「社会人基礎力」といった言葉が飛び交うようになっている（松下 2010）。こうした「新しい能力」観は，単に理念や目標とし

て掲げられるのみならず，2000年前後から企業の採用担当者の間で実際に重視されるようになってきている（本田 2005）。

ここであげた「新しい能力」の特徴を，第3節（2）で例示した「業務内容説明書」に書かれた「本質的な能力」と照らし合わせてみれば，その違いは明らかだ。つまり，従来のように具体的な職務内容とスキルを列記するような形で「本質的な能力」を規定することが，より困難になってきているのである[7]。

実は，日本のように，企業への所属感覚が強く流動性の低い労働市場においては，職務の曖昧さに伴って合理的配慮の内容の特定が困難になるという課題があることが指摘されてきた（長谷川 2016）。近年進展している「本質的な能力」の変容は，こうした困難を助長するおそれがある。アメリカのように流動性の高い――短期間の契約を繰り返して働き場所を変えていくような――労働市場では，「本質的な能力」の流動化もたいした問題にならない。なぜなら，たとえ市場のニーズが短期間で変化し，「本質的な能力」が移ろいやすくなったとしても，雇用主と労働者とはその都度その時点における「本質的な能力」――とその遂行に必要となる合理的配慮の内容――を特定し，契約を結んでいけばよいからだ。他方，日本のように，長期の雇用を念頭に置けば置くほど，労働者に求められる能力はより抽象的なつかみどころのないものになる。それは，どんな場面においても，その場で求められる能力をそつなく発揮することのできる資質のようなものであり，具体的な職務を明確化することにはなじみにくいのだ。

さて，こうした「本質的な能力」の変容がもっとも大きな影響を与えるのは，発達障害のある労働者に関してである。なぜなら，ここで求められる「本質的な能力」がまさに，発達障害固有の苦手さと密接に関連しているからだ。発達障害の中には，切り分けられた個別の仕事を行うことに関しては有能だとしても，それを自ら組織化したり，その都度臨機応変にマネジメントしたりすることには困難がある，という特性が含まれている。そのため，そうした能力そのものが「本質的な能力」とされる労働市場においては，低い評価を甘受せざるをえなくなる。そして，それがまさに「本質的な能力」であるという理由によって，合理的配慮によっては解決しえない問題として取りこぼされることになるのである。

この問題を踏まえると，「本質的な能力」の流動化に一定の制約を設け個別化された職務内容を基盤とする雇用契約を促進する，といった形で，合理的配慮による就労可能性の確保を実質化するような取組の必要性も見えてくるといえるだろう。

(3) 能力評価とポジティブ・アクション
　第2節，第3節で述べたように，合理的配慮によって実現がめざされるのは，障害者も他の人と同様に「本質的な能力」を発揮することができ，またそれが他の人と同様に評価されることである。その意味で，合理的配慮はある種の「能力主義」を徹底させるための仕掛けだといってさしつかえない。
　このことは，障害者の社会参加の促進という理念に照らしてみれば，ある種の限界であるともいえる。なぜなら，結局「本質的な能力」に劣ると評価される人びとにとっては，何ら状況が改善しないからだ。
　実はADA制定時，日本の障害者運動の中ではこの点を危ぶむ声があげられていた。

　「一定の能力を認められた者を排除してはならない，はいいのだが，あまりにそれだけを強調されると，つい，それ以外の人はどうしてくれるのだ，どうなってもいいと言うのか，なんて反発したくもなってしまうし，そこに一種の能力主義的なものを感じないではすまなくなるのだ」（花田 1991: 127）

　ここには，「本質的な能力」が新たな排除の基準として立ち現れてくることへの警戒感がうかがわれる。合理的配慮の提供義務を含む差別禁止の法制化は，「能力主義的なもの」をより純化しようとするのだが，それでもなお「できない」状態に取り残されることは，これまで以上に否定的な意味合いをもって経験されることになる。より多くの人びとが「有能」でいられるような新しい能力主義社会において，そこからこぼれ落ちる障害者はいっそう疎外されるかもしれないのだ（石川 1999）。[8]
　こうした懸念を，まったくの杞憂であるとして切り捨てることはできない。実際，ADAによってアメリカにおける障害者雇用は量的には拡大しなかった

というのが通説となっており、「本質的な能力」による評価は雇用における大きなハードルであり続けている。ただし、日本の雇用分野の差別禁止法制の整備においては、やや事情が異なる。それは、これまで障害者雇用の促進を目的として採られてきた諸政策を残したまま、差別禁止の枠組を導入することにした点である[9]。従来の日本の障害者雇用政策の中核は、法定雇用率制度を基礎にした割当雇用制度である（本書第3章第4節）。この制度を残すことによって障害者雇用の量的な拡大を図りつつ、雇用された障害者に対して合理的配慮を提供することで十分な能力発揮のための環境整備が義務づけられることになったのである。

さて、実はこれを企業側から見ると、やや問題含みの事態が生じていることになる。というのは、企業に義務づけられた法定雇用率を満たそうとすると、他の労働者と同程度の生産性が期待できない障害者であっても雇用せざるをえないという事態が生じうるからだ[10]。このとき、採用にあたっての「公正な能力評価」は働いていないことになる。つまり、「本質的な能力」の評価とは別の理屈でなされる雇用が、差別禁止法制の導入後も維持されることになるのだ。

こうしたケースにおいては、合理的配慮の範囲を確定することがより困難になる。なぜなら、「本質的な能力」の平等な発揮を可能にするとともに、その根本的な変更や免除までは要求しないという合理的配慮の適用基準が、うまく当てはまらないからだ。たとえば、配慮を提供しても障害のない労働者と同等な能力発揮が望めない障害者に対する合理的配慮は――それが過重とならない限りは――青天井に手厚いものにすべきなのか。逆に、割当雇用の枠内で雇用されている障害者に対して、職務内容を免除することは、どこまで許容されるのか。これらの問いを含め、割当雇用制度下での合理的配慮のあり方については、今後の経験と議論の蓄積が求められている。

5　「公正な能力評価」に向けて

第4節で見たように、合理的配慮の提供と能力評価との間には、検討すべきいくつかの課題が残されている。このうち、（1）については配慮の質を低水準

に押し下げないための仕組づくりが必要であり（その方法については本書第6章で詳しく検討する），(3)については適正な合理的配慮の水準や手段についての事例の蓄積を待つ必要もあるだろう。さらに (2) については，日本の労働市場の慣習・慣行についてのラディカルな見直しを視野に入れた議論が必要であるかもしれない。これらはいずれも，法的枠組としての合理的配慮のあり方に内在的な論点ではないが，それをうまく機能させるための鍵となる論点ではある。こうした問題意識を念頭に置きつつ，次章以降でさらに検討を進めていこう。

● 注

1) 学術基準の変更に関しては，試験時間の延長，入出力方法の変更や補助，別室受験等のケースが許容される事例が積み重ねられている。また近年では，読み書き障害の学生に対して，マーク式の試験を実施すること等も適切な変更・調整として認められる傾向にある。要求されている基準が障害学生のニーズにより適した別の方法で測定されうるならば能力評価の代替手段について考慮しなければならない，という考え方は次第に広がってきている。

2) 学術基準をめぐって差別を証明しようとする学生の訴えが裁判において認められるケースは，きわめて稀である。その理由としては，裁判所が学術基準の取り扱いに際して実質的な判断を留保してきたことがあげられる。裁判所が判断にあたって焦点を当てるのは，当該の基準が実質的に妥当であるか否かではなく，それを適用した学部や管理者が「専門的判断」を用いたか否かという点である。したがって，原告の学生が，教育機関（の決定に与る個人または委員会）が専門的判断を行使しないことで，承認された学術規範からの実質的な逸脱が生じたことを証明できない限り，学術基準を維持すること（すなわち当該基準に関する変更＝配慮を行わないこと）が許容されてきたのである（Davies & Lee 2008）。

3) このうち②の基準に関して，公的機関に対して障害差別の問題に関する助言を与える第三者機関である障害者権利委員会（DRC）は，その目的を支持するさし迫った（pressing）必要があることと，能力基準がその目的達成にもっとも適した（suitable）やり方を表現していること，という条件を示している。また，ここでの「適切さ」を考慮するにあたっては，教育提供者は障害者の権利に対してより害の少ない方法によって目的を達成する可能性を検討することが必要であるとされている（Davies & Lee 2008, Vellani 2003）。

4) ただし，日本では障害者に対する「割当雇用制度」が存在しており，障害のない労働者との間の競争的な労働市場が貫徹しているわけではない。このことに由来する問題について，本章第4節 (3) で若干の考察を加える。

5) 厚生労働省の合理的配慮指針においては，この点が明記されている。一方，差別解消

法に関わるサービス提供についての合理的配慮に関しては，各省庁の対応指針の中で明確には言及されていないが，同種の運用がなされる可能性は十分にあると考えられるだろう。

6) アメリカでは，初等・中等教育について規定した個別障害者教育法（IDEA）をめぐる判例において，同様の問題が生じていることが指摘されている（織原 2006）。さらに，ADA によってカバーされている高等教育の分野においては，配慮提供の水準がより低くなる傾向があるといわれており，日本においてもその運用のあり方に十分な注意が必要である。

7) もちろん，すべての仕事について「新しい能力」が求められるようになったわけではない。実際に起こっているのは，変化に順応して創造性を発揮することが要求される職種と，マニュアル化された単純労働を求められる職種との二極化である。ただし，オートメーション化・コンピュータ化とグローバル化の流れの中で，後者のようなタイプの仕事はますます周縁化され，評価されなくなってきている。なぜなら，そうした職種はテクノロジーや途上国の労働者といった，よりコストの小さい手段に置き換えられていく傾向にあるから，それに伴って労働力としての価値が切り下げられてしまうからだ。その意味で，「新しい能力」を要求する労働市場の変容は，やはり現代を特徴づける重要な変化だといえる。

8) より多くの人が「できる」状態になるとき，「できない」状態にあることの意味は変化する。それは，「できない」ことそのものの客観的な状態は変わらなくても，全体の中での相対的な位置が低下することになるからだ。こうした現象は，「相対的剥奪（relative deprivation）」として知られている。

9) アメリカには割当雇用制度は存在しておらず，イギリスでも障害差別禁止法（現在では「平等法」に改正）制定時に廃止されている。日本と同様，割当雇用制度と差別禁止法制を並存させている国として，フランスやドイツがある。

10) ただし，雇用している労働者の障害が業務の遂行に直接支障を与えることが明白であり，その支障の程度が著しい場合に限って，最低賃金の減額が認められている。この特例の適用にあたっては，十分な実地調査を踏まえて都道府県労働局長の許可を得ることが必要とされており，許可件数は必ずしも多くない。

● 文　献

Davies, Mark & Barbara A. Lee, 2008, "Student Disability Claims in the UK and USA: Does the Jurisprudence Converge?," *Education and the Law*, 20(2): 107-150.

花田春兆，1991，「ADA やぶにらみ」八代英太・冨安芳和編『ADA（障害をもつアメリカ人法）の衝撃』学宛社：122-130

長谷川珠子，2016，「合理的配慮提供義務」，永野仁美・長谷川珠子・富永晃一編『詳説　障害者雇用促進法——新たな平等社会の実現に向けて』弘文堂：207-229

本田由紀，2005，『多元化する「能力」と日本社会——ハイパー・メリトクラシー化のなかで』NTT 出版

石川准，1999，「障害，テクノロジー，アイデンティティ」石川准・長瀬修編『障害学への招待——社会，文化，ディスアビリティ』明石書店：41-77

近藤武夫，2012，「読み書きできない子どもの難関大学進学は可能か？——高等教育における障害学生への配慮と支援の公平性」中邑賢龍・福島智編『バリアフリー・コンフリクト——争われる身体と共生のゆくえ』東京大学出版会：93-111

松下佳代編，2010，『〈新しい能力〉は教育を変えるか——学力・リテラシー・コンピテンシー』ミネルヴァ書房

文部科学省，2012，「障がいのある学生の修学支援に関する検討会報告（第一次まとめ）」

織原保尚，2006，「アメリカ障害者教育法における『無償かつ適切な公教育』に関する一考察——Board of Education v. Rowley 判決を手がかりに」『同志社法学』58(6)：2287-2324.

Pardeck, John T., 1998, *Social Work After The Americans with Disabilities Act: New Challenges and Opportunities for Social Service Professionals*, Auburn House. (=2003，寺島彰監訳『障害者差別禁止法とソーシャルワーク』中央法規出版)

Rychen, Dominique S. & L.H. Salganik eds., 2003, *Key Competencies for a Successful Life and a Well-functioning Society*, Hogrefe & Huber Publishers. (=2006，立田慶裕監訳『キー・コンピテンシー——国際標準の学力をめざして』明石書店)

Sennett, Richard, 2006, *The Culture of the New Capitalism*, Yale University Press. (=2008，森田典正訳『不安な経済／漂流する個人——新しい資本主義の労働・消費文化』大月書店)

Vellani, Fayyaz, 2013, *Understanding Disability Discrimination Law through Geography*, ASHGATE.

第5章

合理的配慮と経済合理性

● 星加 良司・川島 聡

1 合理的配慮は「自由」の制約か

　本書第4章で見たように，合理的配慮の提供義務は，企業や学校が行う能力評価のやり方を根本的に変更することまでは要求していない。とはいえ，この義務が，企業や学校に新たな追加コストを発生させることは確かである。本章で考えたいのは，こうした追加コストの支払いを義務として企業や学校に「強制」するのははたして妥当なのか，ということである。
　とりわけ，利潤を追求する機能集団である民間企業にとって，コスト負担の義務化は重大な問題となりうる。労働市場は，労働力を買いたい（労働者を雇用したい）企業と，労働力を売りたい（企業に雇用されたい）労働者が出会い，自由に取引を行う場である。だから，企業の側には，採用目的に応じて労働者を自由に選択することが原則として認められている。そして，企業活動の主要な目的が利潤を最大化することだとすれば，企業が労働者の選択に当たってもっとも関心を寄せるのは，生産性の高さだろう。要するに，より少ないコスト（雇用経費）で，より多くの付加価値（追加的な売上）を生み出してくれる労働者を，企業は求めているわけだ。
　このことを踏まえて，次のようなケースを考えてみる。今，以下の2人が求職をしていたとしよう。

Aさん（給与：200万円，付加価値：400万円）
　　　Bさん（給与：200万円，付加価値：400万円）

　このケースでは，一見して明らかなように，かかるコストにおいても生産される付加価値においても，AさんとBさんの間に差は認められない。だから，もし他の条件も等しい状況にあれば，企業はAさんとBさんのどちらを採用するか決めかねるだろう。
　では，ここに新たな事実を付け加えてみる。実はBさんは聴覚障害をもっており，社内会議や研修参加の際に必要な文字通訳（合理的配慮）の経費として，年間30万円の追加コストを必要としている。このことを踏まえて，AさんとBさんのプロフィールを書き換えると，次のようになる。

　　　Aさん（雇用経費：200万円，付加価値：400万円）
　　　Bさん（雇用経費：230万円，付加価値：400万円）

　この場合，企業はAさんとBさんのどちらを採用したいと思うだろうか。AさんとBさんの給与は同額だが，Bさんが能力を十分に発揮して働くために，合理的配慮の費用として年30万円の追加コストが必要となったことで，その分だけ雇用経費はBさんのほうが割高になっている。すなわち，AさんとBさんから得られるベネフィット（付加価値）は同じであるのに，コスト（雇用経費）はBさんのほうが年30万円多くかかる状況にあるということだ。
　このとき，他の条件が等しいとすれば，企業にとってAさんを雇うことが「合理的（rational）」な選択となる[1]。つまり，企業は，「経済合理的」な選択として，よりコストがかからない（純生産性の高い）労働者であるAさんを雇用する，ということだ（Harris 2007）。ところが，合理的配慮の提供義務が法制化されると，こうした企業の「合理的」な選択が制約されることになる。なぜなら，合理的配慮の提供義務を負う企業は，合理的配慮のために年30万円多くコストがかかるという理由をもって，BさんではなくAさんを雇う，という選択をすることができなくなるからだ。
　この意味で，合理的配慮の提供義務は，企業の「合理的」な選択を制約する。

つまり,それは企業の経済活動の「自由」に制約を課すことになる。そして,このように考えると,合理的配慮の法制化は,企業に不利益をもたらすばかりでなく,経済成長を阻害したり社会全体の効率性を失わせたりするのではないか,という懸念も生じさせるかもしれない。なぜなら,企業に高コストの雇用を強いれば,新たな投資に振り分けられたはずの資本が減少するとか,追加コスト分が価格に転嫁されて消費者が不利益を被る,といった現象が起こりうるからだ。

にもかかわらず,合理的配慮の法制化により,企業の「自由」(「合理的」な選択)を制約することが許容されるのは,なぜだろうか。本章では,この問いについて考えていく。まず,合理的配慮付の障害者雇用によるコストとベネフィットについて,間接的にもたらされるものを視野に入れた多角的な観点から考察を加える(第2節)。そのうえで,やはり企業活動の「経済合理性」に制約をかけることが必要であり,それは規範的に正当化されうることを述べる(第3節)。さらに,合理的配慮が非過重負担の要件を含んでいることにより,企業の「合理的」な経済活動は大きく阻害されず,企業の支払うコストが受容可能な水準にまで抑制されることを指摘する(第4節)。そして最後に,残る課題について言及する(第5節)。

2　コスト-ベネフィット分析の射程

さて,第1節では,合理的配慮による追加コストが年30万円となっている事例をあげた。ただし,すでに合理的配慮の義務が法制化されているアメリカでは,実際に,障害のある労働者への合理的配慮に要する費用は数万円から5万円程度におさまることが多く,金銭的負担をまったく伴わない配慮もたくさんあることが知られている(Blanck 1997, Colker 2005)。また,日本においても,事業主は,障害者の希望する特定の配慮が過重負担を伴う場合は,その代わりに,非過重負担の範囲で,別の配慮を提供すれば足りることになっている。さらに,非過重負担の配慮が複数あった場合は,障害者の意向を尊重しつつ,事業主側がより提供しやすい配慮――たとえば,より安上がりな配慮――を選ん

でよいとされる（厚生労働省の合理的配慮指針）。

とはいえ，合理的配慮のコストを加味することで，障害のある労働者の雇用経費が割高になる傾向があることは否定できず（Epstein 1992），やはりそのことは企業の採用行動にあたって無視しえない点だろう。では，企業が合理的配慮を提供して障害者を雇用することは，やはり「損」だといえるのだろうか。

この点，前節では，話を単純化するために，企業の支払う雇用経費（給与と合理的配慮の費用）と，労働者の生み出す付加価値（追加的な売上）のみに着目して，コストとベネフィットを考えた。いわば，個人としての労働者をめぐって生じる金銭の差引勘定だけを考慮していたことになる。しかし，企業が考慮に入れるべきコストとベネフィットは，こうした狭義のものだけではない。そこで本節では，障害者雇用をめぐるコスト－ベネフィット分析（cost-benefit analysis）の射程を広げ，本当に「損」かどうかをより多角的に考えてみよう。[2]

第1に，他の従業員への影響を考慮する必要がある。考えられる影響には，肯定的なものもあれば否定的なものもある。肯定的な影響としては，障害者を職場に迎えることによって，それまでの職場にはなかった多様性が生まれ，コミュニケーションが活性化したり新しい発想が生まれたりすることで，イノベーションが促されることがありうる。たとえば，アメリカを中心に盛んに行われているダイバーシティ研究では，多様性の拡大が組織のパフォーマンスを上昇させる可能性について，さまざまな実証分析が蓄積されている（谷口 2005）。

それとは逆に，職場の中に「異質」な従業員が入ってくることによって余計な混乱やトラブルが生じ，企業の生産性が低下することもありうる。また，配慮提供のやり方などを考えるために費やす時間の分だけ，労働投入量が減少するということも考えられる。さらには，障害者嫌いの同僚がいた場合，その同僚のパフォーマンスが低下したり，その心理的負担を埋め合わせるために雇用経費の高騰を招いたりすることもある（Zamir & Medina 2010）。

第2に，長期的な影響を考慮する必要がある。障害者が雇用された（あるいはされなかった）という事実は，その企業の障害者雇用に対する姿勢を示すメッセージとして機能する。単純にいえば，障害者が雇用されれば障害のある潜在的な（あるいは将来の）求職者に対するインセンティブは上昇し，雇用されなければインセンティブは低下する。さらに，障害者雇用を積極的に進めるこ

とは，多様な働き方に対する企業の柔軟な受け入れ姿勢を示す社会的なメッセージともなりうるから，障害者のみならず多様なニーズをもつ労働者の求職行動を促す可能性がある。一般に，多くの求職者を集めたほうが企業側に有利な契約が可能だから，結局は障害者を含めて労働力となりうる人材を多様化させていくことが企業の利益につながる可能性が高い。

　第3に，社会的コストにも着目する必要がある。障害者の労働市場への参入が進めば，社会保障費の負担減につながる可能性がある。これは，障害をもつアメリカ人法（ADA）の制定時に盛んに用いられたレトリックでもあるのだが（Bagenstos 2003a），一見，個々の企業のコスト－ベネフィットとは無関係なことのように思われるかもしれない。だが，社会保障費は，結局のところ，税金と保険料を財源としているのだから，その総額が減るということは，企業の直接的な負担の減少および消費者の購買力の増強を通じて，市場の活性化につながり，ひいては企業の利益を高める効果をもちうる。

　以上で示した論点は，たとえ合理的配慮にかかるコストを考えたとしても，障害者の雇用がむしろ「得」になる可能性があることを示唆している。このことを踏まえれば，コスト－ベネフィット分析の視点からも，合理的配慮を要する障害者の雇用が「経済合理的」な企業行動に反している，とは必ずしもいえないことがわかる。今後，日本における合理的配慮の提供義務の法制化が企業に与える影響について議論していく際には，少なくともこうした広義のコスト－ベネフィットを考慮に入れる必要があるといえよう。

3 コスト－ベネフィット分析の臨界と道徳的制約

　前節の検討から，合理的配慮付の障害者雇用に関する損得勘定を考えるにあたっては，いわば間接的にもたらされるコスト－ベネフィットも考慮すべきであり，それらを勘案すると，意外な経済的利益が生じる可能性があることが明らかになった。ただ，それでも結局のところ，合理的配慮を要する障害者の雇用から得られるベネフィットがコストを上回るかどうかは，実証的な検証に委ねざるをえない。そこで，仮にコストのほうが大きいということになれば，そ

の雇用はやはり「損」だということになる。逆に，ベネフィットのほうが上回れば，賢明な企業は合理的配慮を提供して障害者を自発的に雇用するはずだから，なにも法的義務を課す必要はない，ということになるかもしれない。

このことを踏まえると，やはり合理的配慮の提供義務を正当化するためには，コストーベネフィット分析を考慮しつつも，それを越える規範的な論拠を示す必要がある。もとより，企業の自由な経済活動を法で規制することに対しては，一般に慎重な考え方が根強いため，そのような規範的な正当化はとりわけ重要となろう。実際，合理的配慮の提供義務が正当化されるか否かをめぐっては，すでにさまざまな議論がなされているが（たとえば，Silvers 1998, Jolls 2001, Bagenstos 2003b, Nakagawa & Blanck 2010, 中川 2011, 2015, 川越 2013），ここではその正当化に関する基礎的な視座を提示しておくことにしたい。

(1) 機会平等のための道徳的制約

改めて確認すると，合理的配慮には，「合理的（rational）」な人びとが，利潤最大化（profit maximizing）をめざす行為を制限する側面がある。このように，人びとの自由な行為を法によって制約する場合には，それを正当化する道徳的な理由がなければならない。道徳的に理由づけられたこうした制約のことを「道徳的制約（moral constraints）[3]」と呼ぶ。それでは，合理的配慮の義務化という道徳的制約は，どのように正当化しうるだろうか[4]。

まず押さえておかなければならないのは，職場や公共施設など，現代の社会構造や社会慣行のもとで，障害者（集団）は，非障害者（集団）と比べて，社会参加の機会に関して不平等を経験しているということだ。私たちは，そのような社会構造や社会環境を，ごく当たり前に所与のものとして受け入れがちであるが，それを疑ってみる必要がある。

一般に，私たちの社会は，意思決定における政治力学や市場の効率性が働くことによって，マイノリティのニーズよりもマジョリティのニーズをよりよく満たす傾向を有する。ハサミや改札口などが，右利きの人の利便性を考慮してつくられてきたのも，そのひとつの例である。これと同様に，社会構造や社会慣行は，過去から現在に至るまで，非障害者（マジョリティ）のニーズを配慮する一方で，障害者（マイノリティ）のニーズを配慮してこなかった（Krieger ed. 2003, Crossley 2004)。この意味で、社会は、非障害者（マジョリティ）と比べて障害者（マイノリティ）を不利に扱ってきたと考えることができる。こうした扱いを差別と呼べるかどうかは別として（Barclay 2010）、少なくとも社会は、障害者の不利益（犠牲）の上に、非障害者に利益を与えてきたといっていいだろう。

　こうした認識を前提とすれば、社会の構成員は、そうした障害者の特別な犠牲の上に成立している機会の不平等を是正する道徳的責任を負うべきだ、という主張がそれほど極端なものではないことがわかるだろう[5]。もちろん、歴史的に形成された現在の社会構造そのものを根底的に変革するというのは、容易なことではない。しかし少なくとも、社会の各構成員が、自らが行う事業に関わる場面で、できる範囲の変更・調整を行うことで、障害者の機会の不平等を是正する責任を負うことには、一定の道徳的な理由があると考えられるだろう。

　たとえば、視覚障害のある従業員Cさんが、視覚的なプレゼンテーションを多用した会議の内容にアクセスできない、という事態が生じたとする。この事態は、視覚優位に発展してきたこの社会が歴史的に形成した構造的不利（障害者集団の不利）が、ある個別的場面において具体的に発現したもの（障害者個人の不利）だといえよう。この場合、Cさんを雇用している事業主は、社会の一構成員として、Cさんの個別具体的な不利を是正し、Cさんと他の従業員との機会平等を確保していく道徳的責任を一定程度負ってしかるべきだ、ということになる。このように、道徳的な規範の観点からも正当化しうる合理的配慮とは、マイノリティとしての障害者集団の不利が具体的に発現した個々の場面で、それを取り除こうとするものだといえる。

　ここまでの議論からも明らかなように、合理的配慮とは、私たちが共に生活する公正な社会の前提となる機会平等を達成するためのものである（本書第2章、第4章、第6章も参照）。それは、障害者に対して特別な恩典を与えるものでもなければ、障害者を非障害者よりも有利に扱おうとするものでもない（Krieger ed. 2003）。本書第4章で示した枠組に基づいて、一般に社会の中で求められている能力を「本質的な能力（関連能力）」と「非本質的な能力（非関連能力）」に大別すれば、「本質的な能力」に基づく評価が公正に行われることが「条件平準化（level-the-playing-field）」としての機会平等であり、そのためには、

「非本質的な能力」に関する各人のニーズが充足されている必要がある。ところが，社会はマジョリティである非障害者の「非本質的な能力」に関するニーズを満たすこと（たとえばより視覚的にわかりやすいプレゼンテーションソフトを開発・普及すること）には熱心だが，マイノリティである障害者の「非本質的な能力」についてはそうではなかった。そのことを踏まえれば，合理的配慮を要求する障害者は，「本質的な能力」に基づく評価を可能にさせるために，「非本質的な能力」の部分に関する条件を——非障害者の場合と同じく——整えるように要求しているにすぎないことがわかる。

　加えていえば，合理的配慮を提供することは非障害者を不当に不利に扱うことにはならない。合理的配慮が提供されなければ障害者のアクセスは妨げられてしまうことになるが，逆に，障害者に対して合理的配慮が提供されたからといって，非障害者のアクセスが妨げられることはない（Silvers 1998）。だから，合理的配慮が障害者だけに提供されるとしても，非障害者は「ずるい」とか「うらやましい」と感じる必要はないのだ。

　以上で確認したように，合理的配慮は，有史以来繰り返されてきた障害者への不利益処遇が蓄積し，固着して形成された現行の非中立的（非対称）な社会構造を是正する行為のひとつである。だとすれば，そうした社会の形成に関わっている構成員が，その是正に対して集合的な責任を分有していることは確かではないだろうか。企業もまた，そうした責任を分有する主体のひとつであることはいうまでもない。自由な経済活動を認められている民間企業に対して，合理的配慮のための一定のコスト負担を要求できる理由は，こうした点に見出すことができる。

(2) 障害の社会モデルに基づく洞察

　以上の結論は，実のところ，障害学の視点である障害の社会モデル（本書第7章）に基づく洞察を深めることによっても，直観的に得られる（Crossley 2004）。社会モデルとは，障害者のニーズを配慮しなかった社会の問題を強調する視点をいう。これに対して，問題の所在をもっぱら心身の機能の障害に求める視点が医学モデルである。[7]

　ここでは，そうした2つの障害モデルの観点から，「関連のある事柄につい

て異なる者は異なって扱え」という定式を考えてみよう。これは、合理的配慮を論じる際にもしばしば用いられる、よく知られた正義の定式である（Karlan & Rutherglen 1996, Waddington & Hendriks 2002, Crossley 2004、本書第1章）。

　まず、医学モデルの視点からいえば、「関連のある事柄」は人間の心身の機能障害ということになろう。つまり、障害者と非障害者とは、身体特徴（関連のある事柄）が異なるゆえに、障害者は異なる取扱い（合理的配慮）を受けるべきである、ということになる。

　だが、ここで注意しなければならないのは、このような正当化の主張は、社会構造ではなく、もっぱら身体特徴に着目しているため、非障害者のニーズのみを考慮し、非障害者を中心に構築された現行の社会を、問い直す必要のない所与の前提として是認することにつながる、ということである。そうなると、障害者は、「普通」の身体特徴をもつ人びとから構成される、「普通」の社会に適合できない「異常」な者だと捉えられることになる。そのため、医学モデルのプリズムを通すと、合理的配慮という異なる取扱いは、そのような「異常」な者のための措置（特別な恩恵）という色彩を強めやすくなる（Crossley 1999）。このように、身体特徴の違いを根拠に、合理的配慮を正当化するのであれば、障害者が非障害者よりも内在的に劣っていることを是認することになりかねない（Pogge 2002, Anderson 1999）。

　これに対して社会モデルの視点から得られる直観的な理解とは、むしろ社会が障害者のニーズを無視して障害者の機会不平等をもたらしてきたのだから、社会はそれを是正する道徳的責任を負う、というものである。したがって、社会モデルの観点からは、合理的配慮という異なる取扱いは、心身の機能の障害という身体特徴の違いを理由とするのではなく、基本的には、社会が障害者のニーズを無視したことにより発生した機会不平等を理由として道徳的に正当化されるべきものとなる。このような知見は、もちろんその妥当性が具体的に検討される必要はあるが（Samaha 2007）、社会モデルが障害者の抑圧の歴史に対する告発として誕生した障害理解であることを踏まえれば、決して軽視されるべきではないだろう。

4 非過重負担という基準

　前節で，利潤を追求する自由な経済主体であるはずの民間企業に対して，合理的配慮の提供義務という制約を課すことが，道徳的に正当化されうることを確認した。加えて，合理的配慮には，コストが大きくなりすぎないようにするための非過重負担という歯止めもかけられている。このように，非過重負担という条件のもとで，合理的配慮の提供義務が課せられることによって，企業はおおよそどの程度の配慮提供が求められるのか——障害者の側から見れば，どの程度の配慮を期待できるか——を予期することができる。そして，この基礎的な了解に基づいて，企業は個々の場面における配慮内容の検討に費やすコミュニケーションの時間と労力をある程度節約できる，という効果が生まれることも期待できるのだ。[8]

　それでは，非過重負担という基準は，具体的にはどのように運用されることになるのだろうか。もちろん，法が施行されたばかりの現段階で確かなことを示すことはできないのだが，確認できることを確認しておこう。

(1) 非過重性の判断材料

　雇用分野において事業主が行う合理的配慮に関しては，非過重負担の基準を満たすか否かについて，以下の諸要素を総合的に勘案し，個別のケースに応じて判断することとされている。

① 事業活動への影響の程度
② 実現困難度
③ 費用・負担の程度
④ 企業の規模
⑤ 企業の財務状況
⑥ 公的支援の有無

　厚生労働省の合理的配慮指針によると，これらの要素が意味しているのは概

ね次のようなことだ。まず，ある個別具体的な場面で配慮を行うことによって，事業所における事業活動（生産活動やサービス提供等）にどの程度影響があるか（要素①）が考慮される。また，事業所の立地状況や施設の所有形態（持ちビルか貸しビルか等）を踏まえ，配慮のための機器や人材の確保，設備の整備等がどの程度困難なのか（要素②）も勘案される。そのうえで，実際に配慮に要する金銭的なコストの大きさ（要素③）が問題となるのだが，その際には，配慮提供を求められている企業の規模（要素④）や財務状況（要素⑤）に見合った負担の程度が検討される。また，配慮提供にあたって利用できる公的支援がある場合には，それを活用したうえでの企業自体の負担の程度（要素⑥）が問われることになる。[9]

　たとえば，あるコンビニエンスストアで働いている車いすユーザが，店内で自由に移動できるように広い通路を確保してほしいというニーズをもっていたとしよう。この場合，配慮として想定されるのは陳列棚のレイアウトを変えるなどして通路を広くすることであり，とくにお金はかからないから，企業の規模（要素④）や財務状況（要素⑤），公的支援の有無（要素⑥）を問題にするまでもなく，費用・負担の問題（要素③）はクリアできる。また，いくら少ない従業員でシフトを組んでいるとしても，棚の移動を行う人手すら確保できないということはないだろうから，実現が困難（要素②）ということもない。しかし，このコンビニエンスストアが狭い店舗スペースを最大限活用するビジネスモデルで経営している業態だとすれば，配慮のためのレイアウト変更によって陳列できる商品の数を減らさざるをえないことは，事業の根幹を揺るがしかねない。[10] そうだとすれば，この配慮は事業への影響（要素①）が著しいということになり，過重負担を伴うものと判断される可能性が出てくる。

　逆に，事業への影響（要素①）や実現困難度（要素②）については何の問題もないが，費用・負担（要素③）がネックになるという場合もある。たとえば，個人経営の食堂で働いている聴覚障害者が，店主との仕事上のやりとりのために常時手話通訳者を付けてほしいというニーズをもっていたとしよう。この場合，食堂のサービスにはむしろプラスになるかもしれないし，手話通訳者の確保そのものも可能ではあるが，そのための費用を捻出することは公的支援を活用した（要素⑥）としても困難であり，企業の規模（要素④）なども勘案すると

やはり過重負担であるといわざるをえないかもしれない。

　このように，どのような配慮が過重負担を伴うものと判断されるかは，個々の提供主体の負担能力や事業内容に応じて変化する。そのうえで，一般的にいえるのは，配慮提供の物理的・経済的効果により事業運営が成り立たなくなるような場合には，過重負担に該当するということだ。ただし，現実的に問題になるケースの多くは，事業運営自体が不可能になるわけではないものの一定の影響が見込まれる，という状況である。こうした場合の判断にあたっては上記の諸要素を総合的に考慮しつつ，過重負担の有無が客観的に判断される必要がある（厚生労働省の合理的配慮指針，本書第2章）。

　このような形で，非過重負担という合理的配慮の要件は，企業のコスト負担を限界づける機能を果たす。ただし，ここで1点注意しておくべきなのは，この要件によって特定の種類の配慮提供が免責されたからといって，合理的配慮の提供義務そのものが免責されるわけではないということである。配慮 x は過重負担を伴うため提供しなくてよいとしても，その代わりに非過重負担の配慮 y や z について検討し，提供可能な合理的配慮の選択肢を見つけることが求められるのである。

(2) 非過重性の暫定的基準

　では，実際に，どの程度までのコスト負担であれば非過重負担の範囲におさまるのか，より具体的な目安を設けることはできないだろうか。もちろん，上で確認したとおり，それは，ケース・バイ・ケースで，企業規模や財務状況などを踏まえて客観的・総合的に判断されるべきものだから，一律の基準を設けることにはなじまない。そのことを承知のうえで，あえて一定の仮定を置いて，この課題に挑戦してみよう。

　まず着目したいのは，雇用納付金制度（本書第3章，第6章も参照）である。雇用納付金制度とは，常用雇用労働者数の総数が100人を超える企業を対象に，法定雇用率を達成していない場合には不足1人あたりにつき月額5万円（一定の企業は月額4万円）の納付金を徴収し，達成している場合には超過1人につき月額2万7000円の調整金を支給する仕組である。したがって，障害者を雇用することによって，法定雇用率未達成企業は納付額を減らすことができ，達成

企業は給付額を増やすことができるという形で，金銭的なベネフィットが生じることになる。ここで生じた金銭的ベネフィットを，雇用した障害者に対する合理的配慮にすべてあてることができると仮定すれば，次のようなことがいえる[11]。

法定雇用率未達成企業は，合理的配慮を提供して障害者を1人雇うことで，月額5万円（年額60万円）のベネフィットが生じるため，少なくともこの金額までは非過重負担となるはずである。また，法定雇用率達成企業は，合理的配慮を提供して障害者を1人雇うことで，月額2万7000円（年額32万4000円）のベネフィットが生じるため，少なくとも，この金額までは非過重負担の範囲内にあるといえる。すなわち企業は，これらの金額の範囲内であれば，合理的配慮のコストを負担することができるはずである（川島・松井 2015）。

このように考えるのであれば，第1節であげたBさんに対する合理的配慮（年30万円の追加コスト）は，常用雇用労働者数の総数が100人を超える企業であれば，どんな企業も非過重負担の範囲内で提供しうるものとなる[12]。もちろん，割当雇用制度と合理的配慮制度とを連動させたこの考え方は，過重負担の有無を判断する際に考慮されるべき多様な要素（第4節(1)）のひとつに焦点を当てているにすぎないし，一定の仮定のうえに成立している目安ではあるが，それでも過重負担の有無を判断する際のひとつの暫定的な参照点として利用することはできよう。

5 コスト負担をめぐる課題

本章で論じてきたように，合理的配慮の提供義務の法制化は，企業に対して単純なコスト－ベネフィット分析に依拠した経済活動（利潤最大化）を規制すると同時に，事業活動の十分な遂行（一定の利潤追求）を許容するものである。この間のバランスを取る仕掛けが，非過重負担という条件であるといえる。その意味で，この条件は，企業の経済活動の「自由」を担保する歯止めとして機能することになる。

しかし，裏を返せば，非過重負担という条件は，障害者の十分な能力発揮の

足かせともなりうることを意味している。確かに非過重負担は，客観的・総合的に判断されるべきものであるが（基本方針），そうだとしても，一種の免罪符として安易にもちだされるおそれもある。また，たとえそうした恣意的な運用がなされないとしても，企業の経営環境と経営方針によっては，過重負担の下限が移ろうことは避けられない。その結果，企業が合理的配慮を提供しないという事態が生じれば，障害者の能力発揮の機会はきわめて不安定なものになってしまう。こうした課題に対処する道筋については，次章で引き続き検討することにしたい。

　さらに，本章第4節（1）で確認したとおり，仮に特定の配慮が過重負担を伴うと判断される場合でも，企業にはその代替案として非過重負担の範囲で配慮提供を行うことが求められているのだが，そうはいっても，当事者との対話を通じて代替案を探るこの営み自体が，企業の自主的な姿勢に多くを負っている。指針（ガイドライン）に沿って，非過重負担の範囲で有効な配慮の方法を見出していくプロセスを，どれだけ効果的に作動させていけるのかが，非過重負担という条件によって合理的配慮を形骸化させないための重要な鍵のひとつである。この課題は，対話の重要性に焦点を当てる終章の議論と接続することになるだろう。

● 注
1) 本書で用いる「合理的」という言葉は，必ずしも一意的なものではない。"rational" や "economic rationality" という英単語は，ある目標をもっともよく達成するような選択を行うことを意味し，本章では「合理的」や「経済合理性」と訳している。企業の「合理的（rational）」な活動とは，利潤最大化という目標に照らし，たとえば障害者雇用に伴うベネフィット（便益）とコスト（費用）を比較したうえで，障害者を雇うかどうか決めることを意味する。これに対して，"reasonable" の概念は，複数の理由（reason）の調整原理としての意味合いをもつ。このように "rational" と "reasonable" を区別する政治哲学的な用語法の観点からは，障害者差別解消法や障害者雇用促進法の文脈における「合理的配慮」の概念は，"rational" ではなく "reasonable" の意味合いを有することになる。なぜなら，「合理的配慮」というひとかたまりの概念は，障害者のニーズを適切に満たし，かつ，相手方に過重負担を課さないという意味で，上記の "reasonable" のニュアンスを有するからだ。ただし，「合理的配慮」というひとかたまりの概念ではなく，「合理的配慮」を構成する「合理的」という言葉自体が，上記の "reasonable" の意味合いを有するか否かは明らかでない（本書序章）。

2) 関連する議論として，Stein (2000), Schartz et al. (2006) なども参照。また，より広くコスト－ベネフィットを把握する立場では，障害者本人や会社の同僚，影響を受ける顧客といった関係者にとっての心理的な安寧（well-being）の高低を考慮する議論もある。ただし，ここでの議論は経済的なコスト－ベネフィットに焦点をしぼっている。

3) こうした道徳的制約も含めて，拡張されたコスト－ベネフィット分析の枠組の中で捉えようとする考え方もある。単純なコスト－ベネフィット分析が「B (benefit)＞C (cost)」という基準を採用するのに対して，拡張されたコスト－ベネフィット分析においては，「B＞C＋K」または「B＞CK´」（KやK´が道徳的に負荷される制約）という基準が採用される（Zamir & Medina 2010）。

4) なお，従来の差別（差別的取扱い）の禁止でさえも，利潤最大化行為を制約する側面があることに留意する必要がある（Bagenstos 2003b, Crossley 2004）。この意味では，従来の差別と合理的配慮の不提供とは質的にまったく異なるものである，というべきではないであろう。

5) 関連する議論として，Silvers (1998), Pogge (2002) などを参照。

6) ある障害者が，仮に「本質的な能力」と「非本質的な能力」のどちらも欠如している場合は，合理的配慮は機能せず，役に立たないことになる。そのため，合理的配慮は「能力主義」だと批判されるわけである。ただ，もとより障害者の社会参加のツールとして合理的配慮の概念を万能なものと考えてはならず，合理的配慮や差別禁止を補完するものとして，社会福祉法，社会保障法はきわめて重要な役割を果たす（Bagenstos 2004 などを参照）。

7) 「社会モデル」の対概念としては「個人モデル」を用いるのが一般的には適切であるとも考えられるが（星加 2007），本書全体の記述の統一性を優先して，ここでは「医学モデル」を用いる。

8) これは，法によるフレーミングを通じた「取引費用（transaction cost）」の低減という観点からも捉えられる（嶋津 2010）。

9) 障害者雇用にあたって活用できる実際の公的助成制度については，本書第3章，第6章を参照。なお，障害者差別解消法のもとで，顧客へのサービス提供の場面で必要となる配慮が過重負担を伴うか否かについて，政府の基本方針は，①事務・事業への影響の程度，②実現可能性の程度，③費用・負担の程度，④事務・事業規模，⑤財政・財務状況，を総合的に考慮して客観的に判断するとしている。ここでは公的支援の活用への言及はないが，過重負担の有無の判断にあたっての考慮要素は，障害者差別解消法と障害者雇用促進法の間では基本的に同様である（本書第2章を参照）。

10) 合理的配慮とは，基本的に，①個々のニーズ，②非過重負担，③社会的障壁の除去という内容をもった措置である。本章では，本来業務付随，機会平等，本質変更不可の意味合いを含めて，②の要素を考えている（本書第2章）。

11) 実際には，納付金・調整金の性格として，障害のある労働者の「本質的な能力」の低さを補塡する側面が含まれていると考えられるため，そのすべてが合理的配慮のコストに充当されるということにはならない（本書第6章第2節）。逆に，これとは別に，施設整備や人的配置にかかるコストに対して，申請に基づいて助成する制度があるが，ここではそこから得られる金銭的ベネフィットはカウントしていない。このように，実際に配慮コストに充当できる経費はここでの仮定とは異なっているが，あくまで大まか

な目安を示す目的で，1人あたり定額となる納付金・調整金の額を用いた．
12) なお，常用雇用労働者数の総数が100人以下の事業主は，一定の数を超えて障害者を雇用している場合に，超過1人あたりにつき月額2万1000円（年額25万2000円）の報奨金が支給されるため，この金額までは非過重負担になるといえよう．

● 文　献

Anderson, Elizabeth S., 1999, "What Is the Point of Equality?," *Ethics*, 109(2): 287-337.
Bagenstos, Samuel R., 2003a, "The Americans with Disabilities Act as Welfare Reform," *William and Mary Law Review*, 44(3): 921-1027.
Bagenstos, Samuel R., 2003b, "'Rational Discrimination,' Accommodation, and the Politics of (Disability) Civil Rights," *Virginia Law Review*, 89(5): 825-923.
Bagenstos, Samuel R., 2004, "The Future of Disability Law," *Yale Law Journal*, 114(1): 1-83.
Barclay, Linda, 2010, "Disability, Respect and Justice," *Journal of Applied Philosophy*, 27(2): 154-171.
Blanck, Peter David, 1997, "The Economics of the Employment Provisions of the Americans with Disabilities Act: Part I-Workplace Accommodations," *DePaul Law Review*, 46(4): 877-914.
Colker, Ruth, 2005, *The Disability Pendulum: The First Decade of the Americans with Disabilities Act*, New York University Press.
Crossley, Mary, 1999, "The Disability Kaleidoscope," *Notre Dame Law Review*, 74(3): 621-716.
Crossley, Mary, 2004, "Reasonable Accommodation as Part and Parcel of the Antidiscrimination Project," *Rutgers Law Journal*, 35(3): 861-958.
Epstein, Richard A., 1992, *Forbidden Grounds: The Case against Employment Discrimination Laws*, Harvard University Press.
Harris, Seth D., 2007, "Law, Economics and Accommodations in the Internal Labor Market," *University of Pennsylvania Journal of Business & Employment Law*, 10: 1-62.
星加良司，2007，『障害とは何か——ディスアビリティの社会理論に向けて』生活書院
Jolls, Christine, 2001, "Antidiscrimination and Accommodation," *Harvard Law Review*, 115(2): 642-699.
Karlan, Pamela S. & George Rutherglen, 1996, "Disabilities, Discrimination, and Reasonable Accommodation," *Duke Law Journal*, 46(1): 1-41.
川越敏司，2013，「障害の社会モデルと集団的責任論」川越敏司・川島聡・星加良司編『障害学のリハビリテーション——障害の社会モデルその射程と限界』生活書院：52-76
川島聡・松井彰彦，2015，「障害者雇用法制と『法と経済』——合理的配慮に関する機会費用論」東京大学REASE公開講座『障害者雇用法制の現状と課題——合理的配慮と差別禁止と割当雇用の交錯』（東京大学本郷キャンパス，2015年3月7日）
Krieger, Linda Hamilton ed., 2003, *Backlash against the ADA: Reinterpreting Disability Rights*, University of Michigan Press.
Nakagawa, Jun & Peter Blanck, 2010, "Future of Disability Law in Japan: Employment and

Accommodation," *Loyola of Los Angeles International & Comparative Law Review*, 33(1): 173-221.

中川純, 2011,「障害者差別禁止法におけるコストと合理的配慮の規範的根拠――アメリカ法からの問題提起」『季刊労働法』235:4-13

中川純, 2015,「障害者福祉と差別禁止アプローチの規範論的検討」『社会保障法』30:56-68

Pogge, Thomas, 2002, "Can the Capability Approach Be Justified?," *Philosophical Topics*, 30(2): 167-228.

Samaha, Adam M., 2007, "What Good Is the Social Model of Disability?," *University of Chicago Law Review*, 74(4): 1251-1308.

Schartz, Helen A., D. J. Hendricks & Peter Blanck, 2006, "Workplace Accommodations: Evidence Based Outcomes," *Work*, 27: 345-354.

嶋津格, 2010,「人間モデルにおける規範意識の位置――法学と経済学の間隙を埋める」宇佐美誠編『法学と経済学のあいだ――規範と制度を考える』勁草書房:45-61

Silvers, Anita, 1998, "Formal Justice," Anita Silvers, David Wasserman & Mary B. Mahowald eds., *Disability, Difference, Discrimination: Perspectives on Justice in Bioethics and Public Policy*, Rowman & Littlefield Publishers: 13-145.

Stein, Michael Ashley, 2000, "Market Failure and ADA Title I," Leslie Francis & Anita Silvers eds., *Americans with Disabilities: Exploring Implications of the Law for Individuals and Institutions*, Routledge: 193-208.

谷口真美, 2005,『ダイバシティ・マネジメント――多様性をいかす組織』白桃書房

Waddington, Lisa & Aart Hendriks, 2002, "The Expanding Concept of Employment Discrimination in Europe," *International Journal of Comparative Labour Law and Industrial Relations*, 18(3): 403-427.

Zamir, Eyal & Barak Medina, 2010, *Law, Economics, and Morality*, Oxford University Press.

第6章

合理的配慮と社会政策
コストの社会的分配の理由

● 星加 良司

1　合理的配慮の限界と社会政策の役割

　本書第5章の検討からも明らかなように，合理的配慮の提供義務は「非過重」な範囲に限られる。しかし，「非過重負担」の範囲に制約された配慮によって，障害者側の「必要性」が常に十全に満たされるとは限らない。[1]

　たとえば，ある聴覚障害者にとって，手話通訳者を常時つけてもらうことがもっとも有効な配慮である――すなわち障害のない人と「完全に平等」な条件の実現にあたる――ことがわかっているような場合でも，それが提供者側にとって「過重」であるならば，次善の策が選択されることになる。「次善の策」とは文字どおり，最善の選択肢ではないのだから，障害者側にとっては不満の残る状態である。だからといって，最善策を求めても，それは「過重」な負担を伴うものであるわけだから，提供者側にとっても無い袖を振ることはできない。結局「次善の策」とは両者の妥協の産物なのだ。

　提供者側にとっての「非過重性」と障害者側にとっての「必要性」との間にこうした緊張関係が生じるケースについて，次頁図6-1のように図式化して理解することができるだろう。配慮の有効性とコストとが正の相関を示すような場合には，「必要性」がまだ十分に満たされていないにもかかわらず「非過重性」の限界を超えてしまうということ（たとえば配慮 q）が起こりうる。このよ

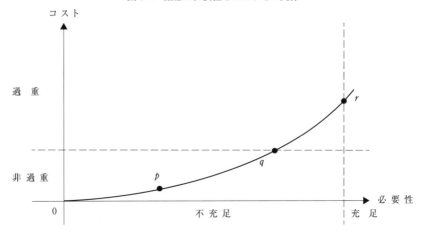

図6-1 配慮の必要性とコストとの関係

うな場合，障害者側の「必要性」の観点からは配慮 r こそが望ましいとしても，「非過重性」の制約によってやむをえず配慮 p や配慮 q が「合理的配慮」として選ばれることになる。[2] このように，合理的配慮の内容や水準は，提供者側の事情によって影響を受けるものであり，障害者側の「必要性」の充足という観点からは不安定なものにならざるをえない。法的に規定された差別禁止（合理的配慮の提供義務を含む）は，平等な権利保障の必要条件ではあっても十分条件ではないのである。

本章では，合理的配慮を「最善策」（配慮 r）により近づけるための方法について考える。そのためのオーソドックスなアプローチとしては，より安価で労力のかからない効果的な支援技術を開発することが，真っ先に思い浮かぶだろう。もちろんそれは効果的な手段である。しかしその一方で，技術革新には一定の時間がかかるものだし，これだけの時間が経てば確実に革新が起こるという保証もない。このことを踏まえて，本章で考えたいのは，今すぐにでも実現可能な方法である。結論から述べれば，ここでの議論の焦点は社会政策である。

社会政策は，配慮提供にかかるコストをすべての提供主体の間で，さらにはすべての社会成員の間で広く負担するための仕掛けである。そうすることで，一組織だけで負担するには「過重」であったコストを「非過重」な範囲に抑えることが可能になり，その分障害者にとって必要な配慮が提供される余地が拡

大することになる。本章ではまず、そうした社会的負担の具体的な仕組について、金銭的なコスト負担と管理・運営上のコスト負担に分けて検討する（第2節）。そのうえで、そうした社会的負担がなぜ正当化されるのかについて、規範理論的な視点から考えてみたい（第3節～第6節）。

なお、本章では雇用・就労の場面を念頭に置いて話を進めるが、ここで検討する基本的な考え方は、教育やサービス提供といったその他の分野の合理的配慮についても基本的に当てはまる。

2 社会的負担の仕組

(1) 金銭的コスト

個別の企業が支払うコストを低く抑えるために、幅広くコストを負担する仕組としては、直接給付の補助金や間接給付の税控除といった手法がある。つまり、障害労働者への配慮を行う企業に対して財政上・税制上の優遇を行うことによって、金銭的な支援を提供するわけだ。こうした助成制度は、合理的配慮の提供範囲を拡大し、障害者の実質的な機会平等を促進する機能をもつ施策として位置づけられる（Lawson 2008, Zamir & Medina 2010）。

実は、日本では障害者の社会参加の促進を目的として、障害者を雇用した際に活用できる給付の仕組がすでに存在している。以下、障害者雇用促進法（以下、雇用促進法）等に基づいて実施されている企業向けの各種助成をあげてみよう[3]。

① 障害者作業施設設置等助成金： 障害者が障害を克服し作業を容易に行えるよう配慮された施設や設備の設置・整備を行う費用の一部を助成するもの。

② 障害者福祉施設設置等助成金： 障害労働者の福祉の増進を図るため、保健施設・給食施設・教養文化施設等の福利厚生施設の設置・整備の費用の一部を助成するもの。

③ 障害者介助等助成金： 就職がとくに困難と認められる障害者の雇用にあたって、障害の種類や程度に応じた適切な雇用管理のために必要な介助

等(職場介助者,手話通訳担当者,健康相談医師,職業コンサルタント,在宅勤務コーディネーター)の措置にかかる費用の一部を助成するもの。

④ 重度障害者等通勤対策助成金: 重度身体障害者,知的障害者,精神障害者または通勤がとくに困難と認められる身体障害者の通勤を容易にするための措置にかかる費用の一部を助成するもの。

⑤ 重度障害者多数雇用事業所施設設置等助成金: 重度身体障害者,知的障害者または精神障害者を多数雇い入れるか継続して雇用し,かつ,安定した雇用を継続することができると認められる事業主で,これらの障害者のために事業施設等の設置または整備を行う場合に,その費用の一部を助成するもの。

⑥ 中小企業障害者多数雇用施設設置等助成金: 障害者の雇入れに係る計画を作成し,当該計画に基づき,障害者を10人以上雇用するとともに,障害者の雇入れに必要な事業所の施設・設備等の設置・整備を行う中小企業事業主に対し,その費用に応じた金額を支給するもの。

⑦ 精神障害者雇用安定奨励金: 精神障害者を新たに雇入れるとともに,精神障害者が働きやすい職場づくりを行った事業主に対して助成するもの。

これらの公的助成をうまく活用すれば,かなりの程度の配慮提供を「非過重」な範囲で行うことが可能になる。たとえば,独立行政法人高齢・障害・求職者雇用支援機構の「障害者雇用事例リファレンスサービス(HP)」では,助成金を活用した配慮提供事例が障害種別ごとに紹介されている[4]。

(2) 管理・運営上のコスト

合理的配慮の提供に伴うコストは,金銭的なものだけではない。障害者が働きやすい環境をつくるために,職場慣行や作業配置を見直したり,必要な配慮内容を特定するために情報を集め相談を重ねていったりすることには,組織運営上の負担が生じることがある。

たとえば,新しく雇用したAさんが腎臓機能の障害(内部障害)をもっており,週2回人工透析を受けるために通院する必要があることがわかったとしよう。採用の段階ではそのような事情は知られていなかったのだが,そうでは

あっても，Aさんが働けるような環境調整をすることが合理的配慮の一部として求められることになる。具体的には，通院の日程を考慮して，勤務時間を変更したり一部の周辺的な職務を免除する，といった内容の配慮が必要になるかもしれない。その際，その企業の従来の労務慣行を見直すことが求められたり，免除された仕事を他のメンバーで代替するために職務の再編成が必要になる，といったこともあるだろう。このように，配慮を提供することによって直接的に負担が生じることもあるし，配慮の仕方を決めるプロセスにまつわる労力もある。とりわけ，障害者雇用の経験の乏しい職場において，こうした手間は大きな負担と感じられるかもしれない。

そして，こうしたコストが「過重」な水準にまで高まってしまえば，やはり合理的配慮の提供は制約されてしまう。それを防ぐためには，そうした負担を軽減するための社会的資源が必要になる。指針策定のために厚生労働省が設置した研究会の最終報告においても，この点を踏まえ，高齢・障害・求職者雇用支援機構のリファレンスサービスの充実等を通じた具体的事例の収集と情報提供，ハローワークにおける企業からの相談に対する適切な対応，ジョブコーチ（職場適応援助者）を活用しやすい体制の整備等の企業支援の充実，といった施策の必要性が指摘されている（改正障害者雇用促進法に基づく差別禁止・合理的配慮の提供の指針の在り方に関する研究会 2014）。

ここでは，そうした社会的資源のひとつとして，ジョブコーチの制度を紹介しておこう。ジョブコーチには，障害者の就労支援を行う社会福祉法人等に雇用されている第1号ジョブコーチと，障害者が働いている企業に雇用される第2号ジョブコーチがある。[5] いずれも，事業主は一定の期間，必要に応じて，雇用管理に関する助言のほか，配置や職務内容の設定に関する助言を受けることができる。ジョブコーチが行う支援内容は，以下のようなものである。

「1) 就職前の支援： 特別支援学校在学中の産業現場等の実習（就職が前提の場合）への支援
2) 就職後，すぐの支援： 就職後すぐにジョブコーチ支援を活用し，仕事に慣れたり職場での人間関係の構築を図る初期段階で必要な支援
3) 一定期間働いた後の支援： 仕事の遂行に時間がかかる，仕事の手順が

わからない等の職務上の課題に対する支援
4) キャリアアップを図るための支援： 業務内容の変化，新たな業務に取り組みたいなどのキャリアアップへの支援
5) 雇用管理上の支援： 初めての障害者雇用で，どのように仕事を教えてよいかわからない等の雇用管理上の課題に対する支援
6) 本人の悩みへの支援： 職場の人間関係に悩んでいたり，仕事がうまくいかない等の本人の悩みへの支援」（尾崎・松矢編 2013：112）

　こういった社会的資源を活用することで，企業が負担する管理・運営上のコストは一定程度軽減される。また，こうした情報やノウハウに関わる資源は，障害者雇用を継続する中で企業内にも蓄積していくものだから，配慮提供の実績を重ねていくことで，次第にコストは小さくなっていくとも考えられる。

(3) 財　源

　個別の企業の負担を軽減するためのこうした仕組を財政的に支えているのは，障害者雇用納付金制度である。本書第3章第3節でも触れたように，日本では障害者の職業的自立の促進を図ることを目的として雇用促進法が運用されている。その中で，法定雇用率（民間企業2.0％，国および地方公共団体等2.3％）を達成していない事業主から不足人数に応じた額の納付金を徴収し，それを財源として，障害者を雇用する事業主に対して調整金や報奨金，各種助成金が支給されている。これが雇用納付金制度である。

　この制度は，雇用率未達成企業から徴収した納付金を，障害者雇用にあたっての追加コストの補填にあてることによって，企業間で経済的負担を調整する仕組である。ここで調整が図られている経済的負担には，2つの性質のものが含まれていると考えられる。ひとつは，障害者が能力を発揮するために必要となる追加コストであり，もうひとつは，障害者の能力そのものの低さに関わるコストである[6]。未達成企業というのは，本来負担すべきこれらのコストを支払わずに済んでいるわけだから，その代わりに納付金を支払う。それを原資として，前者のコストについては助成金の形で，また後者のコストについては調整金・報奨金の形で，それぞれ達成企業に移転されているわけだ。

このうち，本章で考えている主題と直接関係するのは，前者のコスト，すなわち障害者の能力発揮を可能とする環境整備等のための助成金の部分である。現行の雇用納付金制度において，この目的に使用されている財源はおおよそ4割強であると考えられる。具体的に見ると，2009年の支出総額約190億円のうち，調整金が約67億，報奨金が約46億，助成金が約77億（Kawashima & Matsui 2011）だから，助成金の割合は4割余となっている。また，法定雇用率未達成の場合に徴収される納付金が不足分1人あたり月額5万円であるのに対して，達成した場合に支給される調整金が超過分1人あたり月額2.7万円だから，その差分2.3万円（納付金5万円に占める割合は46％）は障害者の能力発揮のための追加コストにあてるためのものだと考えることもできるだろう。

このように，雇用納付金制度の一部は，障害者の能力発揮を可能にするためのコストを社会的に負担する仕組として機能している。その仕組は，雇用促進法という法的な枠組に裏づけられているという意味では公的な性格をもっているが，基本的には企業間の互助的な調整メカニズムである。お金は企業間で回っているだけだから，企業社会全体としては負担が軽減されているわけではない。しかし，個々の企業から見れば，こうした負担調整の仕組によって，「非過重」な範囲で提供できる配慮の選択肢が広がっているわけである。

3　公的負担をめぐる問い

前節で見たように，合理的配慮をより実効的に機能させるための仕組を導入することで，障害者の「必要性」を満たす配慮を「非過重」な範囲で提供することが可能になる。このことを図示すると，次頁図6-2のようになる。

ここで示唆されているのは，合理的配慮の内容や水準を企業と障害労働者との二者関係の中でのみ考えるのではなく，第三者，とりわけ公的セクターの役割を明確に位置づけることによって，障害者の能力がより十全に発揮できる環境が実現するということだ。そして，前節で見たように，日本にはそうした公的支援のための基盤となる制度が，すでに存在している。

ただし，現行の仕組には問題もある。第1に，雇用納付金制度の収支はすで

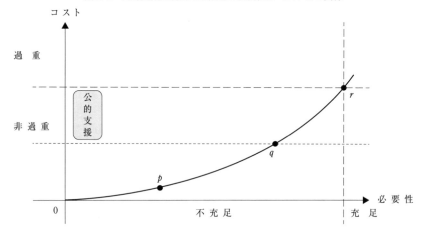

図6-2 公的支援を利用した配慮の必要性とコストとの関係

に赤字になっている。2009年度においては収入が約150億円であるのに対して支出は約190億円である（Kawashima & Matsui 2011）。さらに，合理的配慮が法的義務になったことで，配慮ニーズがこれまで以上に顕在化してくることは容易に想像できるところであり，支出の増加圧力が高まることが予想される。第2に，この制度は法定雇用率未達成企業から徴収する納付金に依存しており，達成企業の割合が高まれば納付金が減少する——そして恐らく調整金が増加する——から，収支のバランスはますます悪化する。とはいえ，当然達成企業が増えることは望ましいことなのだから，納付金を確保するために未達成企業を増やす（あるいは減らさない）などというのは，本末転倒でしかない。この意味で，現行の公的支援の仕組は構造的に不安定なものであるといわざるをえない。第3に，障害者の能力発揮を可能にする手段の確保を，企業間の経済的負担の調整によってのみ行うべきだという積極的な理由はない。今回の法的整備の必要性を踏まえて労働政策審議会障害者雇用分科会がまとめた意見書においても，事業主の負担に対する助成のあり方に関して，「納付金財政への影響や他の公的支援の活用の可能性も含めて考えるべき」と提言されており，雇用納付金制度に依存しない公的財源に関する検討の必要性が示されている（労働政策審議会障害者雇用分科会 2013）。

これらの課題を踏まえて，ここからは企業間の互助的な負担の枠を越えた新

たな公的支援の可能性について考えていこう。

合理的配慮が公正な能力評価のための仕掛けであり，条件平準化としての機会平等を実現しようとするものであることはすでに確認した（本書第4章）。しかし，どの程度の配慮が実際に可能になるのかは，公的支援の有無や水準によって左右される。にもかかわらず，合理的配慮の法的な枠組においては，公的支援がどの程度なされるべきかについて担保することはできない。提供者側の負担能力のみに依存した配慮（図6-1における配慮 q）にとどまるのか，公的支援を入れることで障害者側の「必要性」を満たす配慮（図6-2における配慮 r）が実現するのかは，司法的に決定できる問題ではなく，政策的に判断するしかない問題なのだ。

ところで，政策的な判断を必要とするということは，民主制の社会においては多数の人びとの同意を取りつける必要があるということを意味している。ここでの議論の文脈では，配慮 r を実現するための公的支援を社会政策として実施することに同意してもらう必要があるということだ。必要な費用を公的に負担するという方針は，一見受け入れやすいもののように思える。しかし，「公的負担」の原資は，どこからともなく降って湧いてくるものではない。それは結局，税金や保険料といった形で誰かが負担するということであり，新たな公的財源の確保は負担増を意味する。つまり，実はここで必要となってくるのは，十分な公的支援のための追加的な拠出を多くの人に納得してもらうということなのだ。

さて，ここまで話を進めると，考えなければならない問いの正体が見えてくる。障害者を雇用するにあたって追加コストが必要になるとしても，それは基本的に雇用する企業と雇用される障害者との契約の問題であって，その他の企業，ましてや一般の人びとには関係のないことであるようにも見える。そう考えれば，必要な負担は，障害者を雇用することによって利益を得る当該企業が担える範囲で担うべきものであり，第三者に負担を押しつけるのはお門違いだという意見も出てくるだろう。こうした「無関係な」第三者を含めて，公的支援のための拠出を求めることは正当なことなのだろうか？

本章の残りの部分では，2つの視点からこの問題について考える。まず第4節では，当該の雇用の当事者でない人たちにとっても，実はこの問題は「無関

係」ではない——その意味で「第三者」はどこにもいない——ことを述べる。公的支援の有無は，それによって経済的メリットを受けない人に対しても，ある意味では利益や害悪をもたらすものでありうるのだ。次いで第5節では，仮に「第三者」であることを認めたとしてもなお，社会を構成するメンバーとして集合的に追求すべき価値がありうることを述べる。それは，社会にとっての公共的な利益を社会政策を通じて実現しようとすることが，場合によっては正当化されるということを意味している。それらを踏まえて第6節では，私たちが広く共有している「機会平等」という理念に照らして，合理的配慮のための社会政策の意義を確認する。

4　公共財としての「公正な社会」

　まず，公的負担を課すことによって「無関係な」第三者がとばっちりを受けるのではないか，という懸念について考えよう。ここでの「第三者」とは，当該の問題に直接の利害関係をもたないといった程度の意味である。では，本当に負担の担い手は第三者なのだろうか。実は，そのように断じるのはいささか早計である。

　確かに合理的配慮は，配慮を必要としている当の障害者に対して与えられるものであり，ひいてはその障害者が働く企業の利益につながるものだ。他方，合理的配慮は公正な機会が普遍的に保障された社会を実現するための仕掛けでもある。労働市場についていえば，それは誰もが意欲と能力に応じて自由に経済活動を行うという，自由市場経済の根幹をなす理念を表現している。こうした観点に立てば，合理的配慮の提供によって利益を得るのは社会でもある。そして，そうした社会の実現は，実は「第三者」と考えられていた人びとの利益とも関連をもつことになる。

　一般に私たちは，「個人として〇〇でありたい」という欲求をもっていると同時に，「××な社会に生きたい」という欲求をももっている。より正確にいえば，「個人として〇〇でありたい」という欲求のひとつの要素として，「××な社会の一員としての自分であること」が含まれている。たとえば，オリン

ピックで日本選手を応援することは，自分とは「無関係な」他人を支援する利他的な行いではなく，自らが「名誉ある日本」という社会の一員だという感覚を求める利己的な動機の発露なのだ。

では，私たちはどんな社会に生きたいと思っているのだろうか。その答えは人それぞれだというほかないが，たとえば「公正な社会」や「平等な機会のある社会」のメンバーであることには，多くの人が価値を認めているのではないか。また，民間企業にとっては，「自由で開放的な市場」のもとで競争を行っているという事実そのものが価値のあることであるかもしれない。

仮にこれらのことを認めるとするなら，「公正な社会」や「平等な機会のある社会」や「自由で開放的な市場」は，公共財的な性格を帯びることになる。公共財とは，誰かがそれを利用したからといって，他の人の利用可能性が制約されることはなく（非競合性），また，特定の誰かをその利用から締め出すことはできない（非排除性）という性質をもっている。代表的な公共財としては道路や警察などがあげられる[7]。

実は，この公共財にはやっかいな性質がある。それは，誰もが必要としているのに，自発性に任せておくと誰もそれを生み出そうとしないのだ。財が排除性をもたない場合，それを生産・維持するための支払いをしなくても利用を妨げられることはないから，人はただでその財を享受しようとしてしまう（フリーライダー問題）。また，自分だけが支払いをしたとしても他の人がみな支払いをしなければ，結局財源不足になって財が供給されなくなってしまうから，自分の貢献が無駄にならない程度に他の人びとも貢献するという合理的な保証がない限り，誰も貢献しようとしなくなってしまう（保証問題）。こうした性質のために，公共財は自発的に生み出されることを期待できないのだ。しかし，そうはいってもそれは必要なものではある。そこで，公共財は政府が主体的に生産するとともに，そのための資金を提供するよう強制力を用いることが望ましいとされるのである（Stiglitz 2000=2006）。

このことを踏まえると，「公正な社会」という公共財の供給にあたっても，政府が一定の役割を果たすとともに，そのために必要なコスト負担を社会のメンバーに求めることは正当なことである。しかも，それは単に「正当」なことであるばかりか，負担を求められる人びとにとっての利益でもある。なぜなら，

そうした負担をすることによって，それがなければ享受できなかったはずの「公正な社会」の一員として生きるという価値が手に入ることになるからだ。それは，「公正な社会」の一員でありたいという欲求をもつ人びとにとって，——多少の税負担を差し引いてもなお——十分に自己利益にかなうことだろう。その意味で，「公正な社会」に公共財としての価値を認めている人びとは，もはや「第三者」ではないのである。

5 自己利益を超える価値

ただし，自分は「公正な社会」に生きたいなどとは露ほども思っておらず，したがって負担の見返りになるようなものは何も受け取っていない，と主張する人もいるかもしれない。そうだとすれば，確かにこの人たちは「第三者」である。本節では，公的支援によって利益を得ていないこうした「第三者」の視点に立って，政策コストの負担の正当性について考える。まず (1) では，純粋に経済活動としての側面から政策の意味を検討し，そのうえで (2) では，より普遍的な社会的価値の問題へと話を進める。

(1) 合理的配慮をめぐる経済的損失

企業と障害労働者との二者関係において配慮の「合理性」を追求した場合，その落としどころは配慮 q になるということだった。実はこのとき，当該企業は2つのロスを抱えることになる。

第1に，障害労働者のもっている潜在的な能力を十分に活かしきれないというロスがある。これは，配慮 r があってはじめて障害者の能力は十全に発揮されることになるのだから，あたりまえのことだ。急速な高齢化に伴って労働力不足が問題視され，産業の競争力低下が懸念される昨今，これは決して看過できることではないだろう。

第2に，配慮 q という落としどころを探るための交渉に費やす時間と労力が支払われることになる。もちろん，合理的配慮の内容や範囲を決めていくにあたっては，いずれにせよそれなりの時間と労力が必要だ。しかし，仮に公的支

援によって配慮 r が実現するなら，障害者側は「必要性」についてすでに満足しており，企業は「過重性」についてそれ以上争う必要はない。だから，それらをめぐる交渉は必要とされない。それに対して，配慮 q を落としどころとするためには，企業側はそれ以上の負担が「過重」であることを証明しなければならず，障害者側はさらなる「必要性」が確かにあることを主張することになるから，必然的に交渉はシビアになりがちで，当然多くの時間と労力が費やされることになる。さらにいえば，そこで両者の折り合いをつけることができなければ，問題は訴訟における解決へと持ち込まれ，莫大な時間と労力——判決次第では賠償金という金銭的コストも含めて——が必要とされることにもなりかねない[8]。

　ここで指摘した経済的損失は，第一義的には個々の企業において生じている。だが，この損失は個々の企業にとっては避けられないものだ。なぜなら，それを避けるためには「過重」な負担を甘受しなければならず，それは文字どおりの意味で「無理」なことだからだ。その意味で，個々の企業にとって，提供する配慮を「非過重」な範囲に抑えることは，死活的に重要なことだ。しかし，各企業がそうした行動を取ることで，上記のような損失が生じることになる。当然それは，経済社会全体としても大きな損失である[9]。このように考えると，公的支援によって配慮 r を実現することは，経済社会全体の利益につながる政策だということになる。

　さて，ここで「第三者」に視点を移そう。確かに，個々の企業に損失が生じようが，経済社会の効率性が損なわれようが，それらに利害関係をもたない人はいる。「第三者」とはそのような人のことだ。だから，こうした人びとの自己利益に訴えて配慮 r のための政策的支出に同意してもらうことは期待できない。

　一般に，自己利益につながらない支出を政府が強制するためには，自己利益以上に追求すべき社会的な目的がなければならない。したがって，ここでは経済社会全体の利益の増大が，追求すべき価値として認められるかどうかが問題になる。この問いに対する答えは，当然立場によって違ってくるだろう。ただし，少なくとも私たちの社会では「景気対策」や「成長戦略」が優先度の高い政策課題として注目され，国政選挙ではそれらが常に重要な争点として有権者

5　自己利益を超える価値

の関心を集めるという事実がある。もちろんその中には，自己利益の観点から経済の動向に関心をもっている人もいるだろうが，そうした直接的な利害関係をもっていなくても「経済対策」への許容性は高い傾向にある。こうした事実を踏まえると，社会全体——ここでは「国家」と言い換えたほうがいいかもしれない——の経済的価値の増大という目的は，政策的支出の理由として比較的認められやすい現実があるということは指摘できるだろう。

(2) 「正しさ」への義務

ただ，以上は経済的価値の増大を政策目標として認める人が事実として多いというだけのことであって，だからそうすべきだ，と主張する論拠としてはいささか弱い。ここで求められるのは，より一般的な形で政策的支出を正当化することはできるか，ということだろう。

そのための規範的な議論には，大きく分けて2種類のタイプがある。ひとつは，政策や制度は，究極的にはそれが社会全体にもたらす結果の良し悪しによって評価されるべきだとする立場であり，もうひとつは，結果はどうあれ，人びとを適切な仕方で扱うような制度が選ばれなければならないとする立場である。[10]

まず結果を重視する立場では，社会にとっての利益をトータルで評価する視点が重要になる。その意味で，前項で検討した経済社会全体の価値の増大という視点も，こうした説明の仕方の一種であるといえる。ただし，それは不十分な議論だった。なぜなら，そこには政策的支出のための負担を担う人の状況の悪化が考慮されていないからだ。こうした点を踏まえると，この種類の正当化の一般的なパターンは，個々人に及ぶ利益と不利益とを総合的に合算して，社会の構成員の厚生に対する全体的な効果を評価する，ということになる。たとえば，社会のメンバー全体の効用（utility）の総量を最大化することがめざされるべき目標だとする功利主義の考え方は，よく知られている。

この立場からは，負担を求められた「第三者」にとってそれが利益になるか不利益になるかということも考慮材料にはなるが，それはn分の1の重みしかもっていない。また，税負担が課される前のその人の所得にも，何ら特別な正当性はない。問題となるのは，コストを負担して政策を実施した場合とそう

しなかった場合とを比べてみて，どちらが全体にとって望ましい社会的・経済的結果を産むのかということである。

他方，全体的な結果とは相対的に独立した形で政策の正しさを評価する立場では，個々人の生き方を等しく尊重するためのルールや環境の整備が重視される。そのためには，個々人の生き方の可能性を予め制約してしまうような生まれつきの運をそのまま放置しておくことはできないから，理由もなくもたらされる不平等の原因は，可能な限り取り除くのが正しいあり方だと考えられる。代表的な考え方としては，経済的・社会的な不平等は，それを生み出しているシステムがもっとも恵まれない人の生活水準を最大化するものである限りにおいて正当化されるとする「格差原理（difference principle）」（Rawls 1971=1979）などがある。

この立場から見ると，税負担によって人びとが被る不利益よりも，それによって可能になる政策を通じて謂れのない不運が是正されることのほうが，社会的には重要だということになる。これを認めるなら，障害があるがゆえに能力発揮を妨げられている状態を，配慮 r を行うことで改善するという政策には，規範的な重要性があると考えることができるのだ。

6 「機会平等」という規範

ここまでの議論を通じて，配慮 r を実現するための公的負担には，それなりに理由があることが確認されたと思う。それでもなお，しっくりこない感覚が残っている読者もおられるかもしれない。少なくとも，お金の流れだけを見れば，障害者と障害者を雇用している企業が多くを受け取ることになり，他の労働者との間に格差が生まれている。さらには，そのための財源を——「無関係」な第三者を含む——社会のメンバーが負担するということは，本来手許に残るはずだった所得の一部が奪われていることになる。これはやはり「不公平」なのではないか。そうした感覚をもつ人もいるだろう。

本節では，こうした疑念に対して，配慮 r の実現は「機会平等」の規範に従うものでありうることを確認する。一口に「機会平等」といっても，それが意

味している内容には幅広いバリエーションがあるのだが，この規範の特徴は，あえて「機会」のみを平等にすべきだと考えるところにある。「機会」については平等化すべきであり，そのための政策的介入も必要であると考えるが，その代わりに，それ以外については平等化の必要はなく，政策的介入も良しとしない，ということだ。つまり，何でもかんでも「平等」にすべきだとは考えないのである。この潔さこそが，さまざまな思想的立場の違いを越える議論のベースラインとして，この理念が影響力をもっている理由だろう。ここで「機会平等」の規範に着目する理由は，そこにある。

では，公的支援に基づく配慮 r のように，特定の個人や企業の資源を「特別」に増やすようなことが，「機会平等」の観点から許されるのだろうか。この問いに対して，リベラルな政治哲学の多くの論者は，「イエス」と答えることになるだろう。たとえばロナルド・ドゥオーキンは，障害や才能不足のような個人の内的資源の格差は，個人の意志や選択ではどうにもならないものなのだから，その初期的な格差を是正するためにより多くの外的資源——その典型的なものは金銭ということになるだろう——を分配することが必要だと主張する（Dworkin 2000=2002）。またアマルティア・センは，障害等の身体的・精神的特性のために資源を自己の幸福に変換する能力が低い人の場合には，仮に他の人と同じだけの資源を与えられても他の人と同様の幸福を手にすることができないのだから，そのことを考慮してより多くの資源を分配して生の可能性（capability）を平等化することが必要だと述べる（Sen 1985=1988）。さらにジョン・レーマーは，社会の制度や構造，生まれてきた家庭の経済状況や教育方針，遺伝的な性質，といった個人の選択の及ばない要因によって人生の見通しが左右されることは不当だとして，そうした要因の影響がなくなる程度まで，不利な立場に置かれている人の状況を改善するための政策的支出を行うことが，機会平等の観点から求められると主張する（Roemer 1998）。

ここで，規範的正当化の議論にこれ以上踏み込むことはできない。ただ少なくともいえることは，見かけ上資源が偏った形で分配されていたとしても，理論的にはそれこそが「機会平等」にかなうのだと考える余地は十分にあるということだ。だから，公的支援によって配慮 r を実現すること——すなわち合理的配慮の水準を高めるために公的支出を増やすこと——も，こうした観点から

正当化される可能性は十分にあるのである。

● 注

1) 本章では，配慮が障害者の「個々のニーズ」に応じた「社会的障壁の除去」（本書第2章）となっている度合いを，「必要性」という言葉で表現することとする。
2) ちなみに，第4章第4節（1）では，ここでの配慮 p と配慮 q との選択にあたって，配慮 p が選ばれがちだという懸念について考えた。
3) 詳しくは厚生労働省ホームページを参照。
4) 「障害者雇用事例リファレンスサービス」(http://www.ref.jeed.or.jp/jyoseikin.html) を参照。
5) こうしたジョブコーチの配置にかかる費用の一部を助成する仕組として，「職場適応援助者助成金」がある。これによって，管理・運営上のコストを削減する代わりに金銭的コストが発生してしまう，といった事態はある程度避けることができる。
6) 障害者を一律に労働能力の低い存在と考えることは好ましくないし，事実としても誤っている。ただし，ポジティブ・アクションとしての割当雇用制度の一部として，単に障害者の人数に比例して設定されている納付金と調整金の意味を解釈するならば，障害者の労働能力が平均的に低いという前提のうえでそのコストを調整していると考えるのが，もっとも妥当ではなかろうか。
　こうした意味での企業のコスト負担を軽減する政策としては，賃金保障という方法もある。フランスでは，6％の法定雇用率を義務づける割当雇用制度と差別禁止法制を並存させたうえで，障害労働者の最低賃金を公的に保障する制度が運用されている。フランスの制度の特徴的なところは，企業に障害労働者への最低賃金保障の遵守を義務づける一方で，そのために必要となるコストを公的に補填していることである。割当雇用制度のもとで，生産性の低い障害労働者を雇用しても最低賃金以上の給与を支払わなければならないのだから，その賃金負担は「過大」なものになってしまう。そこで，この部分の負担については，当該企業に対して公的な助成金が支払われる仕組になっているのだ。実は，2005年に法律が改正される以前は，障害労働者の生産性が低い場合には，企業に対して最低賃金の減額を認める一方，障害者個人に対してその減額分を直接給付する「障害労働者所得保障制度」があった。この2つの仕組は，最終的に障害者の所得水準が保障されるという点では大差はないが，それが労働市場の中で賃金として支払われるようになったという点で決定的な変化であるといえる（永野 2013）。
7) 道路のような利用実感のあるものではなく，「社会」や「市場」といった理念的実在を「財」という言葉で表現することには，日常的な言語感覚としてはやや違和感があるかもしれない。しかし，自由な取引を保証する制度としての市場を公共財と捉えることは，むしろ経済学の分野では常識的だし（宇田川・須賀 2010），救いがたい貧困の防止や，特定の芸術に対する支援といった事柄についても，公共財としての性質があると考えることもできる（Murphy & Nagel 2002=2006）。
8) こうした紛争の解決を円滑に進めるための仕組として，「個別労働関係紛争の解決の促進に関する法律」に基づいて設置されている紛争調整委員会を活用し，労働局長によ

9) これは，ある種の合成の誤謬（fallacy of composition）であるといえるだろう。
10) 政治哲学の分野では，前者を目的論的（teological）ないし帰結主義的（consequentialist）な説明，後者を義務論的（deontological）な説明として区別する。

● 文　献

Dworkin, Ronald, 2000, *Sovereign Virtue: The Theory and Practice of Equality*, Harvard University Press.（=2002, 小林公ほか訳『平等とは何か』木鐸社）

改正障害者雇用促進法に基づく差別禁止・合理的配慮の提供の指針の在り方に関する研究会，2014,「改正障害者雇用促進法に基づく差別禁止・合理的配慮の提供の指針の在り方に関する研究会報告書」

Kawashima, Satoshi & Akihiko Matsui, 2011, Anti-discrimination and Disability Employment Quota in Japan, International Conference on Disability Economics at Syracuse University.

Lawson, Anna, 2008, *Disability and Equality Law in Britain: The Role of Reasonable Adjustment*, Hart Publishing.

Murphy, Liam B. & Thomas Nagel, 2002, *The Myth of Ownership: Taxes and Justice*, Oxford University Press.（=2006, 伊藤恭彦訳『税と正義』名古屋大学出版会）

永野仁美，2013,『障害者の雇用と所得保障——フランス法を手がかりとした基礎的考察』信山社出版

尾崎祐三・松矢勝宏編，2013,『キャリア教育の充実と障害者雇用のこれから——特別支援学校における新たな進路指導』ジアース教育新社

Rawls, John, 1971, *A Theory of Justice*, Harvard University Press.（=1979, 矢島鈞次監訳『正義論』紀伊國屋書店）

Roemer, John E., 1998, *Equality of Opportunity*, Harvard University Press.

労働政策審議会障害者雇用分科会，2013,「今後の障害者雇用施策の充実強化について」

Sen, Amartya, 1985, *Commodities and Capabilities*, North-Holland.（=1988, 鈴村興太郎訳『福祉の経済学——財と潜在能力』岩波書店）

Stiglitz, Joseph E., 2000, *Economics of the Public Sector (Third Edition)*, W. W. Norton & Company.（=2006, 藪下史郎訳『公共経済学［第2版］上　公共部門・公共支出』東洋経済新報社）

宇田川大輔・須賀晃一，2010,「公共財としての市場の規範的評価」須賀晃一・齋藤純一編『政治経済学の規範理論』勁草書房：189-200

Zamir, Eyal & Barak Medina, 2010, *Law, Economics, and Morality*, Oxford University Press.

第3部

合理的配慮をどう広げるか

第7章　対象者の拡大可能性
　●合理的配慮を必要とするのは誰か
第8章　合理的配慮をめぐるジレンマ
　●アクセスとプライバシーの間
第9章　多様な差異を踏まえた合理的配慮
　●障害とジェンダー，セクシュアリティの交差性

第**7**章

対象者の拡大可能性
合理的配慮を必要とするのは誰か

● 西 倉 実 季

1　合理的配慮の対象とならない障害者

　Aさんは脊髄損傷者であり，民間企業で働いている。車いすに長時間座っているうちに身体が圧迫されて血液の循環が悪くなり，坐骨に褥瘡（床ずれ）ができてしまった。治療には外科的な手術が必要である。術後，座れるようになるまでに3週間，車いすが使えるようになるまでにはさらに1週間かかることから，静養も含めて5週間の休暇を申請した。職場復帰後は，褥瘡を予防するために2時間ごとに横になれるよう，休憩時間の変更を求めた。

　同じく民間企業で働いているBさんの顔にはやけどの手術痕がある。同僚や顧客にじろじろ見られたり，「その顔，どうしたの？」と質問されたりすることがとても苦痛で，手術痕を目立たなくする修正手術を受けようと考えている。術後，包帯が取れるまでには1週間ほどかかるため，慎重を期して10日間の休暇を申請した。休暇が明けたあとは，不特定多数の顧客とできるだけ接しないですむポストに就かせてもらえるよう，配置転換を希望した。

　障害者差別解消法（以下，差別解消法）は，雇用分野での差別を解消するための措置については障害者雇用促進法（以下，雇用促進法）に委ねるとしている（13条）。雇用促進法は，事業主の合理的配慮義務として次の2つを定めた（本書第2章）。ひとつは，募集・採用時の機会均等を確保するために，障害者から

の申出にしたがって必要な措置を実施することである（36条の2）。採用試験の問題用紙を点訳・音訳することや，試験の解答時間を延長することなどがこれに含まれる。もうひとつは，障害のある労働者と障害のない労働者との均等な待遇を確保し，障害のある労働者の能力を有効に発揮するために，職務の円滑な遂行に必要な設備を整備したり援助者を配置したりする措置を実施することである（36条の3）。手話通訳者や要約筆記者を配置・派遣することや，通勤時のラッシュを避けるために勤務時間を変更することなどがこれにあてはまる（厚生労働省 2013）。前者は採用前の障害者に対する合理的配慮を，後者は採用後の障害者に対する合理的配慮をそれぞれ扱っている。

　褥瘡を放置して健康を損なうと，Aさんは自分の能力を十分に働かせることができなくなってしまう。この意味で，褥瘡の治療や予防ができないことは，障害のあるAさんがもっている能力を有効に発揮するうえで支障となっている。こうした事情を改善するために事業主が講じるべき処置が，雇用促進法のいう合理的配慮である。つまり，褥瘡の治療に必要な休暇を認めることや休憩時間を確保するために就業規定を変更することは，過重な負担を伴わない限り，事業主がAさんに提供するべき合理的配慮なのである。Aさんはすでに採用された障害者であるため，これらは採用後の障害者に対する合理的配慮である。

　では，Bさんに休暇を認めることや配置転換を講じることは，事業主が提供するべき合理的配慮だろうか。Bさんは日常的にじろじろ見られたり質問を向けられたりすることで精神的にまいってしまい，出勤するのが次第におっくうになった。修正手術で手術痕が目立たなくなれば，さらには人目につきにくいポストに就くことができれば，執拗な視線やぶしつけな言葉を投げかけられる機会が減り，Bさんは自分の能力をもっと有効に発揮できるだろう。とすれば，修正手術のための休暇や他人との接触が限られたポストへの配置転換は，過重な負担を伴わない限り，事業主が提供するべき合理的配慮として考えることができそうだ。

　ところが，雇用促進法のもとでは，Bさんには合理的配慮が提供されないおそれがある。というのは，Bさんはこの法律が定める「障害者」に含まれない可能性が高いからだ。合理的配慮とは，過重な負担を伴わない範囲で障害者に必要かつ適切な配慮を行うことなので，Bさんが障害者ではないとすれば休暇

や配置転換といった配慮は提供されないことになってしまう。

　障害者差別禁止法の先達である障害をもつアメリカ人法（以下，ADA）のもとでも，AさんとBさんの扱いは違っており，Bさんには合理的配慮が認められていない。それはなぜか，読者は2通りの答えを思いつくかもしれない。ひとつは，日本と同様にBさんはそもそも「障害者」に含まれないから，というものである。もうひとつは，Bさんは「障害者」に含まれるにしても合理的配慮を提供される必要はないから，というものである。Aさんとは違って，Bさんは身体の自由が利く。顔の傷を凝視されて嫌な思いをする機会もあるだろうが，そうした否定的反応を断固として跳ね返し，仕事に支障が出ないようにするくらいできるはずだ。そうできないのはBさんの「弱さ」や「甘え」であり，事業主に休暇の取得や配置転換を要求するのはお門違いではないか，というように。

　詳しくは第3節で述べるが，正解はふたつめの答えである。ADAは「障害」の概念を広く捉え，容貌に損傷や欠損がある人びとを含めて障害差別の解消に取り組んでいる[1]。つまり，ADAのもとではBさんは「障害者」に含まれるのである。にもかかわらず，合理的配慮が認められないという不可解なことがなぜ生じているのかといえば，ADAは合理的配慮を得られる障害者とそうでない障害者とを区別しており，Bさんのような容貌に損傷や欠損がある人を合理的配慮の対象者から外しているからである。すなわちBさんは，ADAが定める障害者かどうかという第1関門は通過しているものの，合理的配慮が認められる障害者かどうかという第2関門を突破することができないのだ。

　本章で検討したいのは，なぜBさんには合理的配慮が認められないのかという問題である。以下ではまず，雇用促進法と障害者基本法（以下，基本法）における「障害者」の定義を確認したうえで，これらを障害学的な観点から整理する（第2節）。次に，ADAのもとではなぜ容貌に損傷や欠損がある人に合理的配慮が認められないのか，本来であれば誰に認められる必要があるのか，再び障害学的な観点から検討していく（第3節）。最後に，合理的配慮の理念に照らして，その対象者を拡大していくための方法について考察する（第4節）。なお，本章で念頭に置いているのは雇用分野での合理的配慮である。

2 「障害者」とは誰か
● 医学モデルと社会モデル

　前節で指摘したように，雇用促進法のもとではBさんは「障害者」に含まれない可能性が高い。では，この法律が実際に「障害者」をどう定義しているのか，条文を確認していこう。

　「身体障害，知的障害，精神障害（発達障害を含む。第6号において同じ。）その他の心身の機能の障害（以下『障害』と総称する。）があるため，長期にわたり，職業生活に相当の制限を受け，又は職業生活を営むことが著しく困難な者をいう。」（2条1号）

　これを素直に読む限りでは，障害者とは，「心身の機能の障害」そのものが原因で職業生活に長期的かつ相当の制限がある人をさしている。やけどの手術痕のせいで精神的に追い詰められて仕事に支障が出ているという意味で，Bさんはこの法律が定める「障害者」に含まれるという見方もできる。これに対して，Bさんが職業生活に制限を受けているのはやけどの手術痕そのものではなく，あくまで周囲の視線や言葉が原因であるから，Bさんはこの定義には当てはまらないとの見方も成り立つだろう[2]。いずれにしても，Bさんのような容貌に損傷や欠損がある人びとは，雇用促進法のもとでは「障害者」に含まれない可能性がある。
　雇用促進法とは異なる考え方をとっているものとして，基本法における「障害者」の定義を確認しておきたい。ちなみに，差別解消法は基本法4条が規定する「差別の禁止」の基本原則を具体化する法律として位置づけられるため，基本法と差別解消法はまったく同じ「障害者」の定義を置いている。

　「身体障害，知的障害，精神障害（発達障害を含む。）その他の心身の機能の障害（以下『障害』と総称する。）がある者であって，障害及び社会的障壁により継続的に日常生活又は社会生活に相当な制限を受ける状態にあるものをいう。」（2条1号）

雇用促進法との比較において注目したいのは,「障害及び社会的障壁により」の部分である。なぜなら,この文言のおかげでBさんが「障害者」に含まれる可能性はぐっと高まるからである。Bさんが日常生活や社会生活に制限を受けているのは,確かにやけどの手術痕そのものが原因ではない。しかし,その手術痕に対する周囲の視線や言葉といった「社会的障壁」が原因で仕事に支障をきたしているとすれば,Bさんは基本法の定める「障害者」に含まれうる。

　合理的配慮が認められるには,まずは法律の定める「障害者」に該当していなければならない。つまり,Bさんには合理的配慮が認められないかもしれないという懸念は,雇用促進法における「障害者」の定義に由来しているのだ。障害学的にいえば,この法律の「障害者」の定義が「障害の医学モデル」(以下,医学モデル)を採用しているからである。医学モデルとは,障害者の社会生活上の不利(ディスアビリティ)の原因を心身の機能の障害(インペアメント)に還元する考え方のことである。ディスアビリティを克服する方法として治療やリハビリテーションといったインペアメントへの医学的介入を重視することから,このように呼ばれる。

　医学モデルを徹底的に批判してきたのが,障害学の支柱的アイディアともいえる「障害の社会モデル」(以下,社会モデル)である。この考え方は,ディスアビリティはインペアメントそれ自体ではなく,インペアメントと社会的障壁との相互作用によって生じるとし,とりわけ社会的障壁の問題性を強調する。社会的障壁とは,建築構造や法律の不備だけでなく,非障害者を中心に形成された社会の支配的価値観や慣習行動なども含む広い概念である。職業生活の制限の根本原因を心身の機能の障害に帰する医学モデルにおいては,Aさんだけが制限を受けていることになるが,社会的障壁に求める社会モデルにおいては,Bさんもまた制限を受けていることになる。

　例として,階段しか設置されていない建物の2階にあるレストランに車いすユーザが入店できなかったというディスアビリティを考えてみると,その原因をインペアメントに還元するのはいかに的外れかがわかるだろう。もしエレベーターが取り付けられていれば,もし法律がそうした建築構造を認可していなければ,もし人びとの意識がこのような状態を容認していなければ,車いすユーザはレストランに入店することができていたかもしれないからだ。ディス

アビリティが実際にどう生じているかを考えれば，妥当なのは社会モデルのほうである。

Bさんが「障害者」に含まれるためには，雇用促進法の「障害者」の定義に社会モデルを採用する必要がある。具体的には，「心身の機能の障害及び社会的障壁」によって職業生活に制限を受けている者を「障害者」と定義することが求められる。確認したとおり，すでにこうした定義を設けているのが基本法である。平成24年版の『障害者白書』によると，2011年の基本法改正において「障害者」の定義が見直され，社会モデルの考え方が取り入れられた（内閣府 2012）。改正前はといえば，障害者が日常生活などにおいて受ける制限は「本人が有する心身の機能の障害に起因する」とされており，医学モデルが採用されていたのである。これに対して改正後は，障害者が受ける制限は「機能障害のみに起因するものではなく，社会における様々な障壁と相対することによって生ずる」と解釈し直され，それに伴って「障害者」の定義も変更された。新しい定義のもとでは，容貌の損傷・欠損がこの法律の定める「その他の心身の機能の障害」（インペアメント）であると認められれば，Bさんは「障害者」に含まれうる。[3]

障害差別の解消という文脈で社会モデルを採用する意義は，インペアメントそれ自体が個人に与える影響から，インペアメントに対する否定的な反応が個人に与える影響へと視点を移行させることにある（Degener 2006）。この視点に立てば，容貌の損傷・欠損を含め，どのようなインペアメントであっても差別行為を受けた者は法的保護を受けられなければならない。つまり，社会モデルを採用することにより，障害差別の現実に照らして法的保護の対象を拡大するべきだという考え方が得られるのだ。

3 配慮を得る資格があるのは誰か
● 2つのタイプの合理的配慮

第1節で述べたように，1990年に成立して2008年に改正されたADAのもとでは，Bさんのような容貌に損傷や欠損がある人も「障害者」に含まれている。まずは，ADAにおける「障害者」の定義について確認していこう。

改正前のADAは,「障害」を3つの側面から定義していた。①一定の活動制限を伴う現在のインペアメント（現在の障害）,②一定の活動制限を伴う過去のインペアメント（過去の障害）,③一定の活動制限を伴うインペアメントがあるとみなされること（みなし障害）,である。ADA旧施行規則によると,次の3つの場合が「みなし障害」にあてはまる。(1)インペアメントはあるが一定の活動制限はないにもかかわらず,使用者は一定の活動制限があるとみなしている場合,(2)インペアメントに対する他者の態度のみが原因で,一定の活動制限が生じる場合,(3)もともとインペアメントをもたないにもかかわらず,使用者がその人を一定の活動制限がある人として扱う場合,である。Bさんのような容貌に損傷や欠損がある人は,インペアメントはあるがそれ自体が一定の活動制限を伴うわけではないため「みなし障害」に該当する。なかでも,Bさんの職場での経験を考慮すれば,(2)の類型にぴったりあてはまる。改正後のADAは「みなし障害」の定義に修正を加えたものの,容貌に損傷や欠損がある人が「みなし障害」に該当する点に変更はない。

　このように,改正の前後にかかわらずADAのもとではBさんは「障害者」に含まれるものの,実際のところは合理的配慮の対象からは外されている。それはなぜかといえば,ADAは合理的配慮を得る法的資格がある障害者とそれがない障害者とを区別しているからであった。同じように職業生活の制限（一定の活動制限）を受けている人を,「インペアメントに起因する一定の活動制限」(以下,機能制約)のある人と,「インペアメントと社会的障壁との相互作用に起因する一定の活動制限」(以下,社会的障壁制約)のある人とに分け,前者にのみ合理的配慮を得る法的資格を認めているのである。ここでは,職業生活の制限を受けている人のうち,機能制約のある人だけが合理的配慮を得られるべきだという見方を「機能制約型」の合理的配慮と呼ぶ。これに対して,社会的障壁制約のある人が合理的配慮を得られるべきだという見方を「社会的障壁型」の合理的配慮と呼んで区別する（川島・西倉 2013）[4]。機能制約型の合理的配慮は医学モデルに基づいており,社会的障壁型の合理的配慮は社会モデルに基づいている。前節での議論を踏まえれば,社会的障壁型の合理的配慮を採用したほうが,配慮を得られる人の範囲は広がる。Bさんのような容貌に損傷や欠損がある人びとは,機能制約型の見方では合理的配慮を得られないが,社

表7-1　2つのタイプの合理的配慮

	合理的配慮が認められる人	障害のモデル
機能制約型	インペアメントに起因する一定の活動制限（機能制約）のある人	障害の医学モデル
社会的障壁型	インペアメントと社会的障壁との相互作用に起因する一定の活動制限（社会的障壁制約）のある人	障害の社会モデル

会的障壁型の見方をとれば得られることになる（表7-1）。

　改正前，ADAのもとで「みなし障害」に該当する人が合理的配慮を得る法的資格があるかどうかについて，裁判所の判断は分かれていた。「みなし障害」にあてはまる人に合理的配慮を認めるのは不当だとする主張は，主に次の3つに整理できる。

　第1に，同じように機能制約を伴わないインペアメントをもつ場合であっても，使用者によって機能制約を伴うとみなされるかどうかでその処遇に不公平が生じるのは問題だ，というものである（Andrews 2006）。たとえば，やけどの手術痕という，機能制約を伴わないインペアメントを共通してもっているBさんとCさんがいたとしよう。もし使用者がBさんの手術痕は機能制約を伴うとみなせば，「みなし障害」が認定され（ADA旧施行規則の(1)に該当），合理的配慮が得られることになる。これに対して，もし使用者がCさんの手術痕は機能制約が伴うとみなさなければ，当然「みなし障害」は認定されず，必然的に合理的配慮も提供されない。つまり，同じインペアメントをもっているにもかかわらず，使用者によって機能制約があるとみなされるかどうかで，修正手術のための休暇や他人との接触が限られたポストへの配置転換といった合理的配慮を得られるかどうかが変わってしまう。このように，BさんとCさんの間に不公平が生じるおそれがあるため，「みなし障害」の場合に合理的配慮を認めるのは適当ではない，というわけである。

　第2に，「みなし障害」に該当する人と障害のない従業員との間に処遇の不公平が生じるのは問題だ，というものである（Ring 2006）。Bさんの手術痕は機能制約を伴わないが，使用者は伴うとみなしたとする（ADA旧施行規則の(1)に該当）。あるいは，もともとインペアメントをもっていないDさんが，機能制約があると使用者にみなされたとしよう（ADA旧施行規則の(3)に該当）。

この場合，要求に応じて合理的配慮が提供されると，BさんやDさんは本来不要な配慮を受けることになり，障害のない従業員に比べて優遇されることになるため，「みなし障害」の場合に合理的配慮を提供するのは適当ではない，というのである。

　第3に，「みなし障害」に該当する人の職務を変更・調整することは，ADAの趣旨を逸脱しているので問題だ，というものである（Dudley 1999）。確かに，精神的に追い詰められて出勤するのがつらいBさんは，仕事に支障をきたしている。しかし，そもそも何がBさんの職務の円滑な遂行を妨げているのかというと，それは社会の側の偏見や根拠のない通念である（ADA旧施行規則の(2)に該当)。とするならば，Bさんが能力を発揮するために必要なのは周囲の理解であって，職務の変更・調整ではないはずだ。にもかかわらず，「みなし障害」に該当する人に休暇や配置転換を提供すれば，職務の遂行に悪影響を及ぼすインペアメントをもつ人を保護するという法の趣旨を超えて合理的配慮の対象者を拡大してしまうことになる，というのである。

　上記3つの主張はいずれも，機能制約型の合理的配慮を前提にしている。しかし，社会モデルの立場からすると，機能制約がない人は合理的配慮を得る法的資格はないとする考え方はいくつかの大きな問題を抱え込んでいる。まず，第1と第2の主張は，「みなし障害」に該当する人に合理的配慮を認めるのは不当だと主張する論者たちが危惧するのとは別の不公平を招いてしまう。社会モデルによれば，障害者の職業生活の制限はインペアメントそのものではなく，むしろ社会的障壁が原因である。にもかかわらず，機能制約の有無にことさら注目すれば，同じように職業生活の制限を受けているのに，機能制約のある人は合理的配慮を得られて，容貌に損傷や欠損がある人びとのような機能制約がない人は得られない，という不公平が生じてしまう。冒頭の例でいえば，Aさんは合理的配慮を得られるのにBさんは得られない，という事態である。

　さらに指摘するならば，BさんやDさんは使用者に機能制約があるとみなされている点でCさんと同じく扱うことはできないし，ましてや障害のない従業員と同列に論じることはできない。なぜなら，BさんやDさんはこうした「みなし」によって不利な扱いを受けかねないのであって，Cさんや障害のない従業員とは置かれた状況がまったく異なるからである。

3　配慮を得る資格があるのは誰か

「みなし障害」に該当する人が職務を円滑に遂行するために必要なのは，合理的配慮というよりむしろ社会の啓発であるという第3の主張はもっともである。啓発によって偏見や根拠のない通念といった社会的障壁を除去することは簡単ではないにしても，社会モデルを拠りどころとして社会の変革を引き起こそうと模索していくことは必要であろう。これに対して，たとえばBさんが要求した休暇や配置転換という合理的配慮は，社会的障壁それ自体を根本的に除去するわけではないという意味で，いわば次善の策である。しかし，たとえセカンドベストであったとしても，いま現に障害差別にあっている人びとの存在を考えたとき，彼／彼女たちを救済するための法的手段が確保されていることは重要である。そうした選択肢を排除してはならない。

改正前のADAのもとでは，「みなし障害」に該当する人に合理的配慮を認めるかどうかは論争的な問題であったが，改正にあたって彼／彼女たちには合理的配慮を認めないという結論に収束した。先ほどの分類でいえば，ADAは機能制約型の合理的配慮を採用したのである（川島・西倉 2013）。よって，ADAにおける合理的配慮は，社会モデルの視点からすれば問題含みである。これに対して，社会的障壁型の合理的配慮は機能制約の有無による不公平を招くことはないし，「みなし」による不利益を考慮に入れることもできる。合理的配慮は障害者が就労を含めた社会活動にアクセスするのを阻んでいる社会的障壁を除去するものであるならば，機能制約のある人に限定することなく，社会的障壁に直面している人びとに広く提供される必要がある。

4 インペアメントの普遍化
● 対象者の拡大に向けて

社会的障壁型の合理的配慮を採用することは，合理的配慮の対象者の拡大を意味している。つまり，身体・知的・精神障害といった障害者手帳を保持している人びとだけでなく，どんなインペアメントであってもそれに対する社会的障壁に直面している人びとは配慮を提供されるのであって，これまでよりも広範な人びとが合理的配慮を得られることになる。

合理的配慮の対象者を拡大しようとするとき，少なくとも2つの方法が考え

られるだろう。ひとつは，障害者の定義を拡張し，その結果，合理的配慮を得られる人の範囲を拡大していくというものである。すでに述べたように，合理的配慮が認められるには法律のいう「障害者」に該当していなければならない。より厳密には，法律が定める「心身の機能の障害」（インペアメント）をもっていると認定されなければならないのである。よって，合理的配慮の対象者を拡大していくには，まずはインペアメントの定義を広げる必要があるのだ。容貌の損傷や欠損をはじめ，一時的な疾病や軽度の障害，場合によっては妊娠や加齢に伴う心身の特徴をインペアメントに含めていくのである。そうすることで，Bさんのような容貌に損傷や欠損がある人だけでなく，腰痛持ちの人や軽度のうつ状態の人，妊娠中の女性や高齢者など，これまでは「障害者」とは考えられてこなかったが，インペアメントに対する社会的障壁に直面している人びとを合理的配慮の対象者に包摂していくことができる。ごく限られた人びとの特殊な属性ではなく，誰もが人生のどこかの段階でもちうる普遍的な特徴としてインペアメントを捉えているという意味で，この方法を「インペアメントの普遍化」と呼ぼう（Zola 1989）。

　もちろん，雇用促進法の定める障害者であるには，インペアメントをもっているだけでは不十分で，それが原因で長期的かつ相当の職業生活の制限を受けている必要がある。そのため，インペアメントの定義を広げることが障害者の定義を拡張することにそのまま直結するわけではない。一方，差別解消法の障害者の定義には「社会的障壁」の文言が入っているため，インペアメントの定義が広がれば障害者の定義も拡張される可能性が高まる。いずれにしても，法律の定めるインペアメントをもっていることは合理的配慮を得るにあたってはじめに満たさなければならない要件であるから，インペアメントの定義を広く確保しておく意味はきわめて大きい。

　合理的配慮の対象者を拡大するもうひとつの方法は，インペアメントはもたないけれども社会的排除にさらされている人びとにまでその範囲を広げていくというものである。第2節では，インペアメントをもつ人が社会的障壁に直面することで経験する社会生活上の不利をディスアビリティと呼んだ。この考え方においては，ディスアビリティの発生はインペアメントの存在を前提にしている。これに対して経済学者の松井彰彦によるディスアビリティ概念は，イン

ペアメントを前提に置いていない。松井のいうディスアビリティは,「ふつう」から外れた人が「ふつう」の人を基準につくられた社会制度の狭間で経験している社会的排除をさす（松井 2011）[5]。こうしたディスアビリティは，障害者に限らず，人種的，宗教的，性的マイノリティや人間の想定を超えた災害に見舞われた人びとなども経験しうる。そして，社会的排除にさらされている以上，そうした人たちは障害者と重なるようなニーズをもっており，合理的配慮を必要としているはずである[6]。合理的配慮を得るにあたって満たすべき要件からインペアメントをもつかどうかを外すという意味で，この方法を「インペアメントの脱要件化」と呼ぼう。

　本章の立場は，理念的にはインペアメントの脱要件化が望ましいけれども，実行可能性を考えればインペアメントの普遍化のほうが現実的ではないか，というものである。インペアメントの普遍化の利点は，差別解消法なり雇用促進法というすでに存在する法律を利用できるところにある。イギリス平等法のように，たとえば人種，宗教，性的指向，年齢などの差別事由ごとに新たに法律を制定して合理的配慮の法的資格を認めていくというやり方も考えられる。しかし，立法化にはたくさんの労力と時間が必要になる。そのため，合理的配慮の対象者を拡大するにあたっては，すでに立法化されている差別解消法や雇用促進法の適用対象を広げていくほうがはるかに現実に即している。

　ただし，この方法にはいくつかの欠点がある。第1に，あれもこれもインペアメントに含めようとすると，常識とはかけ離れた「障害者」の定義をせざるをえなくなってしまう。たとえば，妊娠中の女性や高齢者を「障害者」とするのは無理があると思った読者も少なくないだろう。差別解消法や雇用促進法という既存の法律を利用しようとすると，社会通念に照らして疑問が差しはさまれるような「障害者」の定義をせざるをえなくなるという問題がある。

　第2に，第1の問題とも深く関わってくるが，「障害者」の定義を広げるとはいえ，いったいどこまでをインペアメントと捉えるのが妥当かという難題が生じてしまう。例にあげた容貌に損傷や欠損がある人，一時的な疾病や軽度の障害をもつ人などはインペアメントをもっていると比較的認められやすいだろうが[7]，では高齢者や妊娠中の女性，あるいは肥満者はどうだろうか。「子どもを身ごもっていること」や「歳をとっていること」,「太っていること」ははた

してインペアメントに含めて考えられるだろうか。

　もちろん，心身の機能や構造についての「正常／異常」の線引き，言いかえれば何がインペアメントであるかは，社会的文脈の中で決まるのであり，アプリオリに存在するわけではない。つまり，ディスアビリティのみならず，インペアメントもまた社会的に構築されているのである（Hughes & Paterson 1997）。実際，社会的文脈の変化に伴ってインペアメントの定義は変更されてきたし，今後も更新され続けていくはずである。とはいえ，どうせ社会的に構築されているのだから，あらゆる心身の特徴をインペアメントと捉えればよいではないか，ということにはならないだろう。「正常」からは外れるとされた障害者が全般的・累積的に不利を被っているのに対して，たとえば妊娠中の女性や肥満者はそのような不利を経験しているとまではいえないからである。にもかかわらず，そうした人びとと障害者とがあたかも同じであるかのように扱うとするならば，それはあまりに乱暴な議論である。ただし，このような線引きによって，ある心身の特徴がインペアメントとは認められず，それをもつ人は合理的配慮を得られないという問題は残る[8]。

　そして第3に，新たに「障害者」に含まれる人びとのアイデンティティをめぐる問題が引き起こされてしまう。たとえば，容貌に損傷や欠損がある人びとの中には，自分が「障害者」とみなされることに抵抗感を覚えるという人がいる。「障害者」と分類されることでアイデンティティが傷つく，というのである（西倉 2011）。そこには，確かに「障害者」と一緒にされたくはないという偏見があるだろう。しかし，それだけでなく，容貌の損傷や欠損にまつわる困難経験がそれ自体として受けとめられずに，「障害（者）問題」という既存のカテゴリーに回収されて理解されていくことへの違和感も含まれる（西倉 2015）。

　こうした課題は残されているものの，合理的配慮の対象者を拡大していくにあたって，インペアメントの普遍化は有効である。この戦略は，たとえばBさんのような，インペアメントに対する社会的障壁に直面しているにもかかわらず，日本ではこれまで「障害者」とはみなされてこなかったグレーゾーンの人びとを切り捨てることなく，合理的配慮の対象者に含めていくのに役立つ。利点はそれだけではない。インペアメントを誰もがもちうる人間の普遍的な特徴と捉えれば，あなたもすでにそれをもっているかもしれないし，これからも

つ可能性——来るか来ないかわからない将来の漠然とした可能性ではなく，リアルで身近な可能性——は十分にある。このとき，合理的配慮はもはや限られた人に対する特別な配慮ではない。インペアメントから特殊性を取り除くという戦略は，合理的配慮の当事者性を押し広げ，それを「わたくしごと」としてこの社会に根づかせるポテンシャルをもつのである。

●注
1) ADAは，容貌の損傷・欠損（cosmetic disfigurement）をもつ人びとをその保護対象に含めている。また，イギリス平等法は，深刻な容貌の損傷・欠損（severe disfigurement）をもつ人びとに法的権利を与えている（西倉 2011）。
2) どちらの見方の場合も，Bさんの受けている職業生活の制限が長期的かつ相当なものかどうかという問題は残るが，ここでは論点を明確にするために単純化して考える。
3) 差別解消法案作成時に参照された障害者政策委員会差別禁止部会の意見には，「容貌の障害（facial disfigurement）もこれ［＝心身の機能の障害（インペアメント）］に含まれると思われる」と明記されている（障害者政策委員会差別禁止部会 2012，［　］内は引用者による補足）。現時点では，差別解消法は「心身の機能の障害」（インペアメント）を一律に定義していないため，この法律の対象となるインペアメントとは何か，今後，具体的事例を積み上げながら議論していくことになるだろう。

　また，差別解消法案の「障害者」の定義について注目すべき発言があったことを紹介しておきたい。第183回国会参議院内閣委員会（2013年6月18日）において，民主党（当時）の福山哲郎議員が以下のような質問をしている。

　「この法案の2条を読みますと，障害者というのは身体障害，知的障害，精神障害，その他の心身の機能の障害がある者でというふうに障害者の方について議論をされていますが，一言で障害と言っても実際の在り方は多様でございます。（中略）私の問題意識としてはユニークフェイス等々についての対象がどうなるのかについてもあるので，そういった議論が国会で行われているということについては是非御留意をいただきたいというふうに思います。」（内閣委員会 2013）

　この発言にある「ユニークフェイス」とはもともと，1999年にジャーナリストの石井政之らによって結成された容貌に損傷や欠損がある人びとのセルフヘルプ・グループの名称である。福山議員は，容貌に損傷や欠損がある人びとが差別解消法案の「障害者」に該当するかどうかは難しい問題であるが，差別事例に応じて今後の対応が必要であるとの認識を示している。差別解消法は，施行後3年をめどに見直される予定になっている（附則7条）。法案の検討過程では，容貌の損傷・欠損が議論にのぼる機会はほとんどなかったが，適切な見直しに向けて，事例を蓄積していくことが求められる。

4) 川島・西倉（2013）では「社会障壁型」としているが，ここでは他の箇所と表記を統

一するために「社会的障壁型」と呼ぶ．

5) 松井は，社会的障害（ディスアビリティ）と社会的排除とを互換的に用いている（川島 2014）．松井が研究代表者を務める「社会的障害の経済理論・実証研究」（Research on Economy and Social Exclusion: REASE）では，障害者のみならず，長期疾病者，児童養護施設の子ども，被災者などが直面する社会的排除を研究対象としている．障害学的には，ディスアビリティ概念をそこまで拡張する理論的含意が検討される必要はあるが，ここではラディカルなアイディアとして紹介するにとどめる．

6) 「性的指向および性自認等により困難を抱えている当事者等に対する法整備のための全国連合会」（LGBT 法連合会）が 2015 年 5 月 19 日に発表した「LGBT 差別禁止法」の概要では，合理的配慮の不履行を「性的指向や性自認を理由とする差別」として定義している（LGBT 法連合会 2015）．

7) 容貌に損傷や欠損がある人びとを「障害者」の定義に含める必要性を主張した西倉（2011）に対して，立岩真也は，見た目の異なりといっても「なんらかの外傷等による明らかな顔の変形」から「しごく曖昧な『美醜』」までを含むのであり，どこまでを法的保護の対象とするのか，その線引きの難しさを指摘する（立岩 2014）．差別解消法における「障害」は明確な定義が与えられているわけではないため，どこまでを法的保護の対象とするのか，事例を蓄積していく中で議論されることになるだろう．容貌の損傷や欠損をインペアメントに含めている ADA においても，容貌の損傷や欠損に関する記述は決して具体的ではなく，その定義は曖昧さを残している．実際のところは，裁判によって個別の事例について判断を下し，判例を積み重ねることで定義の実質的な基準が構築されているといえる．立岩自身が述べているように，見た目の異なりのうち法的保護の対象となるのがたとえ部分的であったとしても，それは法律の有効性を否定するものではないし，何もしないでいるよりははるかにましである．

8) 障害者政策委員会差別禁止部会の意見では，インペアメントの定義について「必ずしも病気による肥満ではなく，医学的な意味での機能障害はないが，極度に身体の大きな人が様々な社会生活上の制約を受ける場合にも本法の障害の定義に含めるべきでは，といった議論がなされた」という（障害者政策委員会差別禁止部会 2012）．アメリカでは，肥満者が ADA を根拠に肥満差別を訴えるケースが増えてきているが（古郡 2012），ADA 解釈ガイダンスによると，ごくまれな場合を除き，肥満はインペアメントには含まれない．これに対して，法学者のデボラ・L・ロードは，「容姿（appearance）」を「身長や顔かたちなど変えることができない，あるいは変えることが難しい身体的な特徴」と「服装や身だしなみなど，純粋に自由意思による特徴」との 2 つの極に分け，前者に基づく差別と障害差別とを類似のものと位置づけている（Rhode 2010=2012: 183）．経済学者のダニエル・S・ハマーメッシュは，公平性の観点からは「見た目がよくない人びと」を法的に保護することは必要であるが，たとえば求職にあたって互いに競合する可能性があるなど，彼／彼女たちを保護することですでに保護されているほかのグループに及ぶ影響を考慮しなければならないと指摘している（Hamermesh 2011=2015）．

● 文　献

Andrews, Jonathan D., 2006, "Reconciling the Split: Affording Reasonable Accommodation to Employees "Regarded as" Disabled under the ADA: An Exercise in Statutory Interpretation," *Penn State Law Review*, 110: 977-1001.

Degener, Theresia, 2006, "The Definition of Disability in German and Foreign Discrimination Law," *Disability Studies Quarterly*, 26(2), online.

Dudley, Allen, 1999, "Rights to Reasonable Accommodation under the Americans with Disabilities Act for "Regarded as" Disabled Individuals," *George Mason Law Review*, 17(2): 389-417.

古郡鞆子，2012，「肥満が雇用・賃金・生産性に与える影響と体重差別」『大原社会問題研究所雑誌』647・648：48-58

Hamermesh, Daniel S., 2011, *Beauty Pays: Why Attractive People Are More Successful*, Princeton University Press. (=2015, 望月衛訳『美貌格差──生まれつき不平等の経済学』東洋経済新報社)

Hughes, Bill & Kevin Paterson, 1997, "The Social Model of Disability and the Disappearing Body: Towards a Sociology of Impairment," *Disability & Society*, 12(3): 325-340.

川島聡・西倉実季，2013，「容貌の損傷と合理的配慮──ADA の障害学的検討」『海外社会保障研究』182：53-62

川島聡，2014，「杉野昭博氏の書評に応えて」『障害学研究』10：226-233

厚生労働省，2013，「障害者の雇用の促進等に関する法律の一部を改正する法律の概要」(http://www.mhlw.go.jp/file/06-Seisakujouhou-11600000-Shokugyouanteikyoku/0000121387.pdf)

LGBT 法連合会，2015，「性的指向および性自認等による差別の解消，ならびに差別を受けた者の支援のための法律に対する私たちの考え方──困難を抱える LGBT の子どもなどへの一日も早い差別解消を」(http://lgbtetc.jp/news/92/)

松井彰彦，2011，「『ふつう』の人の国の障害者就労」松井彰彦ほか編『障害を問い直す』東洋経済新報社：165-194

内閣府，2012，『平成 24 年版 障害者白書』

内閣委員会，2013，第 183 回国会参議院内閣委員会第 13 号 (http://kokkai.ndl.go.jp/SENTAKU/sangiin/183/0058/18306180058013a.html)

西倉実季，2011，「顔の『異形』は障害である──障害差別禁止法の制定に向けて」松井彰彦ほか編『障害を問い直す』東洋経済新報社：25-54

西倉実季，2015，「公／私の境界を引き直す──個人的な経験を排除しない『障害の社会モデル』であるために」『質的心理学フォーラム』7：58-65

Rhode, Deborah L., 2010, *The Beauty Bias: The Injustice of Appearance in Life and Law*, Oxford University Press. (=2012, 栗原泉訳『キレイならいいのか──ビューティ・バイアス』亜紀書房)

Ring, Kristopher J., 2006, "Disabling the Spilt: Should Reasonable Accommodations Be Provided to "Regarded as" Disabled Individuals Under the Americans with Disabilities Act (ADA)?," *Washington University Journal of Law & Policy*, 20: 311-373.

障害者政策委員会差別禁止部会，2012，「『障害を理由とする差別の禁止に関する法制』に

ついての差別禁止部会の意見」
（http://www8.cao.go.jp/shougai/suishin/seisaku_iinkai/pdf/bukai_iken1-1.pdf）
立岩真也，2014，「障害者差別禁止の限界と可能性」立命館大学生存学研究センター編『日韓研究交流活動 2013 報告書』：17-25
Zola, Irving Kenneth, 1989, "Towards the Necessary Universalizing of a Disability Policy," *The Milbank Quarterly*, 67(Suppl.2, Pt. 2): 401-428.

第8章

合理的配慮をめぐるジレンマ
アクセスとプライバシーの間

● 西倉 実季

1 障害の開示という問題

　合理的配慮を提供するプロセスは，事後的，個別的，対話的な性格をもつ（本書第2章）。まずは障害者がそれぞれの状況に応じて配慮を求め，相手側はそのあとで，障害者との話合いをもとに適切な対応を講じるというプロセスを辿るのである。合理的配慮のこうした性格上，障害者が職場や学校などでそれを得るには，自分に障害があることを事業者・事業主に知らせたうえで必要な配慮を要求しなければならない。つまり，障害を開示することは，合理的配慮を得るための必要条件なのである。

　ところが，障害の種類によっては，就労機会の獲得・維持に悪影響を及ぼすなど，開示することが障害者本人にとって不利に働きかねないものもある。偏見や差別にさらされやすく，かつ外見上わかりにくい障害をもつ人びとの多くが，障害を開示せずに就労している現状からも，このことは容易に想像できるだろう。ひとつ例をあげれば，全国のハローワークを利用して一般求人に応募し就職した精神障害者の約6割は，障害を開示せずに働いているという（高齢・障害者雇用支援機構障害者職業総合センター 2010)。[1]

　合理的配慮は確かに，障害者が教育を受けたり就労したりすることを阻んでいる社会的障壁を除去し，そうした社会活動へのアクセスを可能にするもので

ある。しかし，障害を開示して必要な配慮を申し出たり実際に配慮を受けたりすることによって，障害者は別の問題に直面するおそれがあるのだ。障害者の機会平等を実現していくにあたり，合理的配慮の法制化は決してゴールではなく，むしろ新たな火種になりうる。

本章で焦点を当てるのは，それを得なければ教育や就労などの社会活動にアクセスすることができないが，得ればプライバシーが侵害される場合があるという合理的配慮のジレンマである。このジレンマは，外見上わかりにくい障害をもつ人びとへの合理的配慮においてとりわけ問題となる。障害が外見上わかりやすいかどうかは，その人が障害をもっていることを他者が認知する手がかりが障害そのものやそれに関連するものにどの程度備わっているかによる。たとえば，車いすや白杖のユーザであればそれらが目印となって障害者であることが一目瞭然であるのに対して，一部の聴覚障害者や精神障害者の場合，すぐにそうとは気づかれない。よって，前者には自分に障害があることを他者に知らせるかどうかを選択する余地はほとんどないが，後者にはその選択肢が残されていることになる。以下では，外見上わかりにくい障害を「見えない障害」と呼び[2]，その例として主に精神障害と聴覚障害を取り上げる。

本章の構成をあらかじめ述べておこう。まず，見えない障害をもつ人びとが必要な合理的配慮を申し出る段階で生じる問題について，「スティグマ」という概念を用いて検討していく（第2節）。次に，見えない障害をもつ人びとが合理的配慮を受ける段階で生じる問題について検討し，配慮提供にあたっては受け手のプライバシーを尊重する必要があることを確認する（第3節）。ただし，合理的配慮を受ける障害者のプライバシーを最大限に尊重しようとしてもなお解決されないジレンマ——社会活動へのアクセスを追求すればプライバシーが侵害され，プライバシーを擁護すれば社会活動へのアクセスが制限されるというジレンマ——があることを指摘する（第4節）。最後に，この章の論点をまとめ，合理的配慮の提供をめぐって残された課題を整理する（第5節）。

2 申出段階での問題
● 障害の開示とスティグマ

スティグマとは，他者の否定的な態度や行動を引き起こす属性や特徴をさす。ただし，社会学者のアーヴィング・ゴフマンの議論によれば，ある属性や特徴がスティグマになるかどうかは文脈次第である（Goffman 1963=1970）。よって，目を向けなければならないのは，属性や特徴そのものではなく，それらがスティグマとして生起する社会的文脈である。

見えない障害をもつ人びとは，ゴフマンのいう潜在的スティグマ者であり，スティグマに関する情報をどのように処理するかという難題に対処しなければならない。見えない障害をもつ人びとにとって，障害の開示――障害があることを他者に知らせるかどうか，知らせるとしたらいつ，誰に，どのように知らせるか――は避けて通れない問題なのである[3]。

ここまで，「障害の開示」という言葉を定義することなく使ってきた。「自分に障害があることを他者に知らせる」とひと言でいっても，職場を例にあげれば，管理者や責任者といった立場の人に限定して知らせるのか，同僚などのより身近な人びとにまで知らせるのか，あるいは親しい同僚にだけ知らせるのか，開示の範囲はさまざま考えられる。障害の開示に関するこれまでの研究は，その範囲をはっきり区別することなく，「職場の人びと」とひとくくりに議論してきたところがある。しかし，合理的配慮の法制化に伴い，「職場の人びと」を少なくとも事業主とそれ以外の人に分けて考える必要性が生じてきた。障害者雇用促進法（以下，雇用促進法）の合理的配慮指針によれば，事業主は合理的配慮に関わる相談者のプライバシーを保護するために必要な措置を講じなければならない（「第6 相談体制の整備等」3）。合理的配慮に関わる相談内容はプライバシーに関わるため，相談を受けた事業主は情報の扱いに留意することが求められているのである。つまり，事業主に開示すれば自動的にそれ以外の人びとにも知られるわけではないのであって，開示の範囲を区別して考えていく必要があるのだ。この節で検討するのは，障害者が必要な合理的配慮を申し出る段階での問題であるため，事業主に知らせるという意味での障害の開示に焦点を絞っていこう。

冒頭で指摘したように，精神障害者の多くが障害を開示せずに，つまり事業主に必要な合理的配慮を申し出ることなく就労している。それはなぜかといえば，スティグマ付与をはじめ，周囲の否定的反応を引き起こしてしまうのではないかと心配しているからであり，より具体的にはそれらが仕事に悪影響を及ぼすのを危惧しているからである (Dalgin & Gilbride 2003)。事業主への開示の際に生じうる仕事への悪影響としては，賃金や昇進などで不利な扱いを受けること，不採用になったり離職させられたりすること，あるいはハラスメント被害に遭うことなどがあげられるだろう。これらに対する恐怖心から，多くの精神障害者は障害を開示しないことを選択していく。

　しかし，障害を開示していないことによって，精神障害者はとくに仕事を継続していくうえで深刻な問題を抱えることになる（山村 2011）。たとえば，障害を開示していないために早退や遅刻，休暇取得ができず，医療・福祉サービスを受けることの中断を余儀なくされ，結果的に症状が悪化してしまう場合がある。また，障害を開示していないがゆえに本人の力量を超えた仕事を任せられ，過度のプレッシャーに苦しむことになり，それがもとで離職に追い込まれてしまう場合がある。このように，障害の非開示は就労上の困難をもたらす直接的・間接的な要因になっているという。仕事を継続していくにあたって必要な配慮がなされるのは障害を開示していることが前提である以上，精神障害者が障害を開示して働ける社会環境の整備は緊要な課題である。

　もちろん，「障害者を差別してはいけない」ということは常識としてすでに浸透しているといってよいだろう。しかし，こうした一般論では，何が差別にあたるのかについての判断がそれぞれの主観に委ねられることになり，人びとの具体的な行動規範にはなりえない（東 2012）。これに対して，何が差別であり合理的配慮なのか，一定の目安を一般社会に提供するのが障害者差別解消法であり雇用促進法なのである。精神障害者を含む見えない障害をもつ人びとが障害を開示できる社会環境を整えるには，これらの法律を最大限に活用しない手はない。具体的には，障害を理由に採用を拒否したり，賃金や昇進などで不利な扱いをしたり離職を求めたりすることは差別であるという認識を社会に定着させていくのである。雇用促進法は，事業主の義務内容として，①募集や採用において，障害者に対して健常者と均等の機会を与えること（34条），②賃

金の決定，教育訓練の実施，福利厚生施設の利用その他の待遇について，障害者であることを理由とする不当な差別的取扱いをしてはならないこと（35条）を定めている。事業主がこのような義務を守らないことは差別にあたるのであり，差別を受けた障害者には救済のための法的手段が準備されている。精神障害者を含む見えない障害をもつ人びとが仕事への悪影響を恐れずに障害を開示することができ，必要な合理的配慮を申し出ることができるためには，これらを社会に周知させていかなければならない。あまりにも正攻法ではあるが，障害を理由とした差別を禁止する法律を日本がようやく手にした今，これは欠かせない取組である。

　一方，事業主への開示の際に生じうるハラスメント被害については，現状では課題として積み残されている。なぜなら，言葉や態度による侮蔑といったハラスメントは差別行為として規定されていないからである。もちろん，雇用促進法の「差別禁止指針」が定める事業主の啓発が進めば，ハラスメント被害についても一定程度の解消が見込めるだろう。しかし，障害に関連するハラスメントは障害者に均等な機会を与えないことと実質的に同じ効果をもたらすことを考えれば，イギリス平等法やオーストラリア障害者差別禁止法のように，雇用主が求職者や被雇用者にハラスメントを行うことを禁止する必要がある。[6]

　ただし，採用の拒否や不当な差別的取扱いは差別であるという認識が社会に定着し，ハラスメントの禁止が法律に盛り込まれたとしても，見えない障害をもつ人びとが障害を開示するとは限らない。これを示唆しているのは，実際に差別を受けた経験はないにもかかわらず，障害を開示しないことを選択している精神障害者が少なくないという調査結果である（Bishop & Allen 2001，山村 2011）。こうした現実を障害者の単なる「思い込み」に回収することなく理解するには，他者によって「行使されるスティグマ（enacted stigma）」と潜在的スティグマ者によって「感受されるスティグマ（felt stigma）」とを区別することが有効だろう。差別行為をはじめとする他者の否定的反応が，実際に態度や行動で示されたという意味で「行使されるスティグマ」であるのに対して，「感受されるスティグマ」とは，スティグマが行使されるのではないかという恐怖心や障害者であることへの羞恥の感情を含むより複雑なものである（Scambler & Hopkins 1986）。

事業主の法的義務を明確化し、啓発を推進していくという方法は、行使されるスティグマに対してはある程度効果的ではあるが、感受されるスティグマを解消することはできない。なぜなら、たとえ障害を理由とする差別が禁止されたとしても、「障害のことを知られたら差別されるかもしれない」という恐怖心までが完全になくなるわけではないからである。ましてや、「人に知られるのは恥ずかしい」「障害のことは隠しておきたい」といった個人の感情や態度は、差別禁止というアプローチでは及ばない問題である。

　とはいえ、こうした感情や態度を社会とは無関係な個人的な問題として理解するのは適切ではない。フェミニスト障害学の論者であるキャロル・トーマスがそれらを「ディスアビリティの心理的・情緒的次元(psycho-emotional dimensions of disability)」(Thomas 1999: 46)と概念化したように、身体的差異に関係した感情や態度はすぐれて社会的なものだからである。インペアメントに対して否定的な意味づけがなされない社会であれば、そうした感情や態度は生じないのであって、まさにゴフマンが指摘するとおり、ある属性や特徴が感受されるスティグマを生起させるかどうかは社会的文脈次第である。

　たとえ感受されるスティグマが社会的なものであり、この意味で可変的であるとしても、感受されるスティグマゆえに開示に踏み切れないということは十分考えられる。障害を開示して必要な合理的配慮を申し出られないということは、ニーズは存在するのにそれが満たされないまま、つまり社会的障壁が放置された状態で就労の機会を獲得・維持しなければならないことを意味する。

3　配慮提供段階での問題①
● 方法のまずさからくるプライバシーの侵害

　事業主に障害を開示し、必要な合理的配慮を無事に申し出ることができたとしても、その先に待ち構えている問題がある。そこで次に、見えない障害をもつ人びとが合理的配慮を受ける段階で生じる問題について考えていこう。

　以下の仮想事例は、いずれも感受されるスティグマが生起する状況を示そうとしたものである。従来のスティグマ論においては、行使されるスティグマこそがスティグマ者の苦悩の核心であるとされてきた。しかし、スティグマはい

まだ行使されていないにもかかわらず感受されているがゆえに合理的配慮の受け控えとも呼べるような状況が起こりうることを考えれば，問題が根深いのはむしろこちらのほうではないだろうか。具体例として取り上げるのは，大学における聴覚障害のある学生への合理的配慮の提供である。

　講義形式の授業では，教員の話を聞いたりテキストや配付資料を読んだりなど，履修学生が情報を取り入れ，それを理解することが重要な要素となる。そのため，聴覚障害のある学生が授業に参加するには，音声情報を手書きによって書き起こすノートテイクやパソコンを用いてそれを入力していく文字通訳，または手話通訳が必要になる場合がある。これらは，聴覚障害のある学生がほかの学生と同じように学ぶ権利を保障するための合理的配慮である。こうした合理的配慮を提供する障害学生支援として，学生ボランティアなどによるパソコン通訳制度を導入している大学がある[7]。ここでは，聴覚障害のある学生がパソコン通訳の提供を受ける段階で生じうる問題について，いくつかの仮想事例をもとに考察を進めていこう。

事例1　X大学に入学した聴覚障害のある学生Aさんは，パソコン通訳制度を利用することになった。X大学の障害学生支援課は，ノートテイクやパソコンによる文字通訳を担当する学生サポートスタッフに，ユニフォームとしておそろいのジャンパーを着用させている。なぜユニフォームを取り入れているかというと，それによってサポートスタッフであることを提示し，教員に間違えて指名されたり私語を注意されたりするのを避けるためである。Aさんの支援にあたっても，担当のサポートスタッフはジャンパーを着用して臨んだ。パソコン通訳が提供される環境を得ることができ，期待に胸を膨らませて入学したAさんであったが，次第に支援を受けるのをやめようかどうか悩むようになった。というのは，サポートスタッフのジャンパーのせいで，教室の中に支援を受けている学生がいるということ——Aさんにしてみれば，自分に聴覚障害があるということ——が周囲の学生に知られてしまうためである。親しい友人たちには自分の障害のことを打ち明けているAさんであるが，不特定多数の人に知られるのには抵抗がある。そのため，パソコン通訳制度を利用せずに講義を受けることを考え始めるようになった。

事例2 同じX大学でパソコン通訳制度を利用している聴覚障害のある学生Bさんは，自分の障害について周囲の学生たちに知られることにあまり抵抗はない。しかし，パソコン通訳のサポートスタッフがユニフォームのジャンパーを着用して支援に臨むため，教室の中で注目の的となり，新学期はとくに居心地の悪さを感じたり気詰りを覚えたりすることがある。

　事例1は，聴覚障害は見えない障害であるにもかかわらず，配慮提供のされ方がそれを受けている人の障害の存在をはっきり目に見える形にしてしまった事例である。これまで潜在していた障害が露呈して他者に知られるという意味で，これを「障害の顕在化」と呼ぼう。事例2は，同じく配慮提供のされ方によって，他者と居合わせる場面で利用学生の障害が注目を集めてしまった事例である。障害が社会的相互作用の焦点になるという意味で，これを「障害のスポットライト化」と呼ぼう。

　2つの事例が示しているのは，利用学生にとって必要な合理的配慮を提供するという結果は達成できているが，そのための方法が不適切な状態である。つまり，学ぶ権利を保障すること自体はできているものの，配慮提供のされ方に課題を残しているのだ。提供のされ方によっては障害の顕在化やスポットライト化が引き起こされるとすれば，障害学生支援制度を利用しないという選択につながるかもしれない。確かに，授業内容を理解して単位を取得するには支援が必要である。しかし，自分の障害が人に知られてしまったり注目の的になったりするのは避けたいので，不利益を被ることはわかっているが，支援を受けるのはあきらめよう。最終的にはこうした選択がなされ，障害学生のニーズが満たされないまま放置されるおそれがある。

　ここまでの検討を踏まえると，合理的配慮を提供するにあたっては，単に機能的なニーズを充足させるだけでなく，障害者のプライバシーを考慮することが求められていることがわかる。障害学生支援におけるパソコン通訳制度の利用についていえば，音声による情報の代替が提供されさえすれば事足りるわけではない。利用学生が聴覚障害者であることを周囲に知られないような，あるいはいたずらに注目を集めたりしないような配慮提供を検討しなければならないのだ。

私たちは，家族，学校の友人，職場の同僚，あるいは見知らぬ他者などと多様な社会関係を結んで生活しており，それぞれの関係ごとに相手から特定の役割を期待され，自分もその役割を遂行しようとする。ただし，私たちはただ単に相手からの役割期待に沿って行動するのではなく，相手に呈示したい自己のイメージを主体的に形成し，それを演じてみせることもある（Goffman 1959=1974）。たとえば，家庭では「従順な子ども」でありながら，同時に学校では「自己中心的なリーダー格」であるというように，それぞれの社会関係において自己イメージを使い分けているのである。プライバシーが擁護されているとは，多様な社会関係に応じてさまざまな自己イメージを自由に使い分けできる状態をいう（棟居 1992）。

　こうした考え方に基づくと，障害の顕在化やスポットライト化を引き起こすような配慮提供のされ方は，障害者が社会関係の多様性に応じてさまざまな自己イメージを使い分ける自由を脅かしているという意味で，プライバシーの侵害にあたる。なぜなら，障害者が望んでいないにもかかわらず障害のことが他者に知られたり注目を浴びたりしたとき，その社会関係において，本人の意図しない自己イメージが形成されてしまうからである。AさんやBさんは，確かに障害学生支援課やサポートスタッフとの関係においては「支援を必要としている障害学生」ではあるが，講義中は「みんなと変わらない大学生」でありたいと考えていたとしよう。ところが，障害の顕在化やスポットライト化が起こることで，講義を受けるにあたっても「支援を必要としている障害学生」という別の社会関係におけるイメージが持ち込まれてしまったわけである。これは，講義を受けている最中に別の社会関係におけるイメージが割り込んできたという意味で，プライバシーが侵害されている状態である。もちろん，自分が呈示したいイメージを相手が常に受け入れるとは限らないので，自己イメージはまったく自由に使い分けられるわけではないけれども，配慮提供のまずさゆえ，極端な形でその使い分けができなくなることがあるのだ。

　合理的配慮を受ける障害者のプライバシーについては，日本に先駆けて障害者差別禁止法を取り入れた国でも問題になっている。たとえば，イギリス平等法の高等教育に関する行為準則は，障害のある学生は自分の障害について秘密裏に扱うことを学校側に要求する権利があると定めている（Equality and Human

Rights Commission 2010)。そのうえで，ある配慮が「合理的」かどうかを判断するときには，学校側は配慮提供が学生のそうした意向とどの程度合致しているかを重視しなければならないとしている。これが意味しているのは，秘密保持のためには合理的配慮は通常とは違うやり方で提供されなければならない場合があるということだ。

行為準則が示しているのは次のような例である。文字サイズを16ポイントに拡大したテキストであればはっきり読むことができる視覚障害のある学生がおり，彼は自分の障害のことを決して漏らさないように要求しているとしよう。通常の合理的配慮であれば，指導教員は拡大印刷したハンドアウト（プリント）を授業の冒頭で配付するが，学生が自分の障害のことをほかの受講生に口外したり障害に注目が集まったりするようなことはしないでほしいと依頼したため，指導教員は事前にハンドアウトを渡すことに同意した。こうした配慮提供によって，学生は前もって目を通してくることができ，授業中に拡大印刷したものを読んでいるところを見られずにすむようになる。このような方法で配慮提供がなされれば，本人の意向に反した障害の顕在化やスポットライト化は回避でき，学生は自己イメージの使い分けができるだろう。

4 配慮提供段階での問題②
● アクセスとプライバシーのジレンマ

ただし，利用学生のプライバシーを尊重した配慮がなされれば，配慮提供の段階での問題がすべて解決するわけではない。依然として残る問題があることを確認するために，引き続き仮想事例をもとに考えていこう。

事例3 X大学で同じくパソコン通訳制度を利用している聴覚障害のある学生Cさんが，自分に障害があることが教室のほかの学生に知られるのが苦痛なので，ジャンパーは着用しないでほしいと担当部署に申し出た。担当の職員はサポートスタッフとCさんが受講する授業の教員に事情を説明したうえで，ジャンパーの着用を取りやめた。その結果，目立つユニフォームを身につけたサポートスタッフがすぐ隣に座っている状況と比較すれば，障害が顕在化する

機会はずいぶんと減少した。しかし，サポートスタッフを伴い，ほかの学生はそれほど使用していないパソコンを持ち込んで受講していることから，パソコン通訳制度を利用している障害学生だと気づかれることがある。はっきりと気づかれるまではないにしても，いぶかしげな視線を向けられて居心地の悪さを感じたり気詰りを覚えたりしてしまう。

事例4　Y大学のこれまでの障害学生支援においては，障害の顕在化やスポットライト化が起こって利用学生がいやな思いをし，支援を受けるのを躊躇してしまう事例がいくつか確認できた。利用学生への聞き取りを交えながら担当部署が検討を重ねた結果，障害の顕在化やスポットライト化を回避しようと，希望者には遠隔でのパソコン通訳を導入することになった。近年の遠隔通信技術の発達と使用機材の小型化は，情報保障が着実に行われながら，障害者本人のみならず周囲の人びとも障害の存在を意識する必要のない状態を可能にしつつある（中野 2012）。そのひとつが，モバイル型遠隔情報保障システムである。[8]このシステムにおいては，まず話者（大学の授業であれば教員）にBluetoothマイクを付け，利用者にはiPhoneを持ってもらう。そして，マイクを通して得られた音声情報をiPhoneからパソコン通訳者の携帯電話に伝え，通訳者はそれを字幕化する。字幕化されたデータはウェブサーバ機能のあるパソコンに送られ，それを利用者がiPhone付属のウェブブラウザSafariから取得し，表示するのである（三好 2010）。こうしたシステムを利用することで，パソコン通訳者がそばにいる場合に比べれば，障害の顕在化やスポットライト化は起こりにくくなった。ただし，その一方で，遠隔通信であるゆえ字幕が表示されるまで以前よりも時間がかかり，授業の内容を同時進行的に理解することができない場面も出てきた。

　前節の事例は，利用学生にとって必要な合理的配慮を提供するという結果は達成できているが，そのための方法が不適切な状態であった。これに対して事例3は，利用学生にとって必要な合理的配慮を提供するという結果を達成できており，なおかつそのための方法も適切な状態である。配慮提供のされ方に問題があって障害の顕在化を招いているのではなく，配慮提供そのものに障害の

存在を明らかにしてしまう要素が含まれているため，いかに適切な方法で提供されようとも，障害の顕在化は避けられないのである。こうした問題は，パソコン通訳よりも手話通訳に典型的に現れると考えられる。手話通訳者は，教員のほうに視線を向ける利用学生の視界に入る場所に位置取りする必要があるので，教壇から近いところに立つことになる。そのため，利用学生には聴覚障害があることがほかの学生にすぐにわかってしまうが，かといってそれ以外の方法を採用することができるかというときわめて難しい。このように，配慮提供のされ方ではなく配慮提供そのものが，利用学生に障害の顕在化という不利益をもたらす場合もあるのだ。

　事例4においては，障害の顕在化やスポットライト化を引き起こさないという課題は克服できている。ただし，非遠隔型のパソコン通訳に比較すると，遠隔通信であることによるタイムラグや情報漏れが生じるおそれがある（中野 2012）。障害の顕在化やスポットライト化を回避することと引き換えに，情報を保障するという合理的配慮の機能が低下しているわけである。障害の顕在化やスポットライト化を甘んじて受け入れ，少しでもタイムラグを縮めて情報量を増やすか，あるいは障害の顕在化やスポットライト化を回避するためにより質の高い情報保障を諦めるか。Y大学の利用学生は，こうした葛藤を抱えることになるかもしれない。

　合理的配慮の機能という観点からすると，イギリス平等法の行為準則があげている例にも事例4と同様の問題が潜んでいる。確かに，教員から事前にハンドアウトが配付され，それを持参せずに授業に臨めば，視覚障害のある学生はほかの受講生に自分の障害が知られるのを避けることができるだろう。しかし，拡大印刷したハンドアウトを手元に置いて受講するのに比べれば，授業の理解度はいくぶんか落ちてしまうのではないだろうか。たとえ前もってハンドアウトに目を通してきたとしても，授業が教員と学生とのコミュニケーションであり，その場での偶発的なやり取りを必然的に含むものである以上，事前の備えだけでは補い切れないからである。この場合も，障害の顕在化を回避することと引き換えに，情報を保障するという合理的配慮の機能は低下せざるをえない。[9]

　これらの事例が示しているのは，社会活動へのアクセスを追求すればプライバシーが侵害され，プライバシーを擁護すれば社会活動へのアクセスが制限さ

図 8-1 合理的配慮をめぐるジレンマ

社会活動にアクセスできるが
プライバシーは侵害される

プライバシーは擁護されるが
社会活動にアクセスできない

れるというジレンマである（図8-1）。もちろん，CさんにしてもY大学の学生にしても，ほかの学生と同じように授業に参加することはできており，この意味で社会活動へのアクセスは外形的には達成できている。しかし，重要なのはアクセスそれ自体ではなく，その質である。居心地の悪さを感じたり気詰りを覚えたりしながら，あるいは効果が減退した情報保障を受けながら受講している状態では，社会活動に十全にアクセスできているとはいえないだろう。

5　それでも残る課題

　第2節と第3節での検討を踏まえ，配慮提供のされ方に関して留意しなければならないことを，合理的配慮を構成する要素のうち「個々のニーズ」，「社会的障壁の除去」そして「意向の尊重」に着目してまとめておこう（本書第1章，第2章）。個々のニーズが意味しているのは，不特定の場面における障害者一般のニーズではなく，特定の場面における障害者個々人の具体的なニーズであった。社会的障壁の除去とは，障害者が生活するうえで支障となる外的な要因の変更・調整である。そして，「意向の尊重」にはプライバシー保護の意向

も含まれうる。

　合理的配慮がこうした要素を含み込んだ概念であるならば，配慮提供において障害者のプライバシーを最大限に考慮することはむしろ当然である。というのは，たとえば大学の物理的環境や履修のルールを変更してほしいという合理的配慮の「内容」のみならず，配慮をどのように提供してほしいかという「方法」もまた，個々人で異なりうるからだ。また，障害の顕在化やスポットライト化が引き起こされるような配慮提供がなされるとき，障害者は合理的配慮を得るのを躊躇して社会活動へのアクセスを断念してしまう場合があることを考えると，それは障害者が生活を営むうえで障壁となるものを除去しているとは到底いえないだろう。本人が自己イメージをコントロールしたいと思っているにもかかわらず，提供者側の「合理性」——たとえば，配慮提供に伴う金銭的・時間的・人的コストを抑制することや習慣・慣例を保持すること——を優先させて，障害が知られてしまったり注目を集めてしまったりするような配慮提供をするとしたら，それは社会的障壁の除去という要素に反するはずである。プライバシー保護という意向を尊重していないことはいうまでもない。

　合理的配慮は，社会活動へのアクセスという重要な価値を担保するものである。その一方で，私たちにとって同じように大切な価値として個人のプライバシーがある。社会活動へのアクセスを追求することがプライバシーの侵害を帰結してしまわないためには，配慮提供の方法を含めて個々のニーズに応じた変更・調整がなされなければならない。

　ただし，障害者のプライバシーを最大限に尊重しようとしてもなお解決されない問題は残る。第1に，感受されるスティグマが原因で障害の開示ができず，必要な合理的配慮を申し出られないということがありうる。障害者のプライバシーが問題となる配慮提供の段階に，そもそも至らないのである。社会的障壁が温存され，社会活動への十全なアクセスが長期的に閉ざされるという意味で，これはきわめて深刻な問題である。

　第2に，配慮提供のされ方ではなく，配慮提供そのものが障害の顕在化やスポットライト化を不可避的に引き起こしてしまうことがありうる。この場合，障害者のプライバシーをどれほど尊重しようとも，配慮提供がなされる限り，障害の顕在化やスポットライト化は避けられない。社会活動へのアクセスを追

求すればプライバシーが侵害され，プライバシーを擁護すれば社会活動へのアクセスが制限されるというジレンマを完全に解消することはできないのである。

　第3に，障害者のプライバシーをめぐって，とりわけ事業主が直面する困難についても指摘しておく必要があるだろう。障害をもつアメリカ人法の施行ガイダンスは，障害のある従業員が合理的配慮を受けていることを，雇用主はほかの従業員に話してはならないとしている（EEOC 2002=2005）。なぜなら，それはその従業員に障害があることを知らせることになってしまうからである。一方，日本の合理的配慮指針では，配慮の事例として「本人のプライバシーに配慮した上で，他の労働者に対し，障害の内容や必要な配慮等を説明すること」がすべての障害区分についてあげられており（別表），アメリカのようなプライバシー保護を重要課題とする考え方はとっていない。また，事前のヒアリングでは，合理的配慮指針に盛り込むべき内容として，上司や同僚を含めた障害特性への理解や職場全体での対応体制を求める障害者団体が多かったことや，障害者を雇用するにあたっての課題として「従業員が障害特性について理解することができるか」と回答している事業主が少なくなかったことからも（厚生労働省 2014），プライバシー保護の徹底は現実的ではないだろう。

　こうした中，障害者本人が事業主以外には知られたくないという場合，事業主は難しい立場に置かれることになる。知られたくないという本人の意向を尊重するのはいうまでもないが，そのために障害特性へのほかの従業員の理解は進まず，結果的に障害者を雇用することが困難になってしまう。また，とくに見えない障害をもつ従業員に合理的配慮を提供することが，えこひいきやそれ以外の従業員に対する逆差別という印象を与えてしまうかもしれない。障害のある従業員のプライバシーを擁護するには，その人が合理的配慮を受けていることを口外できないが，かといって何も説明しなければほかの従業員の不満や「ずるい」という感情を招きかねない。これらは実際にアメリカで浮上した問題である（Frierson 1992）。

　合理的配慮の法制化を最終目標と見なすことは，これらの課題を見落とすという意味で問題をはらんでいる。そこには，必要な配慮を申し出られずにいる人びとに対する目線もないし，配慮提供が障害者に不利益をもたらすおそれがあるという発想もない。上記の課題を一朝一夕で解決することはできないが，

少なくとも合理的配慮は万能でないという認識のもとで慎重に運用していくことが求められている。

● 注

1) この調査では，ハローワークの求人種類を「一般求人」「障害者求人」「A型・福祉工場」の3種類に分けている。A型・福祉工場は「福祉的就労」の範疇に入るが，労働基準法などの労働関係法規が適用されれば，ハローワークの紹介先になる（高齢・障害者雇用支援機構障害者職業総合センター 2010）。
2) 「見えない障害」とは，「難病，内部疾患，発達障害など，社会で認知されず，福祉政策でも『制度の谷間』に落ち込み，サポートが受けにくい」「目に見えない」障害や痛みを表現する言葉である（私のフクシ．http://watashinofukushi.com/）。「見えない」には社会的な認知が低いという意味も込められているが，ここでは，字義どおり障害が外見上わかりにくいという意味に特化して使用する。
3) 精神障害と聴覚障害など，同じように見えない障害であっても，それに対する他者の態度や行動には違いがある。さらに，同じ障害であっても，自分の障害について他者に知らせることに対してはさまざまな考え方がありうる。個人的要因にしてもスティグマを生み出す社会的要因にしてもバリエーションがあるため，見えない障害をもつ人にとって障害の開示がどの程度問題になるかは一概にはいえない。ただし，現在の日本の状況では，聴覚障害に比べて精神障害のほうがよりスティグマに転化しやすいといえるだろう（中根ほか 2010）。
4) 統計調査によって精神障害（者）に対する一般の人びとの意識を検討したものとしては，山崎監修（2012）がある。これによると，うつ病は自傷行為に，統合失調症は他害行為に結びつけて考えられがちであるという。
5) 障害を開示した精神障害者の中には，賃金や昇進などでの不利な扱いを「開示したことによるデメリット」として感じている人がいる（吉田ほか 2007）。この調査では，「採用前に事前に知らせた」と答えた「事前開示群」と「採用後に自分から知らせた」「採用後に知られた」と答えた「事後開示群」を区別しているが，事前開示群の19％，事後開示群の13％が賃金や昇進などで不利な扱いを受けたと回答している。なお，ここでは事業主への開示の際に生じうる問題に限定したが，より身近な人びとへの開示をめぐっては，絶えず監視されたり同僚から孤立したりするのではないか，躍起になって周囲に自分の価値を証明しなければならないのではないかという懸念が見られる（Dalgin & Gilbride 2003）。
6) 第17回障がい者制度改革推進会議差別禁止部会（2012年4月27日）では，ハラスメントの禁止を法律に含めるかどうかが議論された（http://www8.cao.go.jp/shougai/suishin/kaikaku/s_kaigi/b_17/giji-youroku.html）。障害に関連したハラスメントに関しては，「障害のある人もない人も共に安心していきいきと暮らせる京都づくり条例（仮称）」案（2015年4月，「京都府 障害のある人もない人も共に安心していきいきと暮らしやすい社会づくり条例」として施行）へのパブリックコメントに対して，「禁止事項

にハラスメントを入れるべき」といった意見が寄せられている（http://www.pref.kyoto.jp/shogaishien/bosyukekka.html）。
7) 日本学生支援機構によると，全国780大学のうち「聴覚・言語障害」のある学生に授業支援を実施しているのは255校である。支援内容別にみると，「ノートテイク」は150校（授業支援実施校のうち58.8%），「パソコンテイク」は104校（同40.8%），「手話通訳」は57校（同22.4%）が実施している（日本学生支援機構 2015）。
8) 構築したのは，筑波技術大学の三好茂樹である。システムの詳細については，「携帯電話を活用した聴覚障がい者向け『モバイル型遠隔情報保障システム』」（http://www.tsukuba-tech.ac.jp/ce/mobile1/index.html）を参照。
9) 行為準則においても，秘密保持の要求によって満足のいかない合理的配慮が提供されるか，あるいは配慮がまったく提供されない場合もあることは指摘されている。たとえば，治療のために休暇を取らなければならないHIV（ヒト免疫不全ウイルス）感染症の学生がいたとする。学科のコーディネーターは，休んだ分の遅れを取り戻せるように，指導教員に補講を依頼してはどうかと勧めたが，指導教員に病気を知られたくない学生はこの配慮提供を拒否したため，代替案として余分に講義ノートをもらえることになった。この配慮によって秘密は守られるが，その効果は本来よりも劣る（Equality and Human Rights Commission 2010）。
10) ただし，「上司・マネジャーは従業員の職務上または責任上の制約，及び必要な『配慮』について知ることができる」などの例外はある。また，「雇用主は従業員から，同僚が『異なる』または『特別な』処遇を受けていると思われる理由を聞かれた場合，職場で問題を抱えている従業員を支援する方針を強調することによってその質問に答えることができる」とされている（EEOC 2002=2005）。
11) 「第3回 改正障害者雇用促進法に基づく差別禁止・合理的配慮の提供の指針の在り方に関する研究会 資料」（http://www.mhlw.go.jp/stf/shingi/0000027651.html）を参照。

● 文　献

Bishop, Malachy L. & Chase Allen, 2001, "Employment Concerns of People with Epilepsy and the Question of Disclosure: Report of a Survey of the Epilepsy Foundation," *Epilepsy & Behavior*, 2(5): 490–495.

Dalgin, Rebecca Spirito & Dennis Gilbride, 2003, "Perspectives of People with Psychiatric Disabilities on Employment Disclosure," *Psychiatric Rehabilitation Journal*, 26(3): 306–310.

Equal Employment Opportunity Commission (EEOC), 2002, *Enforcement Guidance: Reasonable Accommodation and Undue Hardship under the Americans with Disabilities Act*. (=2005, 高齢・障害者雇用支援機構障害者職業総合センター訳『ADAに基づく合理的配慮及び過度の負担に関する雇用機会均等委員会施行ガイダンス（2002）』〔資料シリーズNo.34『米国における障害者雇用への社会的支援の動向に関する資料』の第Ⅱ部〕）

Equality and Human Rights Commission, 2010, *Draft Code of Practice: Further and Higher Education*. (dera.ioe.ac.uk/903/)

Frierson, James G., 1992, "An Employer's Dilemma: The ADA's Provisions on Reasonable Accommodation and Confidentiality," *Labor Law Journal*, 43(5): 308–312.

Goffman, Erving, 1959, *The Presentation of Self in Everyday Life*, Doubleday & Company, Inc. (=1974, 石黒毅訳『行為と演技――日常生活における自己呈示』誠信書房)

Goffman, Erving, 1963, *Stigma: Notes on the Management of Spoiled Identity*, Prentice-Hall. (=1970, 石黒毅訳『スティグマの社会学――烙印を押されたアイデンティティ』せりか書房)

東俊裕, 2012,「障害に基づく差別の禁止」長瀬修・東俊裕・川島聡編『増補改訂 障害者の権利条約と日本――概要と展望』生活書院: 37-74

高齢・障害者雇用支援機構障害者職業総合センター, 2010,『精神障害者の雇用促進のための就業状況等に関する調査研究』(調査研究報告書 No.95)

厚生労働省, 2014,『平成25年度障害者雇用実態調査結果』
(http://www.mhlw.go.jp/file/04-Houdouhappyou-11704000-Shokugyouanteikyokukoureishougaikoyoutaisakubu-shougaishakoyoutaisakuka/gaiyou.pdf)

三好茂樹, 2010,「携帯電話を活用した聴覚障がい者向け『モバイル型遠隔情報保障システム』の導入実験――誰もがより快適に学べ、働ける環境作りを目指して」
(http://www.tsukuba-tech.ac.jp/ce/mobile1/system-gaiyou.html)

棟居快行, 1992,『人権論の新構成』信山社出版

中根允文・吉岡久美子・中根秀之, 2010,『心のバリアフリーを目指して――日本人にとってのうつ病、統合失調症』勁草書房

中野聡子, 2012,「聴覚障害者のアイデンティティ・トラブル――テクノロジーの利用によって生じるコンフリクト」中邑賢龍・福島智編『バリアフリー・コンフリクト――争われる身体と共生のゆくえ』東京大学出版会: 197-211

日本学生支援機構, 2015,『平成26年度(2014年度)大学、短期大学及び高等専門学校における障害のある学生の修学支援に関する実態調査結果報告書』

Scambler, Graham & Anthony Hopkins, 1986, "Being Epileptic: Coming to Terms with Stigma," *Sociology of Health & Illness*, 8(1): 26-43.

Thomas, Carol, 1999, *Female Forms: Experiencing and Understanding Disability*, Open University Press.

山村りつ, 2011,『精神障害者のための効果的就労支援モデルと制度――モデルに基づく制度のあり方』ミネルヴァ書房

山崎喜比古監修, 的場智子・菊澤佐江子・坂野純子編, 2012,『心の病へのまなざしとスティグマ――全国意識調査』明石書店

吉田光爾・田川精二・伊藤順一郎・田村理奈・相澤欽一, 2007,「就労における精神障害者の障害の開示状況の実態――(社)大阪精神科診療所協会地域精神保健委員会『就労調査アンケート』の結果から」『精神障害とリハビリテーション』11(1): 66-76

第9章

多様な差異を踏まえた合理的配慮
障害とジェンダー,セクシュアリティの交差性

● 飯野 由里子

1 「わがまま」な要求なのか

　大学は高等教育機関として,大学に所属する学生に教育を提供するだけでなく,広く地域市民に向けて学びの場を提供する役割も担っている。読者の中にも,大学や大学の研究センター,研究室が主催するシンポジウムやワークショップ,セミナー等のイベントに参加したことのある人がいるだろう。こうしたイベントでは,参加を希望する聴覚障害者から個別に要望があれば,手話通訳やパソコン文字通訳（話されている内容と等価の文字情報をパソコンで入力表示する方法）による情報保障を提供する場合がある。同様に,参加を希望する視覚障害者から個別に要望があれば,当日配布される資料の点字資料や拡大文字資料を用意したり,最寄り駅等から会場までの移動介助を提供したりする場合もある。これらも本書で論じてきた合理的配慮の具体例である。

　さて,ここで,あなたは車いすユーザで,ある大学の研究室が主催する連続セミナーに参加していると仮定しよう。幸い,連続セミナーが開催される建物は数年前に新たに建設されたものなので,エレベーターが設置されていて,戸口の幅も十分に広いため,会場となる建物入口と内部のアクセスは容易である。また,セミナー開催者も,あなたが会場内で移動しやすいようにと,会場内の通路の幅や出入り口近くのスペースを広めにとる等,柔軟に対応してくれてい

る。連続セミナーも今日で3回目だ。あなたはすっかり安心して，セミナーに参加していた。

　ところが，この日のセミナーの最中，不測の事態が生じ，あなたはトイレに行かなければならなくなってしまった。この会場には何度か来ているので，車いすでもアクセス可能な多機能トイレがどこにあるのかは知っている。以前，一度覗いてみたことがあるが，便座の部分に背もたれや肘掛けが付いていないタイプのものだったので，自力で利用することは難しそうだ。ここは誰かに手助けをお願いするしかない。出入り口近くにいるセミナーのスタッフに頼んでみれば，きっと何らかの対応をしてくれるだろう。そう思って，あなたは出入り口の方に目をやる。すると，数名の男性スタッフの姿が目に入ってきた。このようなタイミングで知らない人にトイレ介助をお願いするという状況はできれば避けたかったが，事は急を要する。

　ここで，もしあなたが男性であった場合，思いきって近くにいるスタッフに声をかけることができるかもしれない。だが，もしあなたが女性であった場合はどうだろう。あなたの目に入ってきたスタッフは，すべて男性である。思えば，この研究室が主催するセミナーにこれまで何度か参加したが，あなたは一度も女性のスタッフを見かけたことがない。もしかすると，この研究室には女性のスタッフがひとりもいないのかもしれない。そのとき，一瞬，次のような可能性があなたの頭をよぎる。「もしここで手助けをお願いしたら，わたしは男性からトイレ介助を受けることになるかもしれない」と。さて，この可能性はあなたの行動にどのような影響を与えるだろうか。「できれば女性にお願いしたい」と感じる人もいるのではないだろうか。

　読者の中には「緊急事態なのだから，わがままをいっている場合ではない。男性からトイレ介助を受けることになっても，それは我慢すべきだ」といいきれる人もいるだろう。だが，「もし自分が女性だったら，男性からトイレ介助を受けるのは抵抗があるな」と感じる人もそれなりにいるのではないだろうか。その場合，あなたはセミナーの主催者側に対して「自分は女性なので，トイレ介助は男性ではなく女性にお願いしたい」と要求できるだろうか。もしそのような要求ができそうにないと感じるのだとしたら，それはなぜだろう。[1]

　このように，障害者が日常生活において直面する社会的障壁は，実は障害と

いう差異のみによって生じているわけではない。むしろ障壁は，障害という差異が他の差異（ここでは，ジェンダー）と重なり合う，より複雑な状況の中で生じていることが多い。だからこそ，合理的配慮について考える際には，障害者集団と非障害者集団の間の差異だけではなく，障害者集団内部に存在する差異にも注意を払う必要がある[2]。では，今回の法整備によって，障害とその他の差異が重なり合う地点で生じる社会的障壁の問題は，どの程度，解決可能なものになっていくのだろうか。また逆に，今後取り組まれるべきものとして，どのような課題が残されているのだろう。本章ではこれらの問いについて考えていきたい。

2 「障害女性差別」への注目

　ある障害者がどのような社会的障壁を経験していて，どのような合理的配慮を必要としているのかは，その人の心身状態だけではなく，その人がどのような社会的位置に置かれているのかによっても異なってくる。たとえば，どのような経済状態にあるのかによっても，必要とする合理的配慮の内容は異なってくる。なぜなら，たとえ同じ障害をもっていたとしても，経済状態の違いによって，その人が経験する障壁やそれらを除去するために必要な配慮の内容は量的にも質的にも異なってくるからだ。したがって，障害というひとつの要素だけを見て，その人がどのような配慮を必要としているのか把握することはできない。障害とそれ以外の要素が絡み合う中で，その人がどのような状況に置かれているのかを考えなければならないのだ。

　その際，複数の要素の相互性の効果に着目する視点，すなわち交差性（intersectionality）に着目する視点が有益になってくる。もとを辿れば交差性とは，アメリカ合衆国の法学者であり批判的人種理論（critical race theory）の論者でもあるキンバリー・クレンショー（Crenshaw 1989）が，黒人女性の雇用をめぐって生じている差別的状況を議論する際に用いた言葉である。クレンショーによれば，性差別をめぐる議論においても，人種差別をめぐる議論においても，黒人の労働者階級の女性が経験する差別についての議論は省略されてしまいが

ちである。その理由を，彼女は，差別を概念化する際，性差別は「白人の中産階級の女性」を，人種差別は「黒人男性」を，差別を受ける主体としてそれぞれ念頭に置いてきてしまったからだと指摘する。つまり交差性とは，ジェンダーであれ，人種であれ，ひとつの要素で差別的状況を把握し特定しようとすることが，常に大きな見落としを伴っていることに注意を喚起するための視点だったといえる。だからこそ，交差性の視点は，女性集団内部における差異や権力格差の問題にセンシティブであり続け，女性集団内部でより不利な位置に置かれている人びとの存在と，彼女たちが直面している問題に目を向けようとするフェミニズム研究において，必要かつ重要な視点として受け継がれてきたのである[3]。

交差性という用語こそ使われていないが，同様の視点は，障害者集団内部の女性が置かれている差別的状況への注目という形で，障害分野にも受け継がれている。たとえば，権利条約の6条「障害のある女性」では，第1に「締約国は，障害のある女性及び少女が複合的な差別を受けていることを認識し，また，これに関しては，障害のある女性及び少女がすべての人権及び基本的自由を完全かつ平等に享有することを確保するための措置をとる」こと，第2に「この条約に定める人権及び基本的自由の行使及び享有を女性に保障することを目的として，女性の完全な発展，地位の向上およびエンパワーメントを確保するためのすべての適切な措置をとる」ことが明記されている[4]（川島＝長瀬 仮訳〔2008年5月30日付〕）。

日本でも，2010年12月に策定された第3次男女共同参画基本計画で，「障害のある女性は，障害に加えて，女性であることで更に複合的に困難な状況に置かれている場合があることに留意する必要がある」との認識が示され，障害のある男女それぞれのニーズへの対応に配慮することが指摘されている[5]。こうした流れの中，2010年に内閣府に設置された差別禁止部会では，障害女性に対する差別の問題が議論の俎上に載せられた。

なかでも2012年5月11日に開催された第18回差別禁止部会は注目に値する[6]。このとき，提出された「『障害と性（家族も含む）に関する論点』への共同意見書」，および「共同意見（改訂版）：障害のある女性に関する独立した条項を設ける必要性について」[7]はともに，「障害差別」や「性差別」とは別個に

「障害女性差別」という類型を設けることを提案している。後者の「共同意見（改訂版）」は，その理由について次のように述べている。

> 「障害女性は，『障害』と『女性』という二つの特徴が重なることによって，障害男性よりも不利な立場におかれることがある。たとえば，障害女性は性と生殖に関する自己決定に関して，障害男性が経験しない差別を受けることがあり，また機会の平等，社会参加の実現という観点からみても，障害男性よりもいっそう不利な立場におかれることが多い。
> 　にもかかわらず，障害女性が被る差別は，障害差別の文脈では障害男性の陰に隠れてしまい，女性差別の文脈では『非障害女性』の陰に隠れてしまいがちである。障害女性に対する差別への関心の低さ，そして障害女性に特有のニーズに対する軽視が，障害女性の不利な立場をさらに深刻にさせている。障害女性に対する差別の問題は，女性分野と障害分野の両方で軽視されがちである。
> 　したがって，<u>当部会で障害女性という論点を意識的かつ積極的に取り上げるべきであり，将来の障害差別禁止法の中に，障害女性の独立した条文を設ける必要がある。</u>[8]」（下線，原文ママ）

障害女性が被る差別は，「障害差別」という類型においても「女性差別」という類型においても，曖昧な位置づけしか与えられず，それゆえに軽視される傾向にあった。こうした問題が強く意識され，積極的な解決が模索される社会状況を後押ししていくためのひとつの手段として，「障害女性差別」という類型が提案されたことがわかるだろう。そして，その「障害女性差別」の一例として取り上げられていたのが，トイレ介助をめぐる合理的配慮の問題であった。「『障害と性（家族も含む）に関する論点』への共同意見書」には，次のような記述を見ることができる。

> 「（C）さらに，合理的配慮義務との関連でも，障害女性差別という類型を設けておくことは重要である。たとえば障害女性が，トイレの使用時や入浴時に，男性介助を望まない場合，女性障害者からの要求に応じて同性介助を提

供することは，過度な負担にならないかぎり，合理的配慮義務と観念される必要がある。」[9]

この考え方に基づけば，前節で示したような状況，つまり，公共の場で突発的に必要となるトイレ介助においても，障害女性が「自分は女性なので，トイレ介助は男性ではなく女性にお願いしたい」と要求することは，決してわがままなことではなく，正当なこととして受け止められなければならないということになる。むしろ，女性の側から出てくるそうした要求を，わがままなものとして退けようとすることのほうが，「障害女性差別」的な対応として批判の対象とされなければならないのである。

2013年6月に制定された差別解消法では，「障害女性差別」という類型が設けられるまでには至らなかった。ただし，差別解消法7条の2と8条の2に「当該障害者の性別，年齢及び障害の状態に応じて，社会的障壁の除去の実施」が必要である旨の文言が盛り込まれた。また，基本方針には「女性である障害者は，障害に加えて女性であることにより，更に複合的な状況に置かれている場合がある」との認識が明記された。総合的に判断すれば，性別に応じた合理的配慮の提供が行われることが望ましいという理念は支持されたと理解できるだろう。[10]

このことは，差別解消法が施行されれば，事業者には，性別に応じた合理的配慮を提供するよう努力することが法的に求められるようになる，ということを意味する。たとえば，女性の車いすユーザから「自分は女性なので，トイレ介助は男性ではなく女性にお願いしたい」という要求が出たとしよう。その場合，事業者は彼女の要求を正当なものとして受け止め，その要求を満たすための方法を「非過重負担」の範囲で模索するよう，努力することが求められるようになるのである。

以上議論してきたように，今回の法整備によって，同性介助の要求を含む，性別に応じた配慮の要求は法規範的に正当なものとして位置づけられることになった。もちろん，合理的配慮が実際に提供されるかどうかは個別の状況に大きく依存する（本章第4節を参照）。だが，「合理的配慮として同性介助が提供されることもある」となったことが，障害女性に対してもつ意味は非常に大きい。

ただし,「性別に応じて」という文言が念頭に置いているのは,あくまでも戸籍上の「男女」別の対応である。このため,それがトランスジェンダーの障害者の性別（性自認に基づく性別）に応じた対応を含むものであるかどうかについては,少なくとも現段階では不明確である。しかし,公共施設内のトイレや更衣室の利用をめぐり,トランスジェンダーの人びとが経験している困難が広く認知され,人権尊重の観点からの配慮が必要であるとの認識がなされている現状を踏まえると,かれらの「個々のニーズ」に応じた合理的配慮が,「性別」の文言に基づいて提供されることが望ましいだろう。

3 考慮に入れられなかった差異

　では逆に,今回の法整備のプロセスにおいて,見落とされてしまった問題があるとしたら,それはどのようなものだったのだろう。たとえば,同じ「障害女性」でも,今度はレズビアンの車いすユーザから「以前,ホモフォビック（同性愛嫌悪的／同性愛差別的）な人に身体介助をされて,とても屈辱的な経験をしたことがあるので,できればホモフォビックでない女性スタッフにトイレ介助をお願いしたい」という要求が出たとしよう。この要求は,同性介助の要求同様,法規範的に正当なものとして受け止められるようになるのだろうか。
　トイレ介助や入浴介助等において同性介助が要求されてきた理由のひとつは,障害者も非障害者と同じように性的な存在であるにもかかわらず,そのことが無視されたり軽視されたりすることで,性的自尊心が大きく傷つけられてきたという点にある。こうした主張を尊重するならば「ホモフォビックな人から身体介助を受けたくない」というレズビアンの車いすユーザの気持ちは,もっともなものであるように思われる。
　では「トイレ介助は,ホモフォビックでない女性スタッフにお願いしたい」という要求は,今回の法整備によって,どのように位置づけられることになるのだろうか。再度,差別解消法8条の2に戻ってみよう。すると,法律上,考慮すべき差異として入れられているのは,「障害者」集団内部に存在するさまざまな差異の中でも,とりわけ「性別,年齢及び障害の状態」によるものに限

定されていることが確認できる。もちろん，レズビアンの車いすユーザの要求を尊重した配慮を，「性別」に応じた配慮に含まれるものとして解釈することも不可能ではない。だが，法律用語としての「性別」が，一般的には「男女」を意味するものとして用いられてきた経緯を踏まえると，現時点で，そのような解釈が広く浸透しているとするのは無理がある。したがって，少なくとも今回の差別解消法では，セクシュアリティのありようによって「障害者」集団内部に生じる差異は念頭に置かれていなかったと結論することが妥当だろう。

　実は議事録等を読む限り，「障害女性差別」という類型を設けることが提案された差別禁止部会でも，非異性愛の障害女性の存在はほとんど考慮に入れられていなかったように思われる。つまり，性別に応じた合理的配慮提供の必要性が議論されるプロセスにおいてさえ，女性というジェンダーと非異性愛的なセクシュアリティが交差する地点で生じてしまう問題状況が見落とされていた可能性があるのだ。差別解消法施行と同時に，今後，法制定のプロセス全体に対する批判的な検討作業が行われることが予想される。その際には障害者集団内部で，さらには障害女性集団内部で，どのような人たちの存在が見落とされていたのか，あるいは脇に追いやられていたのかという点も，議論の俎上に載せていく必要があるだろう。また，そうした作業の中で「トイレ介助は，ホモフォビックでない人にお願いしたい」という要求が，法規範との関係でどう解釈できるのかといった点についてオープンな議論がなされていくことをまずは期待したい。

　だが，差別解消法もまた，より大きな社会的文脈の中に根深く存在しているホモフォビアや異性愛規範の影響下で解釈されることになるという点は忘れるべきではない。「障害者」集団内部でセクシュアリティを軸に差異が存在しているということがたとえわかったとしても，そうした差異が逸脱的・例外的なものだと受け止められれば，真剣に考慮に入れられない可能性が高いのだ。その場合「トイレ介助は，ホモフォビックでない人にお願いしたい」という要求の妥当性・正当性をめぐる議論は，それ自体が不要なもの，重要でないものと見なされてしまうことになりかねない。

　実際「自分は女性なので，トイレ介助は男性ではなく女性にお願いしたい」という要求に対して一定の理解を示していた読者の中にも，レズビアンの車い

すユーザの要求の重要性については，いまひとつ理解できないという人がいたのではないだろうか。実は，レズビアンの中には（もちろん，これはレズビアンに限ったことではないが）自らの身体が「女性的」であるよう期待されたり，「女性的」でないことを理由に批判的なまなざしを向けられたりすることに，非常に強い抵抗を感じる人たちが一定程度存在している。しかし，異性愛的なジェンダーのあり方が規範とされている社会の中では，そうした現実は取るに足らないことだとされ，無視・軽視されてしまう場合が多い。

　だからこそ，たとえ非異性愛の障害女性たちの要求が明示的に表明されたとしても「そこまで気にする必要が，本当にあるのか」とか「それは，かなり特殊な事例にすぎないのではないか」といった形で，要求の重要性が低く見積もられてしまう可能性は高いと考えられる。したがって，こうした要求を法的な議論の俎上に載せていこうという試みは，ホモフォビアや異性愛規範の働きを緩めていくための取組を同時に視野に入れたものでなければならないことになる。そのとき，障害分野は，考慮に入れるべきだと考えられている差異とその必要はないとされている差異の間の境界線をめぐる，より複雑で深刻な問題に対する粘り強い取組に積極的に参与していくことになるだろう。

　また，ホモフォビアそのものに対する取組は，よりミクロなレベルで生じている問題を解決するためにも必要である。「トイレ介助は，ホモフォビックでない人にお願いしたい」と要求することは，自らを異性愛ではない可能性をもつ者としてカミングアウトすることと，まったく同じではないにせよ，大きく重なる行為である。こうした行為は，ホモフォビアが強く存在している限り，別の差別（つまり，同性愛差別やレズビアン差別）を招き寄せる危険性と常に隣り合わせである。本書第8章でも指摘したように，スティグマ付与をはじめ，周囲の否定的反応が強く予期される場合，合理的配慮の申出を行うことは，そうたやすいことではない。

　ましてや先の事例の場合，その場にたまたま居合わせたスタッフにトイレ介助をお願いするという文脈の中でカミングアウトすることになってしまう。このような，相手が同性愛に対してどのような態度をもっているのかわからず，どう反応するかを予想するための手がかりがまったくない状況では，たとえ「トイレ介助はホモフォビックでない人にお願いしたい」という要望を強く

もっていたとしても，それを表明することはかなり困難である。こう考えると，いまだ表明されていない要望を顕在化させていくためにも，ホモフォビアを含む，さまざまな構造的差別の緩和・是正に向けた取組が必要であることがわかる。

4　より多くの障害者に合理的配慮を提供していくために

　もちろん，さまざまな差異を考慮に入れたからといって，すべての人に合理的配慮が提供されるようになるというわけではない。なぜなら，合理的配慮には，事業者の側の負担が過重でない範囲において提供されるという制約がかけられているからだ。

　負担の過重性は，「事務・事業への影響の程度」「実現可能性の程度」「事務・事業規模」「財政・財務状況」といったさまざまな要素を考慮し，具体的な場面や状況に応じて総合的・客観的に判断されるものである（本書第2章第3節（1））。たとえば，本章で取り上げてきたトイレ介助等，人手が必要な配慮の場合，それを提供できるかどうか（「実現可能性の程度」）は，一般的に，事業者側の人手が確保されているかどうかという要素と強く関連している。このため，事業者側の人手が足りていない（つまり「人的制約」がある）場合は「実現可能性の程度」が低くなってしまうので，事業者の側の負担が過重だと判断される可能性が高くなる。[12]

　したがって，理念上，性別に応じた合理的配慮の提供が望ましいとされたとはいえ，同性によるトイレ介助を，男性の車いすユーザと女性の車いすユーザに対して同じように提供できるかというと，必ずしもそうではない。なぜなら，事業者によっては，その構成員の圧倒的多数が男性であるという状況が温存されている場合もあるからだ。こうしたジェンダー構造に関わる問題が残されたままでは，障害女性に対する同性介助については「人的制約」という点で，事業者にとって「その実施に伴う負担が過重」なものになりやすい。このように，自ら望む配慮が提供される可能性をどの程度見積れるのかという点で，障害女性は依然として，障害男性よりも不利な立場に置かれ続けてしまうことになり

かねない。

　このことが示唆しているのは，より多くの障害者に合理的配慮を提供していくためには，事業者の側の構成員の多様性が顧客の側の多様性に対応している必要があるということだ。重要なことに，このとき，たとえば「高等教育機関における女性の構成員の数を増やしていく」といった，ジェンダーの分野で行われているようなポジティブ・アクションは，合理的配慮の提供義務を重視する障害分野と無関係な施策ではなくなってくる。

　ただ，ここで注意しておくべき点がある。それは「女性の構成員数を増やしていく」という割当制のような量的側面に働きかけるポジティブ・アクションだけでは，「人的制約」をめぐる問題を解消していくのに限界があるという点だ。なぜなら，「入り口」部分での数を増やしていくだけで，女性差別的な職場環境や職場慣行[13]が手つかずのまま残されてしまうのだとしたら，それは雇用された女性の側からすれば，働き続けやすい（つまり，事業者側の構成員として所属し続けやすい）状況であるとはいえないからだ。したがって，女性の構成員数を一定程度確保し続けていくためには，「入り口」部分でのポジティブ・アクションだけではなく，第3章第4節で触れたような「環境の整備」としてのポジティブ・アクションを同時に行っていく必要がある。たとえば，男性中心／男性優位の職場環境・職場慣行の改善や，そうした改善に結びつくような形でなされるワーク・ライフ・バランス支援などは，その一例である。

　いずれにせよ，より多くの障害者に合理的配慮が提供されるようにしていくという関心事を追求するならば，障害分野は，障害だけではなくさまざまな差異に基づく不均衡や差別の緩和・是正をめざす取組に関与していかなければならない。その際，第2節で紹介した交差性の視点は必要不可欠なものとして求められるようになるだろう。

　障害者集団の中でも，どのような人たちが，どのような場面で，「非過重負担」の制約をより強く受け，必要な配慮を受けにくい状況に置かれてしまうのか。また「非過重負担」の制約を緩めていくためには，どのような手立てが考えられるか。障害者への合理的配慮の時代を迎えた今，このような問いに取り組んでいくことが，理論的にも実践的にも，これまで以上に求められている。だからこそ，障害分野がジェンダーやセクシュアリティ等の周辺分野と連携し

ていく必要性も高まっているのである。

● 注

1) このようなケースでは，「トイレに行けないので，セミナーを途中退席して帰宅する」とか「我慢して男性スタッフに依頼する」といった行動もありうるが，現実的には，同じセミナーに参加している他の女性受講者にトイレ介助をお願いするといったことが行われる。この場合，女性の車いすユーザのニーズは一応満たされることになる。しかし，主催者側ではなく一般参加者によって提供される配慮を合理的配慮と呼ぶことはできない。また，こうした方法しかないことは，必要な配慮が得られるかどうかが不確実な状況に障害者を置き続けることになってしまうため，決して望ましいことではない。
2) 日本の障害学において，障害者集団内部に存在するジェンダーやセクシュアリティに基づく差異に関心を寄せてきた研究としては，松波（2005, 2008），瀬山（2001, 2005），飯野（2011）がある。
3) 交差性という考え方は，その後，ポストコロニアル・フェミニズムの知見と結びつきながら，複数の社会制度の連動性とその効果に着目する視点として展開されていき，男性中心主義が人種差別や異性愛規範とどのように関連し合い，集団としての女性内部にどのような権力格差を生み出しているのかという問題を提起するとともに，さまざまに異なる状況に置かれた女性たちが抱える差異や独自性，矛盾を理解することを促してきた。フェミニズム研究における交差性概念の理論的展開については，Essed（1991），Brah & Phoenix（2004），Yuval-Davis（2006）を参照。
4) 実は，障害と年齢，ジェンダーの交差性に着目する必要性に関しては，2006年にフィリピンで聴覚障害をもつ未成年（事件当時17歳）の少女が受けた性犯罪での裁判に関連して，国連・女性差別撤廃委員会から重要な指摘がなされている。この裁判では，原告である少女に適切な通訳者がつけられないまま審問が進められただけではなく，彼女が「ふつうのフィリピンのレイプ被害者」であればするはずの身体的抵抗を行った証拠がないという理由で，2011年に被告が無罪判決を受けている。その後，「この裁判は女性差別撤廃条約に違反している」という原告からの申立てを受け，2014年2月，女性差別撤廃委員会は「女性差別撤廃条約の締約国の義務には，年齢や障害等，原告の具体的な立場を考慮に入れる義務も含まれる」との見解を示した。これは，障害をもつ女性に対する差別の禁止や配慮の提供を，女性差別撤廃条約に基づく義務として示唆している点で注目すべきケースである（RPB v. The Philippines 2014）。
5) 詳細は，「第3次男女共同参画基本計画」内の「第8分野　高齢者，障害者，外国人等が安心して暮らせる環境の整備」を参照。
6) 詳細は，「障がい者制度改革推進会議　差別禁止部会（第18回）議事録」を参照。
7) 「『障害と性（家族も含む）に関する論点』への共同意見書」は，浅倉むつ子，池原毅和，太田修平，大谷恭子，川島聡の5名によって，「共同意見（改訂版）：障害のある女性に関する独立した条項を設ける必要性について」は，浅倉むつ子，太田修平，川島聡の3名によって提出された。
8) 注6であげた「共同意見（改訂版）」（p. 1）から引用。

9) 注6であげた「『障害と性（家族も含む）に関する論点』への共同意見書」(p. 2) から引用。
10) なお，2015年4月に京都府で施行された「障害のある人もない人も共に安心していきいきと暮らしやすい社会づくり条例」では，条文の中に「全て障害者は，障害のある女性が障害及び性別による複合的な原因により特に困難な状況に置かれる場合等，その性別，年齢等による複合的な原因により特に困難な状況に置かれる場合においては，その状況に応じた適切な配慮がなされること」(2条 (4)) と記された。
   こうした条文が可能となったのは，本条例の制定プロセスにおいて，障害女性が経験する社会的障壁の特殊性とそれらの解消の重要性に関する訴えが，当事者たちによって粘り強くなされたからである。とりわけ，条例検討会議の「女性障害者」枠で委員をつとめた村田恵子さん（京都頸椎損傷者連絡会）の働きは注目に値する。条例検討会議で「女性障害者」枠が設けられた経緯とその具体的効果については，松波 (2014) を参照。
11) ここでいう「ホモフォビックでない」人とは，ある個人が異性愛的ではないことを蔑視や非難の対象とするのではなく，むしろひとつの生き方として認め尊重する態度をもった人のことを意味する。介助を提供する側がこうした態度をもっているかどうかは，一見しただけでわかるようなものではないし，少なくとも現段階では，介助者の態度を事前に確認するような仕組もない。こうした点でも，ホモフォビックでない人による身体介助は，同性による身体介助以上に，得にくいものになっていると考えられる。
12) 基本方針の「3 合理的配慮 (2) 過重な負担の基本的な考え方」を参照。
13) 女性差別的な職場環境や職場慣行の具体例としては，女性の労働力を正当に評価しないこと，特定の部署に女性を配置しないこと，子どものいる女性を昇進コースから外すこと，女性にオフィスの掃除やお茶くみなどの雑用を「自主的に」させること等があげられる。また，重要な情報を夜間・休日における男性同士のインフォーマルな付き合いにおいて交換・共有するといったことも，女性差別的な効果をもちうると考えられる。

● 文　献

Brah, Avtar & Ann Phoenix, 2004, "Ain't I a Woman: Revisiting Intersectionality," *Journal of International Women's Studies*, 5(3): 75–86.

Crenshaw, Kimberle, 1989, "Demarginalizing the Intersection of Race and Sex: A Black Feminist Critique of Antidiscrimination Doctrine, Feminist Theory and Antiracist Politics," *The University of Chicago Legal Forum Volume: Feminism in the Law: Theory, Practice and Criticism*: 139–167.

Essed, Philomena, 1991, *Understanding Everyday Racism: An Interdisciplinary Theory*, Sage.

飯野由里子，2011，「女性障害者のセクシュアリティ論のために」『RIM アジア・太平洋女性学研究会会誌』12(2)，城西大学ジェンダー・女性学研究所：28-41

京都府，2014，「京都府障害のある人もない人も共に安心していきいきと暮らしやすい社会づくり条例」

松波めぐみ，2005，「戦略，あるいは呪縛としてのロマンチックラブ・イデオロギー――障害女性とセクシュアリティの『間』に何があるのか」倉本智明編『セクシュアリティの障害学』明石書店：40-92

松波めぐみ，2008，「障害をもつ女子の『ジェンダー化』と教育」木村涼子・古久保さくら編『ジェンダーで考える教育の現在——フェミニズム教育学をめざして』解放出版社：130-146

松波めぐみ，2014，「障害者の権利保障のための地方の取組——京都府条例について」『国際人権ひろば No.115』一般財団法人アジア・太平洋人権情報センター

RPB v. The Philippines, 2014, Committee on the Elimination of Discrimination against Women, Communication No 34/2011, 21 February 2014.

瀬山紀子，2001，「日本に於ける女性障害者運動の展開（1）——70年代から80年代後半まで」『女性学』8，日本女性学会：30-47

瀬山紀子，2005，「障害当事者運動は，性をどのように問題化してきたのか」倉本智明編『セクシュアリティの障害学』明石書店：126-167

臼井久美子・瀬山紀子，2011，「障害女性の貧困から見えるもの」松井彰彦・川島聡ほか編『障害を問い直す』東洋経済新報社：55-87

Yuval-Davis, Nira, 2006, "Intersectionality and Feminist Politics," *European Journal of Women's Studies*, 13(3): 193-209.

終 章

障害法から普遍的理念へ

● 西倉 実季・飯野 由里子

1 合理的配慮に関する what, why, how

　本書はおよそ4年間にわたる共同研究の成果であり，障害者への合理的配慮というテーマをめぐってそれぞれの関心領域から議論を掘り起こすと同時に，共通の認識を深めることに多くの時間をかけてきた。現に，著者たちが取り上げている論点やその背後にある問題意識は大きく重なり合っている。しかし，各章が独立の文章として書かれているために，こうしたオーバーラップはやや見えにくくなっているかもしれない。そこで以下では，各章の内容を関連づけて整理し直すことで，本書が全体としてどのような問題に取り組み，何を達成できたのかを明確にしていきたい。
　第1部は，合理的配慮とは何か（what）という問題に正面から答えようとしたものである。合理的配慮という概念のエッセンスをできる限り簡潔に，しかし厳密さを失わずに整理することをめざした。合理的配慮は日本の法制度にはじめて導入された概念であるうえ，訳語が非常にわかりにくく，むしろミスリーディングですらある。実際，合理的配慮とは要するに障害者への「思いやり」であるとか，従来のポジティブ・アクション政策と変わらないといった思い違いもみられるようだ。また，企業や学校関係者など，配慮を提供する立場の人びとからは「要求されたことを全部やらなければ差別だといわれてしまう

のか」といった困惑の声も聞かれる。この言葉がどんなふうに誤解されて使われていくのかという懸念は，著者たちが本書を執筆するひとつの動機となった。

そもそも合理的配慮は，アメリカにおいて宗教的マイノリティの文脈で登場し，のちに障害分野に採用されて，世界の諸国に広がっていった。そのような国際的潮流を受けて，2006年に成立した障害者権利条約（以下，権利条約）は「合理的配慮の否定（不提供）」を「障害に基づく差別」と定義した（第1章）。この権利条約に定める合理的配慮のエッセンスを採用したのが，日本の法制度における合理的配慮の概念である。障害者差別解消法（以下，差別解消法）と障害者雇用促進法（以下，雇用促進法）のもとで事業者や事業主が提供しなければならない合理的配慮の内容は，①個々のニーズ，②非過重負担，③社会的障壁の除去という3要素から構成される。そして合理的配慮の提供プロセス（手続）は，事後的，個別的，対話的性格をもつ。つまり，何らかのニーズをもつ障害者個人が相手方に要求を伝えて以降に，それぞれの事情を有する双方の対話を通じて配慮の具体的な内容が決まるわけである（第2章）。3要素のうち，個々のニーズと社会的障壁の除去に注目すると，大学入試センター試験での配慮などの既存の支援策との違いが明確になると同時に，そうした支援策が運用次第では——個々のニーズに応じた社会的障壁の除去を行えば——合理的配慮として提供されうることがわかる。また，提供プロセスの性格を考慮すれば，障害者雇用率制度やバリアフリー法などのポジティブ・アクションと合理的配慮との違いは歴然である。ただし，事後的かつ個別的に提供される配慮の事例が蓄積されれば，事前的改善措置として講じるべき課題が明確化し，結果的に社会環境の整備が促進されることになる（第3章）。

第2部で扱っているのは，私たちはなぜ（why）合理的配慮をしなければならないのかという問題である。合理的配慮を提供しないことが障害差別として規定されたのに伴い，この言葉は急速な勢いで普及しつつある。しかし，たとえどれほど広く知られるようになったとしても，そもそもなぜ配慮を提供しなければならないのか，配慮に要する負担をなぜ企業や学校，あるいは社会全体が負うべきなのか，その根拠を説得的に提示できなければ，合理的配慮という考え方を社会に根づかせていくことはできない。この意味で，教育，雇用，サービス等のさまざまな分野で配慮を提供する側の人びとに対して，さらには

配慮提供に伴うコストを負担する社会成員に向けて，合理的配慮の規範的正当性を示すことは重要な課題である．

　合理的配慮は，その能力を実際より高く見積もったり不問に付したりして，障害者を特別に優遇するためのものではない．そうではなく，特定の誰かが能力を発揮できない環境を変更・調整して機会平等を実現するために，つまり障害者を含むあらゆる人びとが自分の能力を発揮することのできる「公正な社会」を追求するためにこそ，合理的配慮は必要なのである（第4章）．このように，合理的配慮の義務化は能力評価の方法に変更を迫るわけではないが，配慮の提供者側に新たなコストが発生することは避けられない．これは，とりわけ利潤追求集団である民間企業にとって深刻な問題である．しかし，障害者の構造的不利が，この社会が歴史的に非障害者のニーズを基準に制度や慣習を形成してきたことに起因するならば，社会成員はそうした不利を是正する責任を負う[1]．むろん，企業も社会成員の一部であるから，合理的配慮に伴うコストを負担する義務を負っている（第5章）．ただし，障害者側の個々のニーズと提供者側の非過重負担との間に緊張関係が生じた場合は，社会政策の出番である．配慮提供にかかるコストをすべての社会成員で負担する社会政策は，私たちが「公正な社会」の一員でありたいと考えている以上，あるいは個人の選択が及ばない不利の是正に社会政策としての「正しさ」を認める以上，正当化されうる（第6章）．

　第3部で試みたのは，合理的配慮という考え方を社会の中でどのように(how) 活用していくことができるか，その方法の検討である．障害者への配慮がもっぱら相手方の「善意」として行われてきた経緯を考慮すれば，日本の法制度に合理的配慮という新しい義務が導入されたインパクトはきわめて大きい．しかし，合理的配慮の法制化を最終目標に据えていたのでは，この概念の本領が発揮されないまま形骸化していく可能性すら考えられる．合理的配慮がもつポテンシャルを損なうことなく活かしていくための方法の検討は，制度化を達成した日本社会の次なる課題である．

　障害の社会モデルを採用し，インペアメント（心身の機能の障害）の普遍化戦略によって「障害者」の定義を拡張すれば，従来は「障害者」とは考えられてこなかったもののインペアメントに対する社会的障壁に直面している人びとが

合理的配慮を得られるようになる。障害の医学モデルに基づく「障害者」のみに限定するよりも，こうして合理的配慮の対象者を拡大していくほうが，この概念が本来もつ理念をより徹底して実現できるはずである（第7章）。このように，合理的配慮はどのようなインペアメントであってもそれに対する社会的障壁に直面している人びとに広く提供されるべきであるが，とくに外見上わかりにくい障害をもつ人びとの場合，障害が知られるのを恐れて配慮を得ることを躊躇してしまう事態に陥りやすい。配慮の受け控えが生じないためには，配慮提供にあたって受け手のプライバシーを最大限に尊重することがまずは求められる（第8章）。それを必要としている人が合理的配慮を得られるには，「障害者」集団内部，そして「障害女性」集団内部に存在する差異にも注意を払わなければならない。複数の差異の相乗効果である「交差性」への着目は，この社会の中で軽視・無視されがちなニーズへの視野を開き，障害分野とジェンダー，セクシュアリティなどの関連分野との連携という新たな課題の重要性を私たちに認識させてくれる（第9章）。

　合理的配慮に関する what, why, how の検討を通じて，日本の障害法（障害〔者〕に関する法）の中に新しく登場したこの概念について現時点で確認すべきことを確認し，整理すべきことを整理した。合理的配慮の法制化をめぐって生じている誤解や混乱を解きほぐし，今後，私たちが取り組むべき課題を読者のみなさんと共有することができていれば幸いである。

2　合理的配慮の普遍化可能性

　本書は，序章において合理的配慮が「共生の技法」となる可能性を指摘し，共生社会の実現にそれがどのように役立つのかという問いを掲げることから出発した。すべての検討を終えた地点から，この問いにどう答えられるだろうか。
　社会学者の石川准は，障害者と社会との関係を次のような座標平面を用いて整理している（石川 2000）。横軸（＝障害者個人の側の選択）には「同化」と「異化」が配置され，これらはそれぞれ「社会の価値観に同化して生きるという生き方」と「自分の個性や自分らしさ，自分たちの文化といったものを生み出す

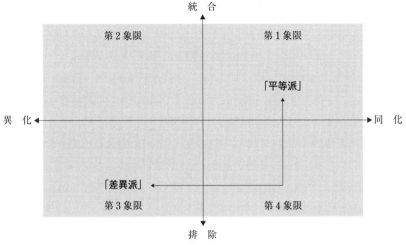

図終-1 障害者と社会との関係

(出所) 石川 (2000: 34)。

ような生き方」を意味している。縦軸（＝社会の側の対応）には「統合」と「排除」が配置され，これらはそれぞれ「社会の一員として受け入れるという対応」と「拒絶するという対応」を意味している。すなわち，第1象限「同化＆統合」，第2象限「異化＆統合」，第3象限「異化＆排除」，第4象限「同化＆排除」という4つの関係が提示される（図終-1）。

第1象限では，「同化」に対する報酬として「統合」が与えられるはずであるが，実際はそうではない。障害者は精いっぱい同化しているにもかかわらず，社会は排除し続けるので，実のところ第4象限に留め置かれているのだ。この「約束違反」に対して個人がとりうるのは，統合要求をするか（「平等派」），それに見切りをつけて排除を代償とする異化に突き進むか（「差異派」）のどちらかである。しかし石川によれば，社会がいずれかの道を選択させることこそが理不尽なのであるから，障害者はどちらかを強制されるのではなく，「同化＆排除」から「異化＆統合」をめざす道を模索する必要がある。

石川の議論は非対称な社会で障害者が置かれた状況を的確に捉えてはいるが，肝心の「異化＆統合」が実際にはどのような道なのかについては曖昧である。さらに，石川のいう「社会の側の対応」は漠然としており，「統合」が望まし

い状態であるとしても,ではその実現に向けて私たちは何をする必要があるのか,それぞれの社会成員の具体的な関わりは想定されていない。

こうした課題を引き受け,議論をいま一歩前に進めようとしたのが本書の試みである。これまでの章における検討を踏まえれば,合理的配慮は「異化&統合」を具体的に実践したものとして理解することができるだろう。つまり合理的配慮とは,非障害者のニーズのみを考慮して形成された非対称な社会に適応しようと差異を消去し,その報酬として平等を勝ち取る(同化&統合)のでもなく,差異を個性や文化としてことさら強調し,その代償として平等を手放す(異化&排除)のでもない,差異と平等をともに志向することなのだ。そしてこれは,詳しくは次節で検討するように,障害者側と配慮の提供者側との対話を通してはじめて実現可能となる。

これに対して,合理的配慮が掲げる理念はむしろ主流社会への「同化」ではないか,非障害者中心の社会に適応して教育を受けたり就労したりすることに価値を置いているのではないか,という疑問をもつ読者もいるかもしれない。そうではない,と本書は考える。合理的配慮の文脈で石川のキーワードを再度整理するならば,「統合」とは,社会的障壁の除去により教育や就労等へのアクセスが担保されている状態である。一方,個人はどのようなスタイルでそれらにアクセスできるかを示すのが「同化」と「異化」の軸である。アクセスと引き換えに既存のルールや慣行に従う,つまり従わなければアクセスできないとすればそれは「同化」であり,「異化」とは,個々の心身の差異に照らして多様で柔軟なアクセスの仕方ができることである。合理的配慮は確かに,障害者の主流社会への参入をめざしている。しかしそれは,同化という方法によってでは決してない。そうではなくて,従来よりも柔軟で多様な参入の仕方を確保することを通してである。そしてこうした参入方法の多様化は,将来的には主流社会のルールや慣行それ自体を変容させていく可能性を秘めていると著者たちは信じている。

法哲学者の井上達夫によれば,現代的意味での「共生」の根底には,これまで抑圧・隠蔽されていた対立が顕在化しつつある状況下で新たな関係性や共存の方法を創出しようという問題意識がある(井上 1998)。よって,共生は被差別者の同化とは根本的に異なるのであって,「差異への権利と対等者としての

承認要求を統合する企て」として理解されなければならない。共生がこうした企てであるなら，差異ある者がいたずらに同化や排除を強いられることなく，差異ある存在として社会参加することを担保する合理的配慮は，まさしく共生の技法にほかならない。

　合理的配慮が「異化＆統合」の具体的実践であり共生の技法であるとすれば，障害分野を超えて，現代社会におけるマイノリティ問題の新たな処方箋として普遍化していくことができるだろう。石川の議論がもともとはエスニック・マイノリティと社会との関係を念頭に置いたものであったことや（石川 1992），何より合理的配慮は宗教差別との関連で誕生した概念であることからも（本書第1章），「異化＆統合」の実践としての合理的配慮は障害分野に限定されないはずだ。

　障害分野を超えて合理的配慮を普遍化していくには，次の2つの方向性が考えられる。ひとつは，合理的配慮の法的資格をもつ人びとの範囲を拡大していくというものである。社会活動へのアクセスを妨げるような社会的障壁は，障害者のみならず，人種的，宗教的，性的マイノリティ，妊娠した女性や高齢者などの眼前にも立ちはだかっている（本書第7章）。とするならば，こうした人びともまた合理的配慮を必要としているはずである。性的マイノリティの児童・生徒に対する「きめ細かな対応」の実施要請（文部科学省 2015）や，ニューカマーの子どもに学力試験での配慮や入学後の特別指導が必要であるという指摘（児島 2006）は，このことを裏づけている。

　合理的配慮の法的資格をもつ人びとの範囲を拡大していくとき，「障害者」の定義を拡張するやり方と，障害以外の差別事由に関する新たな差別禁止法を制定するやり方とがある（本書第7章）。立法化に要するさまざまなコストを考慮したうえで，本書では前者の立場を主張したが，イギリス平等法のように差別事由ごとに法律を制定して合理的配慮の法的資格を認めていくというやり方もありうる。一方では，障害者基本法において一部の難病患者が「障害者」に含まれるなど，「障害者」の定義は徐々に拡張される傾向にあり，他方では，人種差別禁止法やLGBT差別禁止法の必要性を訴える活動が展開されるなど，新たな法律を制定しようとする動きもみられる。これら2つのやり方は二者択一ではなく，実際には状況に応じて併用されていくのかもしれない。

合理的配慮を普遍化していくためのいまひとつの方法は，立法化までは志向しないにせよ，障害以外の分野ですでに実行されている措置を合理的配慮として再編成していくというものである．つまり，受け手側と提供者側との対話を重視することで，既存の措置を「個々のニーズ」に応じた「社会的障壁の除去」へと組み替えていくのだ．この場合，外形的には従来とそれほど変わらないかもしれないが，措置の実行において考慮しなければならない要点が加わることになる．

　再編成可能な措置の例としては，男女雇用機会均等法（雇用の分野における男女の均等な機会及び待遇の確保等に関する法律）が定める「妊娠中及び出産後の健康管理に関する措置」があげられるだろう．この法律は，女性労働者が保健指導や健康診査を受けて指導事項を守ることができるように，通院時間の確保，勤務時間の変更や勤務の軽減など，必要な措置を講じることを事業主に義務づけている．しかし，通院時間の確保については，「妊娠23週までは4週に1回」などと一律に設定されており，多少の例外はあるけれども「個々のニーズ」に応じた「社会的障壁の除去」とはいいがたい．勤務時間の変更や勤務の軽減についても，判断を下すのはあくまで医師であり，女性労働者と事業主の対話のもとで決定されているわけではない．こうした措置のもとでは，ニーズが満たされないでいる人びとが存在することは容易に想像がつく．既存の措置が欠陥を抱えており，共生の技法としてはいまだ不十分であることを考えれば，合理的配慮としての再編成は必要不可欠である．

　合理的配慮の普遍化に向けていずれの方法をとるにしても，人種的，宗教的，性的マイノリティなどが同化や排除を強いられることなく，差異ある存在として社会参加できるために，合理的配慮の可能性がもっと探られてよい．

3　対話の困難，対話への希望

　第2節でも触れたように，合理的配慮の内容は障害者側と配慮の提供者側との対話を通して特定される．つまり，合理的配慮の提供プロセスにおいては，障害者と事業者・事業主は，互いが正当な言い分をもった存在として認め合い，

互いの事情を考慮して応答し合うことになる。こうした対話を通して，障害者が直面している社会的障壁が確認・理解され，それを除去するために必要で，かつ可能な手立て（合理的配慮）が模索・特定されるのである。したがってここでの対話は，障害者と事業者・事業主のどちらか一方の主張や言い分の「正しさ」を判断する場ではない。むしろ，双方が協同で問題を解決していく場としてイメージされなければならない。

さて，こうした対話の場を設けるにあたっては，いくつかの注意点がある。第1に，障害者と事業者・事業主の二者関係は，多くの場合，後者よりも前者のほうがより大きな妥協を迫られる位置に置かれやすいという不均衡が生じる点である。たとえば，障害をもつ労働者に配慮を提供するのは，この労働者を雇用している事業主である。雇用されている側と雇用している側とでは，両者の位置に構造的な相違が存在しており，その一般的効果として，雇用している側のほうが対話の場において有利な位置にあるということは，誰でも理解できることだろう。ましてや，合理的配慮の提供をめぐって，コンフリクトやトレードオフが生じるような場合，雇用している側が自らの権利利益を守るために，障害者の権利利益を侵害する方向で強い力を行使するという危険性はより高くなる。

したがって，事業者・事業主である諸個人が障害者に対してどれほど「寛容」な個人であろうとも，両者が置かれている構造的な位置の相違，またそれによって生じる力の不均衡の問題へのセンシティヴィティや慎重さを欠いたままでは，事業者・事業主側は「合理的なラインが見出せた」と感じていても，障害者の側は「自分の事情が十分に考慮に入れられず，大きな妥協を迫られた」と不満を感じる等，食い違いが生じてしまうことになる。せっかく対話の場を設けたにもかかわらず，本節冒頭で示したような（建設的）対話がなされなかった結果，障害者の側が事業者・事業主に不満や不信感を募らせてしまえば，その後の対話において両者の合意が成立しにくくなるとか，最悪の場合，対話自体が困難になるとかいった事態も起こりうる。

対話の場を設けるにあたって注意すべき第2の点は，障害者からの「申出」に関わるものである。合理的配慮のプロセスは原則として，障害者からの「申出」からスタートする。差別解消法も雇用促進法も，用語や記述の仕方に若干

の違いはあるものの，事業者・事業主に対し，この「申出」(差別解消法の用語では「意思の表明」)を受けた時点で，当該障害者と対話の場を設け，相互理解を深めていく中で合理的配慮の内容を特定することを求めている。

　ただ，ここで注意しなければならないのは，障害者からの「申出」はさまざまな形でなされうるという点である。このため，「申出」がどの時点でなされたのかをめぐって，障害者と事業者・事業主の間で，認識の違いが起こる可能性があると考えられる。もちろん，障害者の中には「自分はこういう場面で，こういう点に困っているので，こういう変更・調整をしてほしい」と，はっきりといえる者もいるだろう。この場合，「申出」がどの時点で行われたのかは，障害者にとっても事業者・事業主にとっても明白である。しかし，二者間の力関係が不均衡であるという構造的な問題を踏まえると，多くの場合，「申出」はより曖昧かつ暗示的な形でなされると予期しておいたほうがよい。したがって，事業者・事業主の側には，「なんとなく困っている」「なんとなく不便だ」という障害者の声を潜在的なニーズとしてディコーディングして受けとめるという構えも必要になってくるだろう。

　また障害者の中には，自らのニーズが正当なものだという感覚を十分にもつことができず，ニーズを表明すると「周りの人の迷惑になるのではないか」とか「周りから変な目で見られるのではないか」と，強く感じさせられ続けてきた人も多い (本書第8章，第9章)。かれらの立場に立てば，今回の法制定・法改正により，「申出」を行うことが実定法上の権利になったからといって，ニーズ表明にまつわる不安感や抵抗感が直ちに払拭されるわけではないということは，多くの人にとって理解可能なことだろう。もちろん，かれらが自らのニーズを表明できるようエンパワーメントしていく取組は部分的には有効である。だが，「どのような配慮が必要なのか，はっきりいえるようになりなさい」とあまりにも拙速に求めることは，かれらが置かれ続けてきた状況に対する想像力を欠いているし，また，そのような物言いは，かれらとの対話を著しく困難なものにしかねないだろう。したがって，障害者がアクセスしやすい相談窓口をつくるとか，「申出」のプロセスに相応の時間をかけるようにする等，対話の進め方にも工夫が必要となる。

　さらに，長年，社会的障壁に囲まれて生きるしかなかった障害者の場合，社

会的障壁が除去された状態を経験したことがないため，自分が何に不便を感じて困っているのか，どのような配慮や手助けを必要としているのか自体がわからないというケースも少なくない。もちろん，このような場合にも「どのような配慮が必要なのか，はっきりいえるようになる」ための取組を重視する立場をとる人は多いし，その有効性を安易に否定したり過小評価したりすべきではない。しかし，そうした取組以上に必要なのは，私たちがかれら——社会的障壁に囲まれたまま生きてくるしかなかった人たち——から学ぶことではないだろうか。健常性中心主義が，あるいはそれと複雑に交差した性差別や人種差別，異性愛規範が，かれらを「黙らせる」力を行使する際のやり方を。そして，そうした力に完全に影響されることなく，さまざまな障害者に合理的配慮を提供していく方向で差別解消法や雇用促進法を運用していくために，どのような困難を克服すべきなのかを。かれらから学び，かれらがこれまでと同じような状況にとどまらないですむ構造を作り出し，かれらが自らの望みにアクセスできるように願い，待つこと。それこそ，私たちがすべきことではないだろうか。

　以上のような主張は，「これからは障害者がいろいろいってくるから大変だ」と感じている人がただでさえ多いという事実を踏まえると，合理的配慮の提供に対する社会全体のやる気を損ねてしまうかもしれない。そこで最後に，合理的配慮を提供するために法規範の範囲で求められている対話の実践が，社会全体に対してもちうるインパクトを指摘しておこう。実は合理的配慮実践の場で積み重ねられる対話は，障害者に対する局所的な「機会平等」を実現するだけではなく，私たちのコミュニケーションの仕方を変化させ，社会問題を把握し解決していく際のやり方に影響を与えていくと考えられる。なぜなら，合理的配慮において必要とされる対話とは，互いが正当な言い分をもった存在として認め合い，互いの事情を考慮して応答し合うことを通して問題を解決していくための対話であり，それは，障害以外の領域で起きているさまざまな社会問題の解決においても有効だからである。

　在日コリアンをはじめとする在日外国人へのヘイトスピーチの問題。職場でのマタニティハラスメントや一向に進まないワーク・ライフ・バランス。シングルマザーや生活困窮者への支援をめぐる問題等々。こうした社会問題は，「犯人探し」を助長するような対抗的・対立的コミュニケーションだけでは解

決しえないということは，私たちの多くがすでに気づき始めているのではないだろうか。もしそうであるならば，これまでのやり方を見直し，別のコミュニケーションの仕方を身につけていく必要がある。合理的配慮において求められている対話は，そのためのひとつの機会を私たちに与えてくれる可能性を秘めている。そこでは，相手に耳を傾けることの困難，相手の声を聞き取ることの困難にぶつかることで，私が「考えずに済んできた」事柄を学び，「考えずに済んできた」私の社会的位置を問わずにはいられないような契機が与えられる。そして，「考えずに済んできた」私と「考えざるをえないできた」他者との間に新たな関係性を構築し，そこからかれらの自由や権利の獲得のために私に何ができるのかを考えていく。合理的配慮を提供するための対話の場において鍛えられていくのは，そうしたコミュニケーションの仕方ではないだろうか。

　もちろん，今回の法整備はあくまでも，差別解消法においては障害者と事業者の間で，雇用促進法においては障害者と事業主の間で，合理的配慮の提供に向けた対話を求めているのであって，一般市民に対して何か強い義務を課すものではない。とはいえ，差別解消法4条には「国民の責務」として「障害を理由とする差別の解消の推進に寄与するよう努めなければならない」と記されていることは忘れてはならない。本書もまた，そうした努力のひとつの現れであり，これが障害を理由とする差別の解消推進に微力ながら寄与できればと願っている。

　だが同時に，差別解消法が，すべての人が「相互に人格と個性を尊重し合いながら共生する社会」をめざしているように，著者たちもまた，障害だけではなくさまざまな差異が承認される社会，特定の差異によって機会平等が毀損されることのない社会をより望ましいものとして想定している。本書が，日本の国内法に新たに導入された合理的配慮という考え方を説明するだけにとどまらず，その可能性にまで踏み込んだ記述を行っているのはこのためである。この点，法律の解説本としてはやや異質かもしれないが，本書がより多くの人びとに読まれ，さまざまな領域において，さらには複数の領域を超えて，合理的配慮という考え方が根を張り，多様な実践が模索されていくためのきっかけとなれば幸いである。

● 注

1) この主張は，政治学者でありフェミニズム理論家でもあるアイリス・M・ヤングが提唱する「社会的つながりモデル」と共通の問題意識をもっている（Young 2011=2014）。社会構造は多くの人びとが間接的，集合的，累積的に社会プロセスに関与することで成立しているから，特定の誰かに構造的不正義への責任を問うことはできない。しかしヤングによれば，たとえ間接的であっても不正義をもたらすプロセスに関与している以上，私たちはこの構造の中で生きる者として不正義に対する責任を分有しなければならない。これが「社会的つながりモデル」である。第6章で多少展開してはいるが，規範理論と合理的配慮との接続については，今後の課題としたい。

● 文献

井上達夫，1998，「共生」廣松渉ほか編『哲学・思想事典』岩波書店：343-344
石川准，1992，『アイデンティティ・ゲーム——存在証明の社会学』新評論
石川准，2000，「平等派でもなく差異派でもなく」倉本智明・長瀬修編『障害学を語る』エンパワメント研究所：28-42
児島明，2006，『ニューカマーの子どもと学校文化——日系ブラジル人生徒の教育エスノグラフィー』勁草書房
文部科学省，2015，「性同一性障害に係る児童生徒に対するきめ細かな対応の実施等について」(http://www.mext.go.jp/b_menu/houdou/27/04/1357468.htm)
Young, Iris Marion, 2011, *Responsibility for Justice*, Oxford University Press.（=2014，岡野八代・池田直子訳『正義への責任』岩波書店）

巻末資料

障害者差別解消法
基本方針
文部科学省の対応指針

障害者雇用促進法
差別禁止指針
合理的配慮指針

障害者差別解消法
（障害を理由とする差別の解消の推進に関する法律）（平成 25 年法律第 65 号）

目　次

第 1 章　総則（第 1 条〜第 5 条）
第 2 章　障害を理由とする差別の解消の推進に関する基本方針（第 6 条）
第 3 章　行政機関等及び事業者における障害を理由とする差別を解消するための措置
　　　　（第 7 条〜第 13 条）
第 4 章　障害を理由とする差別を解消するための支援措置（第 14 条〜第 20 条）
第 5 章　雑則（第 21 条〜第 24 条）
第 6 章　罰則（第 25 条・第 26 条）
附則

第 1 章　総　　則

（目的）
第 1 条　この法律は，障害者基本法（昭和 45 年法律第 84 号）の基本的な理念にのっとり，全ての障害者が，障害者でない者と等しく，基本的人権を享有する個人としてその尊厳が重んぜられ，その尊厳にふさわしい生活を保障される権利を有することを踏まえ，障害を理由とする差別の解消の推進に関する基本的な事項，行政機関等及び事業者における障害を理由とする差別を解消するための措置等を定めることにより，障害を理由とする差別の解消を推進し，もって全ての国民が，障害の有無によって分け隔てられることなく，相互に人格と個性を尊重し合いながら共生する社会の実現に資することを目的とする。

（定義）
第 2 条　この法律において，次の各号に掲げる用語の意義は，それぞれ当該各号に定めるところによる。
　一　障害者　身体障害，知的障害，精神障害（発達障害を含む。）その他の心身の機能の障害（以下「障害」と総称する。）がある者であって，障害及び社会的障壁により継続的に日常生活又は社会生活に相当な制限を受ける状態にあるものをいう。
　二　社会的障壁　障害がある者にとって日常生活又は社会生活を営む上で障壁となるような社会における事物，制度，慣行，観念その他一切のものをいう。
　三　行政機関等　国の行政機関，独立行政法人等，地方公共団体（地方公営企業法（昭和 27 年法律第 292 号）第 3 章の規定の適用を受ける地方公共団体の経営する企業を除く。第 7 号，第 10 条及び附則第 4 条第 1 項において同じ。）及び地方独立行政法人をいう。
　四　国の行政機関　次に掲げる機関をいう。
　　イ　法律の規定に基づき内閣に置かれる機関（内閣府を除く。）及び内閣の所轄の下に置かれる機関

ロ　内閣府，宮内庁並びに内閣府設置法（平成11年法律第89号）第49条第1項及び第2項に規定する機関（これらの機関のうちニの政令で定める機関が置かれる機関にあっては，当該政令で定める機関を除く。）
　　ハ　国家行政組織法（昭和23年法律第120号）第3条第2項に規定する機関（ホの政令で定める機関が置かれる機関にあっては，当該政令で定める機関を除く。）
　　ニ　内閣府設置法第39条及び第55条並びに宮内庁法（昭和22年法律第70号）第16条第2項の機関並びに内閣府設置法第40条及び第56条（宮内庁法第18条第1項において準用する場合を含む。）の特別の機関で，政令で定めるもの
　　ホ　国家行政組織法第8条の2の施設等機関及び同法第8条の3の特別の機関で，政令で定めるもの
　　ヘ　会計検査院
　五　独立行政法人等　次に掲げる法人をいう。
　　イ　独立行政法人（独立行政法人通則法（平成11年法律第103号）第2条第1項に規定する独立行政法人をいう。ロにおいて同じ。）
　　ロ　法律により直接に設立された法人，特別の法律により特別の設立行為をもって設立された法人（独立行政法人を除く。）又は特別の法律により設立され，かつ，その設立に関し行政庁の認可を要する法人のうち，政令で定めるもの
　六　地方独立行政法人　地方独立行政法人法（平成15年法律第118号）第2条第1項に規定する地方独立行政法人（同法第21条第3号に掲げる業務を行うものを除く。）をいう。
　七　事業者　商業その他の事業を行う者（国，独立行政法人等，地方公共団体及び地方独立行政法人を除く。）をいう。
（国及び地方公共団体の責務）
第3条　国及び地方公共団体は，この法律の趣旨にのっとり，障害を理由とする差別の解消の推進に関して必要な施策を策定し，及びこれを実施しなければならない。
（国民の責務）
第4条　国民は，第1条に規定する社会を実現する上で障害を理由とする差別の解消が重要であることに鑑み，障害を理由とする差別の解消の推進に寄与するよう努めなければならない。
（社会的障壁の除去の実施についての必要かつ合理的な配慮に関する環境の整備）
第5条　行政機関等及び事業者は，社会的障壁の除去の実施についての必要かつ合理的な配慮を的確に行うため，自ら設置する施設の構造の改善及び設備の整備，関係職員に対する研修その他の必要な環境の整備に努めなければならない。

第2章　障害を理由とする差別の解消の推進に関する基本方針

第6条①　政府は，障害を理由とする差別の解消の推進に関する施策を総合的かつ一体的に実施するため，障害を理由とする差別の解消の推進に関する基本方針（以下「基本方針」という。）を定めなければならない。
②　基本方針は，次に掲げる事項について定めるものとする。

一　障害を理由とする差別の解消の推進に関する施策に関する基本的な方向
　二　行政機関等が講ずべき障害を理由とする差別を解消するための措置に関する基本的な事項
　三　事業者が講ずべき障害を理由とする差別を解消するための措置に関する基本的な事項
　四　その他障害を理由とする差別の解消の推進に関する施策に関する重要事項
③　内閣総理大臣は，基本方針の案を作成し，閣議の決定を求めなければならない。
④　内閣総理大臣は，基本方針の案を作成しようとするときは，あらかじめ，障害者その他の関係者の意見を反映させるために必要な措置を講ずるとともに，障害者政策委員会の意見を聴かなければならない。
⑤　内閣総理大臣は，第3項の規定による閣議の決定があったときは，遅滞なく，基本方針を公表しなければならない。
⑥　前3項の規定は，基本方針の変更について準用する。

第3章　行政機関等及び事業者における障害を理由とする差別を解消するための措置

（行政機関等における障害を理由とする差別の禁止）
第7条①　行政機関等は，その事務又は事業を行うに当たり，障害を理由として障害者でない者と不当な差別的取扱いをすることにより，障害者の権利利益を侵害してはならない。
②　行政機関等は，その事務又は事業を行うに当たり，障害者から現に社会的障壁の除去を必要としている旨の意思の表明があった場合において，その実施に伴う負担が過重でないときは，障害者の権利利益を侵害することとならないよう，当該障害者の性別，年齢及び障害の状態に応じて，社会的障壁の除去の実施について必要かつ合理的な配慮をしなければならない。

（事業者における障害を理由とする差別の禁止）
第8条①　事業者は，その事業を行うに当たり，障害を理由として障害者でない者と不当な差別的取扱いをすることにより，障害者の権利利益を侵害してはならない。
②　事業者は，その事業を行うに当たり，障害者から現に社会的障壁の除去を必要としている旨の意思の表明があった場合において，その実施に伴う負担が過重でないときは，障害者の権利利益を侵害することとならないよう，当該障害者の性別，年齢及び障害の状態に応じて，社会的障壁の除去の実施について必要かつ合理的な配慮をするように努めなければならない。

（国等職員対応要領）
第9条①　国の行政機関の長及び独立行政法人等は，基本方針に即して，第7条に規定する事項に関し，当該国の行政機関及び独立行政法人等の職員が適切に対応するために必要な要領（以下この条及び附則第3条において「国等職員対応要領」という。）を定めるものとする。
②　国の行政機関の長及び独立行政法人等は，国等職員対応要領を定めようとするときは，あらかじめ，障害者その他の関係者の意見を反映させるために必要な措置を講じなければならない。
③　国の行政機関の長及び独立行政法人等は，国等職員対応要領を定めたときは，遅滞なく，

これを公表しなければならない。

④ 前2項の規定は、国等職員対応要領の変更について準用する。

（地方公共団体等職員対応要領）

第10条① 地方公共団体の機関及び地方独立行政法人は、基本方針に即して、第7条に規定する事項に関し、当該地方公共団体の機関及び地方独立行政法人の職員が適切に対応するために必要な要領（以下この条及び附則第4条において「地方公共団体等職員対応要領」という。）を定めるよう努めるものとする。

② 地方公共団体の機関及び地方独立行政法人は、地方公共団体等職員対応要領を定めようとするときは、あらかじめ、障害者その他の関係者の意見を反映させるために必要な措置を講ずるよう努めなければならない。

③ 地方公共団体の機関及び地方独立行政法人は、地方公共団体等職員対応要領を定めたときは、遅滞なく、これを公表するよう努めなければならない。

④ 国は、地方公共団体の機関及び地方独立行政法人による地方公共団体等職員対応要領の作成に協力しなければならない。

⑤ 前三項の規定は、地方公共団体等職員対応要領の変更について準用する。

（事業者のための対応指針）

第11条① 主務大臣は、基本方針に即して、第8条に規定する事項に関し、事業者が適切に対応するために必要な指針（以下「対応指針」という。）を定めるものとする。

② 第9条第2項から第4項までの規定は、対応指針について準用する。

（報告の徴収並びに助言、指導及び勧告）

第12条 主務大臣は、第8条の規定の施行に関し、特に必要があると認めるときは、対応指針に定める事項について、当該事業者に対し、報告を求め、又は助言、指導若しくは勧告をすることができる。

（事業主による措置に関する特例）

第13条 行政機関等及び事業者が事業主としての立場で労働者に対して行う障害を理由とする差別を解消するための措置については、障害者の雇用の促進等に関する法律（昭和35年法律第123号）の定めるところによる。

第4章 障害を理由とする差別を解消するための支援措置

（相談及び紛争の防止等のための体制の整備）

第14条 国及び地方公共団体は、障害者及びその家族その他の関係者からの障害を理由とする差別に関する相談に的確に応ずるとともに、障害を理由とする差別に関する紛争の防止又は解決を図ることができるよう必要な体制の整備を図るものとする。

（啓発活動）

第15条 国及び地方公共団体は、障害を理由とする差別の解消について国民の関心と理解を深めるとともに、特に、障害を理由とする差別の解消を妨げている諸要因の解消を図るため、必要な啓発活動を行うものとする。

（情報の収集、整理及び提供）

第16条 国は、障害を理由とする差別を解消するための取組に資するよう、国内外にお

ける障害を理由とする差別及びその解消のための取組に関する情報の収集，整理及び提供を行うものとする。
（障害者差別解消支援地域協議会）
第17条① 国及び地方公共団体の機関であって，医療，介護，教育その他の障害者の自立と社会参加に関連する分野の事務に従事するもの（以下この項及び次条第2項において「関係機関」という。）は，当該地方公共団体の区域において関係機関が行う障害を理由とする差別に関する相談及び当該相談に係る事例を踏まえた障害を理由とする差別を解消するための取組を効果的かつ円滑に行うため，関係機関により構成される障害者差別解消支援地域協議会（以下「協議会」という。）を組織することができる。
② 前項の規定により協議会を組織する国及び地方公共団体の機関は，必要があると認めるときは，協議会に次に掲げる者を構成員として加えることができる。
一 特定非営利活動促進法（平成10年法律第7号）第2条第2項に規定する特定非営利活動法人その他の団体
二 学識経験者
三 その他当該国及び地方公共団体の機関が必要と認める者
（協議会の事務等）
第18条① 協議会は，前条第1項の目的を達するため，必要な情報を交換するとともに，障害者からの相談及び当該相談に係る事例を踏まえた障害を理由とする差別を解消するための取組に関する協議を行うものとする。
② 関係機関及び前条第2項の構成員（次項において「構成機関等」という。）は，前項の協議の結果に基づき，当該相談に係る事例を踏まえた障害を理由とする差別を解消するための取組を行うものとする。
③ 協議会は，第1項に規定する情報の交換及び協議を行うため必要があると認めるとき，又は構成機関等が行う相談及び当該相談に係る事例を踏まえた障害を理由とする差別を解消するための取組に関し他の構成機関等から要請があった場合において必要があると認めるときは，構成機関等に対し，相談を行った障害者及び差別に係る事案に関する情報の提供，意見の表明その他の必要な協力を求めることができる。
④ 協議会の庶務は，協議会を構成する地方公共団体において処理する。
⑤ 協議会が組織されたときは，当該地方公共団体は，内閣府令で定めるところにより，その旨を公表しなければならない。
（秘密保持義務）
第19条 協議会の事務に従事する者又は協議会の事務に従事していた者は，正当な理由なく，協議会の事務に関して知り得た秘密を漏らしてはならない。
（協議会の定める事項）
第20条 前3条に定めるもののほか，協議会の組織及び運営に関し必要な事項は，協議会が定める。

第5章 雑　則

（主務大臣）

第21条　この法律における主務大臣は，対応指針の対象となる事業者の事業を所管する大臣又は国家公安委員会とする。
（地方公共団体が処理する事務）
第22条　第12条に規定する主務大臣の権限に属する事務は，政令で定めるところにより，地方公共団体の長その他の執行機関が行うこととすることができる。
（権限の委任）
第23条　この法律の規定により主務大臣の権限に属する事項は，政令で定めるところにより，その所属の職員に委任することができる。
（政令への委任）
第24条　この法律に定めるもののほか，この法律の実施のため必要な事項は，政令で定める。

第6章　罰　則

第25条　第19条の規定に違反した者は，1年以下の懲役又は50万円以下の罰金に処する。
第26条　第12条の規定による報告をせず，又は虚偽の報告をした者は，20万円以下の過料に処する。

附　則

（施行期日）
第1条　この法律は，平成28年4月1日から施行する。ただし，次条から附則第6条までの規定は，公布の日から施行する。
（基本方針に関する経過措置）
第2条①　政府は，この法律の施行前においても，第6条の規定の例により，基本方針を定めることができる。この場合において，内閣総理大臣は，この法律の施行前においても，同条の規定の例により，これを公表することができる。
②　前項の規定により定められた基本方針は，この法律の施行の日において第6条の規定により定められたものとみなす。
（国等職員対応要領に関する経過措置）
第3条①　国の行政機関の長及び独立行政法人等は，この法律の施行前においても，第9条の規定の例により，国等職員対応要領を定め，これを公表することができる。
②　前項の規定により定められた国等職員対応要領は，この法律の施行の日において第9条の規定により定められたものとみなす。
（地方公共団体等職員対応要領に関する経過措置）
第4条①　地方公共団体の機関及び地方独立行政法人は，この法律の施行前においても，第10条の規定の例により，地方公共団体等職員対応要領を定め，これを公表することができる。
②　前項の規定により定められた地方公共団体等職員対応要領は，この法律の施行の日において第10条の規定により定められたものとみなす。

（対応指針に関する経過措置）
第5条① 主務大臣は，この法律の施行前においても，第11条の規定の例により，対応指針を定め，これを公表することができる。
② 前項の規定により定められた対応指針は，この法律の施行の日において第11条の規定により定められたものとみなす。
（政令への委任）
第6条 この附則に規定するもののほか，この法律の施行に関し必要な経過措置は，政令で定める。
（検討）
第7条 政府は，この法律の施行後3年を経過した場合において，第8条第2項に規定する社会的障壁の除去の実施についての必要かつ合理的な配慮の在り方その他この法律の施行の状況について検討を加え，必要があると認めるときは，その結果に応じて所要の見直しを行うものとする。
（障害者基本法の一部改正）
第8条 障害者基本法の一部を次のように改正する。
第32条第2項に次の1号を加える。
4 障害を理由とする差別の解消の推進に関する法律（平成25年法律第65号）の規定によりその権限に属させられた事項を処理すること。
（内閣府設置法の一部改正）
第9条 内閣府設置法の一部を次のように改正する。
第4条第3項第44号の次に次の一号を加える。
44の2 障害を理由とする差別の解消の推進に関する基本方針（障害を理由とする差別の解消の推進に関する法律（平成25年法律第65号）第6条第1項に規定するものをいう。）の作成及び推進に関すること。

基本方針
 (障害を理由とする差別の解消の推進に関する基本方針)（平成27年2月24日閣議決定）

政府は，障害を理由とする差別の解消の推進に関する法律（平成25年法律第65号。以下「法」という。）第6条第1項の規定に基づき，障害を理由とする差別の解消の推進に関する基本方針（以下「基本方針」という。）を策定する。基本方針は，障害を理由とする差別（以下「障害者差別」という。）の解消に向けた，政府の施策の総合的かつ一体的な実施に関する基本的な考え方を示すものである。

第1 障害を理由とする差別の解消の推進に関する施策に関する基本的な方向

1 法制定の背景

近年，障害者の権利擁護に向けた取組が国際的に進展し，平成18年に国連において，障害者の人権及び基本的自由の享有を確保すること並びに障害者の固有の尊厳の尊重を促進するための包括的かつ総合的な国際条約である障害者の権利に関する条約（以下「権利条約」という。）が採択された。我が国は，平成19年に権利条約に署名し，以来，国内法の整備を始めとする取組を進めてきた。

　権利条約は第2条において，「「障害に基づく差別」とは，障害に基づくあらゆる区別，排除又は制限であって，政治的，経済的，社会的，文化的，市民的その他のあらゆる分野において，他の者との平等を基礎として全ての人権及び基本的自由を認識し，享有し，又は行使することを害し，又は妨げる目的又は効果を有するものをいう。障害に基づく差別には，あらゆる形態の差別（合理的配慮の否定を含む。）を含む。」と定義し，その禁止について，締約国に全ての適当な措置を求めている。我が国においては，平成16年の障害者基本法（昭和45年法律第84号）の改正において，障害者に対する差別の禁止が基本的理念として明示され，さらに，平成23年の同法改正の際には，権利条約の趣旨を踏まえ，同法第2条第2号において，社会的障壁について，「障害がある者にとつて日常生活又は社会生活を営む上で障壁となるような社会における事物，制度，慣行，観念その他一切のものをいう。」と定義されるとともに，基本原則として，同法第4条第1項に，「何人も，障害者に対して，障害を理由として，差別することその他の権利利益を侵害する行為をしてはならない」こと，また，同条第2項に，「社会的障壁の除去は，それを必要としている障害者が現に存し，かつ，その実施に伴う負担が過重でないときは，それを怠ることによって前項の規定に違反することとならないよう，その実施について必要かつ合理的な配慮がされなければならない」ことが規定された。

　法は，障害者基本法の差別の禁止の基本原則を具体化するものであり，全ての国民が，障害の有無によって分け隔てられることなく，相互に人格と個性を尊重し合いながら共生する社会の実現に向け，障害者差別の解消を推進することを目的として，平成25年6月に制定された。我が国は，本法の制定を含めた一連の障害者施策に係る取組の成果を踏まえ，平成26年1月に権利条約を締結した。

2　基本的な考え方

（1）法の考え方

　全ての国民が，障害の有無によって分け隔てられることなく，相互に人格と個性を尊重し合いながら共生する社会を実現するためには，日常生活や社会生活における障害者の活動を制限し，社会への参加を制約している社会的障壁を取り除くことが重要である。このため，法は，後述する，障害者に対する不当な差別的取扱い及び合理的配慮の不提供を差別と規定し，行政機関等及び事業者に対し，差別の解消に向けた具体的取組を求めるとともに，普及啓発活動等を通じて，障害者も含めた国民一人ひとりが，それぞれの立場において自発的に取り組むことを促している。

　特に，法に規定された合理的配慮の提供に当たる行為は，既に社会の様々な場面において日常的に実践されているものもあり，こうした取組を広く社会に示すことにより，国民一人ひとりの，障害に関する正しい知識の取得や理解が深まり，障害者との建設的対話による相

互理解が促進され，取組の裾野が一層広がることを期待するものである。
　(2) 基本方針と対応要領・対応指針との関係
　基本方針に即して，国の行政機関の長及び独立行政法人等においては，当該機関の職員の取組に資するための対応要領を，主務大臣においては，事業者における取組に資するための対応指針を作成することとされている。地方公共団体及び公営企業型以外の地方独立行政法人（以下「地方公共団体等」という。）については，地方分権の観点から，対応要領の作成は努力義務とされているが，積極的に取り組むことが望まれる。
　対応要領及び対応指針は，法に規定された不当な差別的取扱い及び合理的配慮について，具体例も盛り込みながら分かりやすく示しつつ，行政機関等の職員に徹底し，事業者の取組を促進するとともに，広く国民に周知するものとする。
　(3) 条例との関係
　地方公共団体においては，近年，法の制定に先駆けて，障害者差別の解消に向けた条例の制定が進められるなど，各地で障害者差別の解消に係る気運の高まりが見られるところである。法の施行後においても，地域の実情に即した既存の条例（いわゆる上乗せ・横出し条例を含む。）については引き続き効力を有し，また，新たに制定することも制限されることはなく，障害者にとって身近な地域において，条例の制定も含めた障害者差別を解消する取組の推進が望まれる。

第2　行政機関等及び事業者が講ずべき障害を理由とする差別を解消するための措置に関する共通的な事項

1　法の対象範囲

　(1) 障害者
　対象となる障害者は，障害者基本法第2条第1号に規定する障害者，即ち，「身体障害，知的障害，精神障害（発達障害を含む。）その他の心身の機能の障害（以下「障害」と総称する。）がある者であつて，障害及び社会的障壁により継続的に日常生活又は社会生活に相当な制限を受ける状態にあるもの」である。これは，障害者が日常生活又は社会生活において受ける制限は，身体障害，知的障害，精神障害（発達障害を含む。）その他の心身の機能の障害（難病に起因する障害を含む。）のみに起因するものではなく，社会における様々な障壁と相対することによって生ずるものとのいわゆる「社会モデル」の考え方を踏まえている。したがって，法が対象とする障害者は，いわゆる障害者手帳の所持者に限られない。なお，高次脳機能障害は精神障害に含まれる。
　また，特に女性である障害者は，障害に加えて女性であることにより，更に複合的に困難な状況に置かれている場合があること，障害児には，成人の障害者とは異なる支援の必要性があることに留意する。
　(2) 事業者
　対象となる事業者は，商業その他の事業を行う者（地方公共団体の経営する企業及び公営企業型地方独立行政法人を含み，国，独立行政法人等，地方公共団体及び公営企業型以外の地方独立行政法人を除く。）であり，目的の営利・非営利，個人・法人の別を問わず，同種

の行為を反復継続する意思をもって行う者である。したがって、例えば、個人事業者や対価を得ない無報酬の事業を行う者、非営利事業を行う社会福祉法人や特定非営利活動法人も対象となる。

(3) 対象分野

法は、日常生活及び社会生活全般に係る分野が広く対象となる。ただし、行政機関等及び事業者が事業主としての立場で労働者に対して行う障害を理由とする差別を解消するための措置については、法第13条により、障害者の雇用の促進等に関する法律（昭和35年法律第123号）の定めるところによることとされている。

2 不当な差別的取扱い

(1) 不当な差別的取扱いの基本的な考え方

ア 法は、障害者に対して、正当な理由なく、障害を理由として、財・サービスや各種機会の提供を拒否する又は提供に当たって場所・時間帯などを制限する、障害者でない者に対しては付さない条件を付けることなどにより、障害者の権利利益を侵害することを禁止している。

なお、障害者の事実上の平等を促進し、又は達成するために必要な特別の措置は、不当な差別的取扱いではない。

イ したがって、障害者を障害者でない者と比べて優遇する取扱い（いわゆる積極的改善措置）、法に規定された障害者に対する合理的配慮の提供による障害者でない者との異なる取扱いや、合理的配慮を提供等するために必要な範囲で、プライバシーに配慮しつつ障害者に障害の状況等を確認することは、不当な差別的取扱いには当たらない。不当な差別的取扱いとは、正当な理由なく、障害者を、問題となる事務・事業について本質的に関係する諸事情が同じ障害者でない者より不利に扱うことである点に留意する必要がある。

(2) 正当な理由の判断の視点

正当な理由に相当するのは、障害者に対して、障害を理由として、財・サービスや各種機会の提供を拒否するなどの取扱いが客観的に見て正当な目的の下に行われたものであり、その目的に照らしてやむを得ないと言える場合である。行政機関等及び事業者においては、正当な理由に相当するか否かについて、個別の事案ごとに、障害者、事業者、第三者の権利利益（例：安全の確保、財産の保全、事業の目的・内容・機能の維持、損害発生の防止等）及び行政機関等の事務・事業の目的・内容・機能の維持等の観点に鑑み、具体的場面や状況に応じて総合的・客観的に判断することが必要である。行政機関等及び事業者は、正当な理由があると判断した場合には、障害者にその理由を説明するものとし、理解を得るよう努めることが望ましい。

3 合理的配慮

(1) 合理的配慮の基本的な考え方

ア 権利条約第2条において、「合理的配慮」は、「障害者が他の者との平等を基礎として全ての人権及び基本的自由を享有し、又は行使することを確保するための必要かつ適当な変更及び調整であって、特定の場合において必要とされるものであり、かつ、均衡を失した

又は過度の負担を課さないもの」と定義されている。

　法は，権利条約における合理的配慮の定義を踏まえ，行政機関等及び事業者に対し，その事務・事業を行うに当たり，個々の場面において，障害者から現に社会的障壁の除去を必要としている旨の意思の表明があった場合において，その実施に伴う負担が過重でないときは，障害者の権利利益を侵害することとならないよう，社会的障壁の除去の実施について，必要かつ合理的な配慮（以下「合理的配慮」という。）を行うことを求めている。合理的配慮は，障害者が受ける制限は，障害のみに起因するものではなく，社会における様々な障壁と相対することによって生ずるものとのいわゆる「社会モデル」の考え方を踏まえたものであり，障害者の権利利益を侵害することとならないよう，障害者が個々の場面において必要としている社会的障壁を除去するための必要かつ合理的な取組であり，その実施に伴う負担が過重でないものである。

　合理的配慮は，行政機関等及び事業者の事務・事業の目的・内容・機能に照らし，必要とされる範囲で本来の業務に付随するものに限られること，障害者でない者との比較において同等の機会の提供を受けるためのものであること，事務・事業の目的・内容・機能の本質的な変更には及ばないことに留意する必要がある。

イ　合理的配慮は，障害の特性や社会的障壁の除去が求められる具体的場面や状況に応じて異なり，多様かつ個別性の高いものであり，当該障害者が現に置かれている状況を踏まえ，社会的障壁の除去のための手段及び方法について，「(2)　過重な負担の基本的な考え方」に掲げた要素を考慮し，代替措置の選択も含め，双方の建設的対話による相互理解を通じて，必要かつ合理的な範囲で，柔軟に対応がなされるものである。さらに，合理的配慮の内容は，技術の進展，社会情勢の変化等に応じて変わり得るものである。

　現時点における一例としては，
・車椅子利用者のために段差に携帯スロープを渡す，高い所に陳列された商品を取って渡すなどの物理的環境への配慮
・筆談，読み上げ，手話などによるコミュニケーション，分かりやすい表現を使って説明をするなどの意思疎通の配慮
・障害の特性に応じた休憩時間の調整などのルール・慣行の柔軟な変更
　などが挙げられる。合理的配慮の提供に当たっては，障害者の性別，年齢，状態等に配慮するものとする。内閣府及び関係行政機関は，今後，合理的配慮の具体例を蓄積し，広く国民に提供するものとする。

　なお，合理的配慮を必要とする障害者が多数見込まれる場合，障害者との関係性が長期にわたる場合等には，その都度の合理的配慮の提供ではなく，後述する環境の整備を考慮に入れることにより，中・長期的なコストの削減・効率化につながる点は重要である。

ウ　意思の表明に当たっては，具体的場面において，社会的障壁の除去に関する配慮を必要としている状況にあることを言語（手話を含む。）のほか，点字，拡大文字，筆談，実物の提示や身振りサイン等による合図，触覚による意思伝達など，障害者が他人とコミュニケーションを図る際に必要な手段（通訳を介するものを含む。）により伝えられる。

　また，障害者からの意思表明のみでなく，知的障害や精神障害（発達障害を含む。）等により本人の意思表明が困難な場合には，障害者の家族，介助者等，コミュニケーション

を支援する者が本人を補佐して行う意思の表明も含む。

なお，意思の表明が困難な障害者が，家族，介助者等を伴っていない場合など，意思の表明がない場合であっても，当該障害者が社会的障壁の除去を必要としていることが明白である場合には，法の趣旨に鑑みれば，当該障害者に対して適切と思われる配慮を提案するために建設的対話を働きかけるなど，自主的な取組に努めることが望ましい。

エ　合理的配慮は，障害者等の利用を想定して事前に行われる建築物のバリアフリー化，介助者等の人的支援，情報アクセシビリティの向上等の環境の整備（「第5」において後述）を基礎として，個々の障害者に対して，その状況に応じて個別に実施される措置である。したがって，各場面における環境の整備の状況により，合理的配慮の内容は異なることとなる。また，障害の状態等が変化することもあるため，特に，障害者との関係性が長期にわたる場合等には，提供する合理的配慮について，適宜，見直しを行うことが重要である。

(2) 過重な負担の基本的な考え方

過重な負担については，行政機関等及び事業者において，個別の事案ごとに，以下の要素等を考慮し，具体的場面や状況に応じて総合的・客観的に判断することが必要である。行政機関等及び事業者は，過重な負担に当たると判断した場合は，障害者にその理由を説明するものとし，理解を得るよう努めることが望ましい。

○事務・事業への影響の程度（事務・事業の目的・内容・機能を損なうか否か）
○実現可能性の程度（物理的・技術的制約，人的・体制上の制約）
○費用・負担の程度
○事務・事業規模
○財政・財務状況

第3　行政機関等が講ずべき障害を理由とする差別を解消するための措置に関する基本的な事項

1　基本的な考え方

行政機関等においては，その事務・事業の公共性に鑑み，障害者差別の解消に率先して取り組む主体として，不当な差別的取扱いの禁止及び合理的配慮の提供が法的義務とされており，国の行政機関の長及び独立行政法人等は，当該機関の職員による取組を確実なものとするため，対応要領を定めることとされている。行政機関等における差別禁止を確実なものとするためには，差別禁止に係る具体的取組と併せて，相談窓口の明確化，職員の研修・啓発の機会の確保等を徹底することが重要であり，対応要領においてこの旨を明記するものとする。

2　対応要領

(1) 対応要領の位置付け及び作成手続

対応要領は，行政機関等が事務・事業を行うに当たり，職員が遵守すべき服務規律の一環として定められる必要があり，国の行政機関であれば，各機関の長が定める訓令等が，また，独立行政法人等については，内部規則の様式に従って定められることが考えられる。

国の行政機関の長及び独立行政法人等は，対応要領の作成に当たり，障害者その他の関係者を構成員に含む会議の開催，障害者団体等からのヒアリングなど，障害者その他の関係者の意見を反映させるために必要な措置を講ずるとともに，作成後は，対応要領を公表しなければならない。

(2) 対応要領の記載事項

対応要領の記載事項としては，以下のものが考えられる。
○趣旨
○障害を理由とする不当な差別的取扱い及び合理的配慮の基本的な考え方
○障害を理由とする不当な差別的取扱い及び合理的配慮の具体例
○相談体制の整備
○職員への研修・啓発

3 地方公共団体等における対応要領に関する事項

地方公共団体等における対応要領の作成については，地方分権の趣旨に鑑み，法においては努力義務とされている。地方公共団体等において対応要領を作成する場合には，2 (1) 及び (2) に準じて行われることが望ましい。国は，地方公共団体等における対応要領の作成に関し，適時に資料・情報の提供，技術的助言など，所要の支援措置を講ずること等により協力しなければならない。

第4 事業者が講ずべき障害を理由とする差別を解消するための措置に関する基本的な事項

1 基本的な考え方

事業者については，不当な差別的取扱いの禁止が法的義務とされる一方で，事業における障害者との関係が分野・業種・場面・状況によって様々であり，求められる配慮の内容・程度も多種多様であることから，合理的配慮の提供については，努力義務とされている。このため，各主務大臣は，所掌する分野における対応指針を作成し，事業者は，対応指針を参考として，取組を主体的に進めることが期待される。主務大臣においては，所掌する分野の特性を踏まえたきめ細かな対応を行うものとする。各事業者における取組については，障害者差別の禁止に係る具体的取組はもとより，相談窓口の整備，事業者の研修・啓発の機会の確保等も重要であり，対応指針の作成に当たっては，この旨を明記するものとする。

同種の事業が行政機関等と事業者の双方で行われる場合は，事業の類似性を踏まえつつ，事業主体の違いも考慮した上での対応に努めることが望ましい。また，公設民営の施設など，行政機関等がその事務・事業の一環として設置・実施し，事業者に運営を委託等している場合は，提供される合理的配慮の内容に大きな差異が生ずることにより障害者が不利益を受けることのないよう，委託等の条件に，対応要領を踏まえた合理的配慮の提供について盛り込むよう努めることが望ましい。

2 対応指針

(1) 対応指針の位置付け及び作成手続

　主務大臣は，個別の場面における事業者の適切な対応・判断に資するための対応指針を作成するものとされている。作成に当たっては，障害者や事業者等を構成員に含む会議の開催，障害者団体や事業者団体等からのヒアリングなど，障害者その他の関係者の意見を反映させるために必要な措置を講ずるとともに，作成後は，対応指針を公表しなければならない。

　なお，対応指針は，事業者の適切な判断に資するために作成されるものであり，盛り込まれる合理的配慮の具体例は，事業者に強制する性格のものではなく，また，それだけに限られるものではない。事業者においては，対応指針を踏まえ，具体的場面や状況に応じて柔軟に対応することが期待される。

(2) 対応指針の記載事項

　対応指針の記載事項としては，以下のものが考えられる。
　○趣旨
　○障害を理由とする不当な差別的取扱い及び合理的配慮の基本的な考え方
　○障害を理由とする不当な差別的取扱い及び合理的配慮の具体例
　○事業者における相談体制の整備
　○事業者における研修・啓発
　○国の行政機関（主務大臣）における相談窓口

3　主務大臣による行政措置

　事業者における障害者差別解消に向けた取組は，主務大臣の定める対応指針を参考にして，各事業者により自主的に取組が行われることが期待される。しかしながら，事業者による自主的な取組のみによっては，その適切な履行が確保されず，例えば，事業者が法に反した取扱いを繰り返し，自主的な改善を期待することが困難である場合など，主務大臣は，特に必要があると認められるときは，事業者に対し，報告を求め，又は助言，指導若しくは勧告をすることができることとされている。

　こうした行政措置に至る事案を未然に防止するため，主務大臣は，事業者に対して，対応指針に係る十分な情報提供を行うとともに，事業者からの照会・相談に丁寧に対応するなどの取組を積極的に行うものとする。また，主務大臣による行政措置に当たっては，事業者における自主的な取組を尊重する法の趣旨に沿って，まず，報告徴収，助言，指導により改善を促すことを基本とする必要がある。主務大臣が事業者に対して行った助言，指導及び勧告については，取りまとめて，毎年国会に報告するものとする。

第5　その他障害を理由とする差別の解消の推進に関する施策に関する重要事項

1　環境の整備

　法は，不特定多数の障害者を主な対象として行われる事前的改善措置（いわゆるバリアフリー法に基づく公共施設や交通機関におけるバリアフリー化，意思表示やコミュニケーションを支援するためのサービス・介助者等の人的支援，障害者による円滑な情報の取得・利

用・発信のための情報アクセシビリティの向上等）については，個別の場面において，個々の障害者に対して行われる合理的配慮を的確に行うための環境の整備として実施に努めることとしている。新しい技術開発が環境の整備に係る投資負担の軽減をもたらすこともあることから，技術進歩の動向を踏まえた取組が期待される。また，環境の整備には，ハード面のみならず，職員に対する研修等のソフト面の対応も含まれることが重要である。

　障害者差別の解消のための取組は，このような環境の整備を行うための施策と連携しながら進められることが重要であり，ハード面でのバリアフリー化施策，情報の取得・利用・発信におけるアクセシビリティ向上のための施策，職員に対する研修等，環境の整備の施策を着実に進めることが必要である。

2　相談及び紛争の防止等のための体制の整備

　障害者差別の解消を効果的に推進するには，障害者及びその家族その他の関係者からの相談等に的確に応じることが必要であり，相談等に対応する際には，障害者の性別，年齢，状態等に配慮することが重要である。法は，新たな機関は設置せず，既存の機関等の活用・充実を図ることとしており，国及び地方公共団体において，相談窓口を明確にするとともに，相談や紛争解決などに対応する職員の業務の明確化・専門性の向上などを図ることにより，障害者差別の解消の推進に資する体制を整備するものとする。内閣府においては，相談及び紛争の防止等に関する機関の情報について収集・整理し，ホームページへの掲載等により情報提供を行うものとする。

3　啓発活動

　障害者差別については，国民一人ひとりの障害に関する知識・理解の不足，意識の偏りに起因する面が大きいと考えられることから，内閣府を中心に，関係行政機関と連携して，各種啓発活動に積極的に取り組み，国民各層の障害に関する理解を促進するものとする。

（1）行政機関等における職員に対する研修

　行政機関等においては，所属する職員一人ひとりが障害者に対して適切に対応し，また，障害者及びその家族その他の関係者からの相談等に的確に対応するため，法の趣旨の周知徹底，障害者から話を聞く機会を設けるなどの各種研修等を実施することにより，職員の障害に関する理解の促進を図るものとする。

（2）事業者における研修

　事業者においては，障害者に対して適切に対応し，また，障害者及びその家族その他の関係者からの相談等に的確に対応するため，研修等を通じて，法の趣旨の普及を図るとともに，障害に関する理解の促進に努めるものとする。

（3）地域住民等に対する啓発活動

ア　障害者差別が，本人のみならず，その家族等にも深い影響を及ぼすことを，国民一人ひとりが認識するとともに，法の趣旨について理解を深めることが不可欠であり，また，障害者からの働きかけによる建設的対話を通じた相互理解が促進されるよう，障害者も含め，広く周知・啓発を行うことが重要である。

　　内閣府を中心に，関係省庁，地方公共団体，事業者，障害者団体，マスメディア等の多

様な主体との連携により，インターネットを活用した情報提供，ポスターの掲示，パンフレットの作成・配布，法の説明会やシンポジウム等の開催など，多様な媒体を用いた周知・啓発活動に積極的に取り組む。
イ　障害のある児童生徒が，その年齢及び能力に応じ，可能な限り障害のない児童生徒と共に，その特性を踏まえた十分な教育を受けることのできるインクルーシブ教育システムを推進しつつ，家庭や学校を始めとする社会のあらゆる機会を活用し，子供の頃から年齢を問わず障害に関する知識・理解を深め，全ての障害者が，障害者でない者と等しく，基本的人権を享有する個人であることを認識し，障害の有無にかかわらず共に助け合い・学び合う精神を涵養する。障害のない児童生徒の保護者に対する働きかけも重要である。
ウ　国は，グループホーム等を含む，障害者関連施設の認可等に際して，周辺住民の同意を求める必要がないことを十分に周知するとともに，地方公共団体においては，当該認可等に際して，周辺住民の同意を求める必要がないことに留意しつつ，住民の理解を得るために積極的な啓発活動を行うことが望ましい。

4　障害者差別解消支援地域協議会

（1）趣旨

　障害者差別の解消を効果的に推進するには，障害者にとって身近な地域において，主体的な取組がなされることが重要である。地域において日常生活，社会生活を営む障害者の活動は広範多岐にわたり，相談等を行うに当たっては，どの機関がどのような権限を有しているかは必ずしも明らかではない場合があり，また，相談等を受ける機関においても，相談内容によっては当該機関だけでは対応できない場合がある。このため，地域における様々な関係機関が，相談事例等に係る情報の共有・協議を通じて，各自の役割に応じた事案解決のための取組や類似事案の発生防止の取組など，地域の実情に応じた差別の解消のための取組を主体的に行うネットワークとして，障害者差別解消支援地域協議会（以下「協議会」という。）を組織することができることとされている。協議会については，障害者及びその家族の参画について配慮するとともに，性別・年齢，障害種別を考慮して組織することが望ましい。内閣府においては，法施行後における協議会の設置状況等について公表するものとする。

（2）期待される役割

　協議会に期待される役割としては，関係機関から提供された相談事例等について，適切な相談窓口を有する機関の紹介，具体的事案の対応例の共有・協議，協議会の構成機関等における調停，斡旋等の様々な取組による紛争解決，複数の機関で紛争解決等に対応することへの後押し等が考えられる。
　なお，都道府県において組織される協議会においては，紛争解決等に向けた取組について，市町村において組織される協議会を補完・支援する役割が期待される。また，関係機関において紛争解決に至った事例，合理的配慮の具体例，相談事案から合理的配慮に係る環境の整備を行うに至った事例などの共有・分析を通じて，構成機関等における業務改善，事案の発生防止のための取組，周知・啓発活動に係る協議等を行うことが期待される。

5　差別の解消に係る施策の推進に関する重要事項

(1) 情報の収集，整理及び提供

本法を効果的に運用していくため，内閣府においては，行政機関等による協力や協議会との連携などにより，個人情報の保護等に配慮しつつ，国内における具体例や裁判例等を収集・整理するものとする。あわせて，海外の法制度や差別解消のための取組に係る調査研究等を通じ，権利条約に基づき設置された，障害者の権利に関する委員会を始めとする国際的な動向や情報の集積を図るものとする。これらの成果については，障害者白書や内閣府ホームページ等を通じて，広く国民に提供するものとする。

(2) 基本方針，対応要領，対応指針の見直し等

技術の進展，社会情勢の変化等は，特に，合理的配慮について，その内容，程度等に大きな進展をもたらし，また，実施に伴う負担を軽減し得るものであり，法の施行後においては，こうした動向や，不当な差別的取扱い及び合理的配慮の具体例の集積等を踏まえるとともに，国際的な動向も勘案しつつ，必要に応じて，基本方針，対応要領及び対応指針を見直し，適時，充実を図るものとする。

法の施行後3年を経過した時点における法の施行状況に係る検討の際には，障害者政策委員会における障害者差別の解消も含めた障害者基本計画の実施状況に係る監視の結果も踏まえて，基本方針についても併せて所要の検討を行うものとする。基本方針の見直しに当たっては，あらかじめ，障害者その他の関係者の意見を反映させるために必要な措置を講ずるとともに，障害者政策委員会の意見を聴かなければならない。対応要領，対応指針の見直しに当たっても，障害者その他の関係者の意見を反映させるために必要な措置を講じなければならない。

なお，各種の国家資格の取得等において障害者に不利が生じないよう，いわゆる欠格条項について，各制度の趣旨や，技術の進展，社会情勢の変化等を踏まえ，適宜，必要な見直しを検討するものとする。

文部科学省の対応指針
(文部科学省所管事業分野における障害を理由とする差別の解消の推進に関する対応指針)（平成27年文部科学省告示第180号）

第1 趣旨

1 障害者差別解消法の制定の経緯

我が国は，平成19年に障害者の権利に関する条約（以下「権利条約」という。）に署名して以来，障害者基本法（昭和45年法律第84号）の改正をはじめとする国内法の整備等を進めてきた。

障害を理由とする差別の解消の推進に関する法律（平成25年法律第65号。以下「法」という。）は，障害者基本法の差別の禁止の基本原則を具体化するものであり，全ての国民が，障害の有無によって分け隔てられることなく，相互に人格と個性を尊重し合いながら共生す

る社会の実現に向け，障害者差別の解消を推進することを目的として，平成25年に制定された。

2 法の基本的な考え方

（1）法の対象となる障害者は，障害者基本法第2条第1号に規定する障害者，すなわち，身体障害，知的障害，精神障害（発達障害を含む。）その他の心身の機能の障害（以下「障害」と総称する。）がある者であって，障害及び社会的障壁により継続的に日常生活又は社会生活に相当な制限を受ける状態にあるものである。

これは，障害者が日常生活又は社会生活において受ける制限は，障害のみに起因するものではなく，社会における様々な障壁と相対することによって生ずるものとのいわゆる「社会モデル」の考え方を踏まえている。

したがって，法が対象とする障害者は，いわゆる障害者手帳の所持者に限られない。なお，難病に起因する障害は心身の機能の障害に含まれ，高次脳機能障害は精神障害に含まれる。

（2）法は，日常生活及び社会生活全般に係る分野を広く対象としている。ただし，事業者が事業主としての立場で労働者に対して行う障害を理由とする差別を解消するための措置については，法第13条の規定により，障害者の雇用の促進等に関する法律（昭和35年法律第123号）の定めるところによることとされていることから，この対応指針（以下「本指針」という。）の対象外となる。なお，同法第34条及び第35条において，雇用の分野における障害者に対する差別の禁止が定められ，また，同法第36条の2及び第36条の3において，障害者が職場で働くに当たっての支障を改善するための措置（合理的配慮の提供義務）が定められたことを認識し，同法第36条第1項及び第36条の5第1項の規定に基づき厚生労働大臣が定める各指針を踏まえて適切に対処することが求められることに留意する。

3 本指針の位置付け

本指針は，法第11条第1項の規定に基づき，また，障害を理由とする差別の解消の推進に関する基本方針（平成27年2月24日閣議決定。以下「基本方針」という。）に即して，法第8条に規定する事項に関し，文部科学省が所轄する分野における事業者（以下「関係事業者」という。）が適切に対応するために必要な条項を定めたものである。

なお，事業者とは，商業その他の事業を行う者（国，独立行政法人等，地方公共団体及び地方独立行政法人を除く。），すなわち，目的の営利・非営利，個人・法人の別を問わず，同種の行為を反復継続する意志をもって行う者であり，個人事業者や対価を得ない無報酬の事業を行う者，学校法人，宗教法人，非営利事業を行う社会福祉法人及び特定非営利活動法人を含む。なお，主たる事業に付随する事業，例えば，学校法人が設置する大学医学部の附属病院や宗教法人が設置する博物館等も，本指針の対象となる。このほか，本指針で使用する用語は，法第2条及び基本方針に定める定義に従う。

また，本指針は，法附則第7条の規定又は法の付帯決議に基づいて行われる法の見直し，法施行後の具体的な相談事例や裁判例の集積等を踏まえ，必要に応じ見直しを行うものとする。

4 留意点

　本指針で「望ましい」と記載している内容は，関係事業者がそれに従わない場合であっても，法に反すると判断されることはないが，障害者基本法の基本的な理念及び法の目的を踏まえ，できるだけ取り組むことが望まれることを意味する。

　なお，関係事業者における障害者差別解消に向けた取組は，本指針を参考にして，各関係事業者により自主的に取組が行われることが期待されるが，自主的な取組のみによってはその適切な履行が確保されず，関係事業者が法に反した取扱いを繰り返し，自主的な改善を期待することが困難である場合などは，法第12条の規定により，文部科学大臣は，特に必要があると認められるときは，関係事業者に対し，報告を求め，又は助言，指導若しくは勧告をすることができることとされている。

　こうした行政措置に至る事案を未然に防止するため，文部科学大臣は，関係事業者に対して，本指針に係る十分な情報提供を行うとともに，関係事業者からの照会・相談に丁寧に対応するなどの取組を積極的に行う必要があることから，文部科学省においては，第5のとおり，相談窓口を設置することとする。

第2　不当な差別的取扱い及び合理的配慮の基本的な考え方

1　不当な差別的取扱い

（1）不当な差別的取扱いの基本的な考え方

　関係事業者は，法第8条第1項の規定のとおり，その事業を行うに当たり，障害を理由として障害者でない者と不当な差別的取扱いをすることにより，障害者の権利利益を侵害してはならない。

ア　法が禁止する障害者の権利利益の侵害とは，障害者に対して，正当な理由なく，障害を理由として，財・サービスや各種機会の提供を拒否する又は提供に当たって場所・時間帯などを制限する，障害者でない者に対しては付さない条件を付すことなどによる権利利益の侵害である。

　　なお，障害者の事実上の平等を促進し，又は達成するために必要な特別の措置は，法第8条第1項に規定する不当な差別的取扱い（以下単に「不当な差別的取扱い」という。）ではない。

イ　したがって，障害者を障害者でない者より優遇する取扱い（いわゆる積極的改善措置）や，法に規定された障害者に対する合理的配慮の提供による障害者でない者との異なる取扱い，合理的配慮を提供等するために必要な範囲で，プライバシーに配慮しつつ障害者に障害の状況等を確認することは，不当な差別的取扱いには当たらない。不当な差別的取扱いとは，正当な理由なく，障害者を，関係事業者の行う事業について本質的に関係する諸事情が同じ障害者でない者より不利に扱うことである点に留意する必要がある。

（2）正当な理由の判断の視点

　正当な理由に相当するのは，障害者に対して，障害を理由として，財・サービスや各種機

会の提供を拒否するなどの取扱いが客観的に見て正当な目的の下に行われたものであり，その目的に照らしてやむを得ない場合である。関係事業者においては，正当な理由に相当するか否かについて，個別の事案ごとに，障害者，関係事業者，第三者の権利利益（例：安全の確保，財産の保全，事業の目的・内容・機能の維持，損害発生の防止等）の観点から，具体的場面や状況に応じて総合的・客観的に判断することが必要である。個別の事案ごとに具体的場面や状況に応じた検討を行うことなく，抽象的に事故の危惧がある，危険が想定されるなどの一般的・抽象的な理由に基づいて，財・サービスや各種機会の提供を拒否する又は提供に当たって場所・時間帯などを制限する，障害者でない者に対しては付さない条件を付すなど障害者を不利に扱うことは，法の趣旨を損なうため，適当ではない。

関係事業者は，個別の事案ごとに具体的な検討を行った上で正当な理由があると判断した場合には，障害者にその理由を説明するものとし，理解を得るよう努めることが望ましい。

(3) 不当な差別的取扱いの具体例

不当な差別的取扱いに当たり得る具体例は別紙1のとおりである。

なお，1(2)で示したとおり，不当な差別的取扱いに相当するか否かについては，個別の事案ごとに判断されることとなる。また，別紙1に記載されている具体例については，正当な理由が存在しないことを前提としていること，さらに，それらはあくまでも例示であり，記載されている具体例だけに限られるものではないことに留意する必要がある。

2 合理的配慮

(1) 合理的配慮の基本的な考え方

関係事業者は，法第8条第2項の規定のとおり，その事業を行うに当たり，障害者から現に社会的障壁の除去を必要としている旨の意思の表明があった場合において，その実施に伴う負担が過重でないときは，障害者の権利利益を侵害することとならないよう，当該障害者の性別，年齢及び障害の状態に応じて，社会的障壁の除去の実施について必要かつ合理的な配慮（以下「合理的配慮」という。）をするように努めなければならない。

ア 権利条約第2条において，「合理的配慮」は，「障害者が他の者との平等を基礎として全ての人権及び基本的自由を享有し，又は行使することを確保するための必要かつ適当な変更及び調整であって，特定の場合において必要とされるものであり，かつ，均衡を失した又は過度の負担を課さないもの」と定義されている。

法は，権利条約における合理的配慮の定義を踏まえ，事業者に対し，その事業を行うに当たり，個々の場面において，障害者から現に社会的障壁の除去を必要としている旨の意思の表明があった場合において，その実施に伴う負担が過重でないときは，障害者の権利利益を侵害することとならないよう，社会的障壁の除去の実施について，合理的配慮に努めなければならないとしている。合理的配慮は，障害者が受ける制限は，障害のみに起因するものではなく，社会における様々な障壁と相対することによって生ずるものという，いわゆる「社会モデル」の考え方を踏まえたものであり，障害者の権利利益を侵害することとならないよう，障害者が個々の場面において必要としている社会的障壁を除去するための必要かつ合理的な取組であり，その実施に伴う負担が過重でないものである。

合理的配慮は，事業者の事業の目的・内容・機能に照らし，必要とされる範囲で本来の

業務に付随するものに限られること，障害者でない者との比較において同等の機会の提供を受けるためのものであること及び事業の目的・内容・機能の本質的な変更には及ばないことに留意する必要がある。

イ　合理的配慮は，障害の特性や社会的障壁の除去が求められる具体的場面や状況に応じて異なり，多様かつ個別性の高いものであり，当該障害者が現に置かれている状況を踏まえ，社会的障壁の除去のための手段及び方法について，2（2）で示す過重な負担の基本的な考え方に掲げた要素を考慮し，代替措置の選択も含め，双方の建設的対話による相互理解を通じて，必要かつ合理的な範囲で，柔軟に対応がなされるものである。さらに，合理的配慮の内容は，技術の進展，社会情勢の変化等に応じて変わり得るものである。合理的配慮の提供に当たっては，障害者の性別，年齢，状態等に配慮するものとする。

　なお，合理的配慮を必要とする障害者が多数見込まれる場合，障害者との関係性が長期にわたる場合等には，その都度の合理的配慮の提供ではなく，後述する環境の整備を考慮に入れることにより，中・長期的なコストの削減・効率化につながる可能性がある点は重要であることから，環境の整備に取り組むことを積極的に検討することが望ましい。

ウ　意思の表明に当たっては，具体的場面において，社会的障壁の除去に関する配慮を必要としている状況にあることを言語（手話を含む。）のほか，点字，拡大文字，筆談，実物の提示，身振りサイン等による合図，触覚による意思伝達など，障害者が他人とコミュニケーションを図る際に必要な手段（通訳を介するものを含む。）により伝えられる。

　また，意思の表明には，障害者からの意思の表明のみでなく，知的障害や精神障害（発達障害を含む。）等により本人の意思の表明が困難な場合には，障害者の家族，介助者，法定代理人その他意思の表明に関わる支援者等，コミュニケーションを支援する者が本人を補佐して行う意思の表明も含む。

　なお，意思の表明が困難な障害者が家族やコミュニケーションを支援する者を伴っておらず，本人の意思の表明もコミュニケーションを支援する者が本人を補佐して行う意思の表明も困難であることなどにより，意思の表明がない場合であっても，当該障害者が社会的障壁の除去を必要としていることが明白である場合には，法の趣旨に鑑み，当該障害者に対して適切と思われる配慮を提案するために建設的対話を働きかけるなど，自主的な取組に努めることが望ましい。

エ　合理的配慮は，障害者等の利用を想定して事前に行われる建築物のバリアフリー化，介助者や日常生活・学習活動などの支援を行う支援員等の人的支援，情報アクセシビリティの向上等の環境の整備を基礎として，個々の障害者に対して，その状況に応じて個別に実施される措置である。したがって，各場面における環境の整備の状況により，合理的配慮の内容は異なることとなる。また，障害の状態等が変化することもあるため，特に，障害者との関係性が長期にわたる場合等には，提供する合理的配慮について，適宜，見直しを行うことが重要である。

オ　介助者や支援員等の人的支援に関しては，障害者本人と介助者や支援員等の人間関係や信頼関係の構築・維持が重要であるため，これらの関係も考慮した支援のための環境整備にも留意することが望ましい。また，支援機器の活用により，障害者と関係事業者双方の負担が軽減されることも多くあることから，支援機器の適切な活用についても配慮するこ

とが望ましい。
カ　同種の事業が行政機関等と事業者の双方で行われる場合には，事業の類似性を踏まえつつ，事業主体の違いも考慮した上での対応に努めることが望ましい。

さらに，文部科学省所管事業分野のうち学校教育分野については，障害者との関係性が長期にわたるなど固有の特徴を有することから，また，スポーツ分野についてはスポーツ基本法（平成23年法律第78号）等を踏まえて，文化芸術分野については文化芸術振興基本法（平成13年法律第148号）等を踏まえて，各分野の特に留意すべき点を別紙2のとおり示す。

(2) 過重な負担の基本的な考え方

過重な負担については，関係事業者において，個別の事案ごとに，以下の要素等を考慮し，具体的場面や状況に応じて総合的・客観的に判断することが必要である。個別の事案ごとに具体的場面や状況に応じた検討を行うことなく，一般的・抽象的な理由に基づいて過重な負担に当たると判断することは，法の趣旨を損なうため，適当ではない。関係事業者は，個別の事案ごとに具体的な検討を行った上で過重な負担に当たると判断した場合には，障害者にその理由を説明するものとし，理解を得るよう努めることが望ましい。

① 事務・事業への影響の程度（事務・事業の目的・内容・機能を損なうか否か）
② 実現可能性の程度（物理的・技術的制約，人的・体制上の制約）
③ 費用・負担の程度
④ 事務・事業規模
⑤ 財政・財務状況

(3) 合理的配慮の具体例

合理的配慮の具体例は別紙1のとおりである。

なお，2(1)イで示したとおり，合理的配慮は，具体的場面や状況に応じて異なり，多様かつ個別性の高いものであり，掲載した具体例については，
○前提として，2(2)で示した過重な負担が存在しないこと
○事業者に強制する性格のものではないこと
○これらはあくまでも例示であり，記載されている具体例に限られるものではないこと
に留意する必要がある。関係事業者においては，これらの合理的配慮の具体例を含む本指針の内容を踏まえ，具体的場面や状況に応じて柔軟に対応することが期待される。

第3　関係事業者における相談体制の整備

関係事業者においては，障害者，その家族その他の関係者からの相談等に的確に対応するため，既存の一般の利用者等からの相談窓口等の活用や窓口の開設により相談窓口を整備することが重要である。また，ホームページ等を活用し，相談窓口等に関する情報を周知することや，相談時の配慮として，対話のほか，電話，ファックス，電子メール，筆談，読み上げ，手話，点字，拡大文字，ルビ付与など，障害の特性に応じた多様なコミュニケーション手段や情報提供手段を用意して対応することが望ましい。なお，ホームページによる周知に際しては，視覚障害者，聴覚障害者等の情報アクセシビリティに配慮し，例えば，音声読み上げ機能に対応できるよう画像には説明文を付す，動画を掲載する場合に字幕，手話等を付

すなどの配慮を行うことが望ましい。
　また，実際の相談事例については，プライバシーに配慮しつつ順次蓄積し，以後の合理的配慮の提供等に活用することが望ましい。
　さらに，文部科学省所管分野のうち学校教育分野については，障害者との関係性が長期にわたるなど固有の特徴を有することから，特に留意すべき点を別紙2のとおり示す。

第4　関係事業者における研修・啓発

　関係事業者は，障害者に対して適切に対応し，また，障害者及びその家族その他の関係者からの相談等に的確に対応するため，研修等を通じて，法の趣旨の普及を図るとともに，障害に関する理解の促進を図ることが重要である。普及すべき法の趣旨には，法第1条に規定する法の目的，すなわち，全ての国民が，障害の有無によって分け隔てられることなく，相互に人格と個性を尊重し合いながら共生する社会の実現を目指すことが含まれる点にも留意する。
　特に学校教育分野においては，教職員の理解の在り方や指導の姿勢が幼児，児童，生徒及び学生（以下「児童生徒等」という。）に大きく影響することに十分留意し，児童生徒等の発達段階に応じた支援方法，外部からは気付きにくいこともある難病等をはじめとした病弱（身体虚弱を含む。），発達障害，高次脳機能障害等の理解，児童生徒等の間で不当な差別的取扱いが行われている場合の適切な対応方法等も含め，研修・啓発を行うことが望ましい。また，スポーツ分野や文化芸術分野においても，指導者等関係者の理解の在り方や指導の姿勢がスポーツや文化芸術活動に参加する者等に大きく影響することに十分留意した研修・啓発を行うことが望ましい。
　研修・啓発においては，文部科学省や同省が所管する独立行政法人等が提供する各種情報を活用することが効果的である（独立行政法人国立特別支援教育総合研究所が運営する「インクルーシブ教育システム構築支援データベース」や独立行政法人日本学生支援機構が作成する「大学等における障害のある学生への支援・配慮事例」，「教職員のための障害学生修学支援ガイド」等）。また，研修・啓発の内容によっては，医療，保健，福祉等の関係機関や障害者関係団体と連携して実施することも効果的である。

第5　文部科学省所管事業分野に係る相談窓口

　生涯学習・社会教育分野　　生涯学習政策局生涯学習推進課及び同局社会教育課
　初等中等教育分野　　初等中等教育局特別支援教育課
　高等教育分野　　高等教育局学生・留学生課
　科学技術・学術分野　　科学技術・学術所管部局事業所管各課室
　スポーツ分野　　スポーツ庁健康スポーツ課
　文化芸術分野　　文化庁文化所管部局事業所管各課室

　　＊著者注：別紙1及び別紙2については，下記URLを参照。
　　　http://www.mext.go.jp/a_menu/shotou/tokubetu/material/1364725.htm

障害者雇用促進法（抜粋）
（障害者の雇用の促進等に関する法律）（昭和35年法律第123号）

目　次

第1章　総則（第1条～第7条）
第2章　職業リハビリテーションの推進（第8条～第33条）
第2章の2　障害者に対する差別の禁止等（第34条～第36条の6）
第3章　対象障害者の雇用義務等に基づく雇用の促進等（第37条～第74条の3）
第3章の2　紛争の解決（第74条の4～第74条の8）
第4章　雑則（第75条～第85条の3）
第5章　罰則（第85条の4～第91条）
附則

第1章　総　則

（目的）
第1条　この法律は，障害者の雇用義務等に基づく雇用の促進等のための措置，雇用の分野における障害者と障害者でない者との均等な機会及び待遇の確保並びに障害者がその有する能力を有効に発揮することができるようにするための措置，職業リハビリテーションの措置その他障害者がその能力に適合する職業に就くこと等を通じてその職業生活において自立することを促進するための措置を総合的に講じ，もつて障害者の職業の安定を図ることを目的とする。

（用語の意義）
第2条　この法律において，次の各号に掲げる用語の意義は，当該各号に定めるところによる。
一　障害者　身体障害，知的障害，精神障害（発達障害を含む。第6号において同じ。）その他の心身の機能の障害（以下「障害」と総称する。）があるため，長期にわたり，職業生活に相当の制限を受け，又は職業生活を営むことが著しく困難な者をいう。

　　（中略）

第2章の2　障害者に対する差別の禁止等

（障害者に対する差別の禁止）
第34条　事業主は，労働者の募集及び採用について，障害者に対して，障害者でない者と均等な機会を与えなければならない。
第35条　事業主は，賃金の決定，教育訓練の実施，福利厚生施設の利用その他の待遇について，労働者が障害者であることを理由として，障害者でない者と不当な差別的取扱い

をしてはならない。
（障害者に対する差別の禁止に関する指針）
第36条① 厚生労働大臣は，前2条の規定に定める事項に関し，事業主が適切に対処するために必要な指針（次項において「差別の禁止に関する指針」という。）を定めるものとする。
② 第7条第3項及び第4項の規定は，差別の禁止に関する指針の策定及び変更について準用する。この場合において，同条第3項中「聴くほか，都道府県知事の意見を求める」とあるのは，「聴く」と読み替えるものとする。
（雇用の分野における障害者と障害者でない者との均等な機会の確保等を図るための措置）
第36条の2 事業主は，労働者の募集及び採用について，障害者と障害者でない者との均等な機会の確保の支障となつている事情を改善するため，労働者の募集及び採用に当たり障害者からの申出により当該障害者の障害の特性に配慮した必要な措置を講じなければならない。ただし，事業主に対して過重な負担を及ぼすこととなるときは，この限りでない。
第36条の3 事業主は，障害者である労働者について，障害者でない労働者との均等な待遇の確保又は障害者である労働者の有する能力の有効な発揮の支障となつている事情を改善するため，その雇用する障害者である労働者の障害の特性に配慮した職務の円滑な遂行に必要な施設の整備，援助を行う者の配置その他の必要な措置を講じなければならない。ただし，事業主に対して過重な負担を及ぼすこととなるときは，この限りでない。
第36条の4① 事業主は，前2条に規定する措置を講ずるに当たつては，障害者の意向を十分に尊重しなければならない。
② 事業主は，前条に規定する措置に関し，その雇用する障害者である労働者からの相談に応じ，適切に対応するために必要な体制の整備その他の雇用管理上必要な措置を講じなければならない。
（雇用の分野における障害者と障害者でない者との均等な機会の確保等に関する指針）
第36条の5① 厚生労働大臣は，前3条の規定に基づき事業主が講ずべき措置に関して，その適切かつ有効な実施を図るために必要な指針（次項において「均等な機会の確保等に関する指針」という。）を定めるものとする。
② 第7条第3項及び第4項の規定は，均等な機会の確保等に関する指針の策定及び変更について準用する。この場合において，同条第3項中「聴くほか，都道府県知事の意見を求める」とあるのは，「聴く」と読み替えるものとする。
（助言，指導及び勧告）
第36条の6 厚生労働大臣は，第34条，第35条及び第36条の2から第36条の4までの規定の施行に関し必要があると認めるときは，事業主に対して，助言，指導又は勧告をすることができる。

第3章　対象障害者の雇用義務等に基づく雇用の促進等

第1節　対象障害者の雇用義務等

(対象障害者の雇用に関する事業主の責務)

第37条①　全て事業主は，対象障害者の雇用に関し，社会連帯の理念に基づき，適当な雇用の場を与える共同の責務を有するものであつて，進んで対象障害者の雇入れに努めなければならない。

②　この章，第86条第2号及び附則第3条から第6条までにおいて「対象障害者」とは，身体障害者，知的障害者又は精神障害者（精神保健及び精神障害者福祉に関する法律（昭和25年法律第123号）第45条第2項の規定により精神障害者保健福祉手帳の交付を受けているものに限る。第3節及び第79条を除き，以下同じ。）をいう。

(雇用に関する国及び地方公共団体の義務)

第38条　国及び地方公共団体の任命権者（委任を受けて任命権を行う者を除く。以下同じ。）は，職員（当該機関（当該任命権者の委任を受けて任命権を行う者に係る機関を含む。以下同じ。）に常時勤務する職員であつて，警察官，自衛官その他の政令で定める職員以外のものに限る。以下同じ。）の採用について，当該機関に勤務する対象障害者である職員の数が，当該機関の職員の総数に，第43条第2項に規定する障害者雇用率を下回らない率であつて政令で定めるものを乗じて得た数（その数に一人未満の端数があるときは，その端数は，切り捨てる。）未満である場合には，対象障害者である職員の数がその率を乗じて得た数以上となるようにするため，政令で定めるところにより，対象障害者の採用に関する計画を作成しなければならない。

　　　（中略）

(一般事業主の雇用義務等)

第43条　事業主（常時雇用する労働者（以下単に「労働者」という。）を雇用する事業主をいい，国及び地方公共団体を除く。次章を除き，以下同じ。）は，厚生労働省令で定める雇用関係の変動がある場合には，その雇用する対象障害者である労働者の数が，その雇用する労働者の数に障害者雇用率を乗じて得た数（その数に一人未満の端数があるときは，その端数は，切り捨てる。第46条第1項において「法定雇用障害者数」という。）以上であるようにしなければならない。

　　　（中略）

第2節　障害者雇用調整金の支給等及び障害者雇用納付金の徴収

第1款　障害者雇用調整金の支給等

(納付金関係業務)

第49条　厚生労働大臣は，対象障害者の雇用に伴う経済的負担の調整並びにその雇用の促進及び継続を図るため，次に掲げる業務（以下「納付金関係業務」という。）を行う。

一　事業主（特殊法人を除く。以下この節及び第4節において同じ。）で次条第1項の規定に該当するものに対して，同項の障害者雇用調整金を支給すること。
二　対象障害者を労働者として雇い入れる事業主又は対象障害者である労働者を雇用する事業主に対して，これらの者の雇入れ又は雇用の継続のために必要となる施設又は設備の設置又は整備に要する費用に充てるための助成金を支給すること。
三　対象障害者である労働者を雇用する事業主又は当該事業主の加入している事業主の団体に対して，対象障害者である労働者の福祉の増進を図るための施設の設置又は整備に要する費用に充てるための助成金を支給すること。
四　対象障害者である労働者を雇用する事業主であつて，次のいずれかを行うものに対して，その要する費用に充てるための助成金を支給すること。
　　イ　身体障害者又は精神障害者となつた労働者の雇用の継続のために必要となる当該労働者が職場に適応することを容易にするための措置
　　ロ　対象障害者である労働者の雇用に伴い必要となる介助その他その雇用の安定を図るために必要な業務（対象障害者である労働者の通勤を容易にするための業務を除く。）を行う者を置くこと（次号ロに掲げるものを除く。）。
四の二　対象障害者に対する職場適応援助者による援助であつて，次のいずれかを行う者に対して，その要する費用に充てるための助成金を支給すること。
　　イ　社会福祉法第22条に規定する社会福祉法人その他対象障害者の雇用の促進に係る事業を行う法人が行う職場適応援助者による援助の事業
　　ロ　対象障害者である労働者を雇用する事業主が対象障害者である労働者の雇用に伴い必要となる援助を行う職場適応援助者を置くこと。
五　身体障害者（重度身体障害者その他の厚生労働省令で定める身体障害者に限る。以下この号において同じ。），知的障害者若しくは知的障害者である労働者を雇用する事業主又は当該事業主の加入している事業主の団体に対して，身体障害者，知的障害者又は精神障害者である労働者の通勤を容易にするための措置に要する費用に充てるための助成金を支給すること。
六　重度身体障害者，知的障害者又は精神障害者である労働者を多数雇用する事業所の事業主に対して，当該事業所の事業の用に供する施設又は設備の設置又は整備に要する費用に充てるための助成金を支給すること。
七　対象障害者の職業に必要な能力を開発し，及び向上させるための教育訓練（厚生労働大臣が定める基準に適合するものに限る。以下この号において同じ。）の事業を行う次に掲げるものに対して，当該事業に要する費用に充てるための助成金を支給すること並びに対象障害者である労働者を雇用する事業主に対して，対象障害者である労働者の教育訓練の受講を容易にするための措置に要する費用に充てるための助成金を支給すること。

　　　（中略）

（障害者雇用調整金の支給）
第50条　機構は，政令で定めるところにより，各年度（4月1日から翌年3月31日まで

をいう。以下同じ。）ごとに，第54条第2項に規定する調整基礎額に当該年度に属する各月（当該年度の中途に事業を開始し，又は廃止した事業主にあつては，当該事業を開始した日の属する月の翌月以後の各月又は当該事業を廃止した日の属する月の前月以前の各月に限る。以下同じ。）ごとの初日におけるその雇用する対象障害者である労働者の数の合計数を乗じて得た額が同条第1項の規定により算定した額を超える事業主に対して，その差額に相当する額を当該調整基礎額で除して得た数を単位調整額に乗じて得た額に相当する金額を，当該年度分の障害者雇用調整金（以下「調整金」という。）として支給する。

（中略）

第2款　障害者雇用納付金の徴収
（障害者雇用納付金の徴収及び納付義務）
第53条①　機構は，第49条第1項第1号の調整金及び同項第2号から第7号までの助成金の支給に要する費用，同項第8号及び第9号の業務の実施に要する費用並びに同項各号に掲げる業務に係る事務の処理に要する費用に充てるため，この款に定めるところにより，事業主から，毎年度，障害者雇用納付金（以下「納付金」という。）を徴収する。
②　事業主は，納付金を納付する義務を負う。
（納付金の額等）
第54条　事業主が納付すべき納付金の額は，各年度につき，調整基礎額に，当該年度に属する各月ごとにその初日におけるその雇用する労働者の数に基準雇用率を乗じて得た数（その数に一人未満の端数があるときは，その端数は，切り捨てる。）の合計数を乗じて得た額とする。

（中略）

第3章の2　紛争の解決

第1節　紛争の解決の援助

（苦情の自主的解決）
第74条の4　事業主は，第35条及び第36条の3に定める事項に関し，障害者である労働者から苦情の申出を受けたときは，苦情処理機関（事業主を代表する者及び当該事業所の労働者を代表する者を構成員とする当該事業所の労働者の苦情を処理するための機関をいう。）に対し当該苦情の処理を委ねる等その自主的な解決を図るように努めなければならない。
（紛争の解決の促進に関する特例）
第74条の5　第34条，第35条，第36条の2及び第36条の3に定める事項についての障害者である労働者と事業主との間の紛争については，個別労働関係紛争の解決の促進に関する法律（平成13年法律第112号）第4条，第5条及び第12条から第19条までの規定は適用せず，次条から第74条の8までに定めるところによる。
（紛争の解決の援助）

第74条の6 ① 都道府県労働局長は，前条に規定する紛争に関し，当該紛争の当事者の双方又は一方からその解決につき援助を求められた場合には，当該紛争の当事者に対し，必要な助言，指導又は勧告をすることができる。
② 事業主は，障害者である労働者が前項の援助を求めたことを理由として，当該労働者に対して解雇その他不利益な取扱いをしてはならない。

第2節 調 停

（調停の委任）
第74条の7 ① 都道府県労働局長は，第74条の5に規定する紛争（労働者の募集及び採用についての紛争を除く。）について，当該紛争の当事者の双方又は一方から調停の申請があつた場合において当該紛争の解決のために必要があると認めるときは，個別労働関係紛争の解決の促進に関する法律第6条第1項の紛争調整委員会に調停を行わせるものとする。
② 前条第2項の規定は，障害者である労働者が前項の申請をした場合について準用する。
（調停）
第74条の8 雇用の分野における男女の均等な機会及び待遇の確保等に関する法律（昭和47年法律第113号）第19条，第20条第1項及び第21条から第26条までの規定は，前条第1項の調停の手続について準用する。この場合において，同法第19条第1項中「前条第1項」とあるのは「障害者の雇用の促進等に関する法律第74条の7第1項」と，同法第20条第1項中「関係当事者」とあるのは「関係当事者又は障害者の医療に関する専門的知識を有する者その他の参考人」と，同法第25条第1項中「第18条第1項」とあるのは「障害者の雇用の促進等に関する法律第74条の7第1項」と読み替えるものとする。

第4章 雑 則

（中略）

（適用除外）
第85条の3 第34条から第36条まで，第36条の6及び前章の規定は，国家公務員及び地方公務員に，第36条の2から第36条の5までの規定は，一般職の国家公務員（特定独立行政法人の労働関係に関する法律（昭和23年法律第257号）第2条第2号の職員を除く。），裁判所職員臨時措置法（昭和26年法律第299号）の適用を受ける裁判所職員，国会職員法（昭和22年法律第85号）の適用を受ける国会職員及び自衛隊法（昭和29年法律第165号）第2条第5項に規定する隊員に関しては，適用しない。

（以下，略）

> **差別禁止指針**
> （障害者に対する差別の禁止に関する規定に定める事項に関し，事業主が適切に対処するための指針）（平成27年厚生労働省告示第116号）

第1 趣　　旨

　この指針は，障害者の雇用の促進等に関する法律（昭和35年法律第123号。以下「法」という。）第36条第1項の規定に基づき，法第34条及び第35条の規定に定める事項に関し，事業主が適切に対処することができるよう，これらの規定により禁止される措置として具体的に明らかにする必要があると認められるものについて定めたものである。

第2 基本的な考え方

　全ての事業主は，法第34条及び第35条の規定に基づき，労働者の募集及び採用について，障害者（身体障害，知的障害，精神障害（発達障害を含む。）その他の心身の機能の障害（以下「障害」と総称する。）があるため，長期にわたり，職業生活に相当の制限を受け，又は職業生活を営むことが著しく困難な者をいう。以下同じ。）に対して，障害者でない者と均等な機会を与えなければならず，また，賃金の決定，教育訓練の実施，福利厚生施設の利用その他の待遇について，労働者が障害者であることを理由として，障害者でない者と不当な差別的取扱いをしてはならない。
　ここで禁止される差別は，障害者であることを理由とする差別（直接差別をいい，車いす，補助犬その他の支援器具等の利用，介助者の付添い等の社会的不利を補う手段の利用等を理由とする不当な不利益取扱いを含む。）である。
　また，障害者に対する差別を防止するという観点を踏まえ，障害者も共に働く一人の労働者であるとの認識の下，事業主や同じ職場で働く者が障害の特性に関する正しい知識の取得や理解を深めることが重要である。

第3 差別の禁止

1 募集及び採用

　（1）「募集」とは，労働者を雇用しようとする者が，自ら又は他人に委託して，労働者となろうとする者に対し，その被用者となることを勧誘することをいう。「採用」とは，労働契約を締結することをいい，応募の受付，採用のための選考等募集を除く労働契約の締結に至る一連の手続を含む。
　（2）募集又は採用に関し，次に掲げる措置のように，障害者であることを理由として，その対象から障害者を排除することや，その条件を障害者に対してのみ不利なものとするこ

とは，障害者であることを理由とする差別に該当する。ただし，14に掲げる措置を講ずる場合については，障害者であることを理由とする差別に該当しない。
イ　障害者であることを理由として，障害者を募集又は採用の対象から排除すること。
ロ　募集又は採用に当たって，障害者に対してのみ不利な条件を付すこと。
ハ　採用の基準を満たす者の中から障害者でない者を優先して採用すること。

（3）（2）に関し，募集に際して一定の能力を有することを条件とすることについては，当該条件が当該企業において業務遂行上特に必要なものと認められる場合には，障害者であることを理由とする差別に該当しない。一方，募集に当たって，業務遂行上特に必要でないにもかかわらず，障害者を排除するために条件を付すことは，障害者であることを理由とする差別に該当する。

（4）なお，事業主と障害者の相互理解の観点から，事業主は，応募しようとする障害者から求人内容について問合せ等があった場合には，当該求人内容について説明することが重要である。また，募集に際して一定の能力を有することを条件としている場合，当該条件を満たしているか否かの判断は過重な負担にならない範囲での合理的配慮（法第36条の2から第36条の4までの規定に基づき事業主が講ずべき措置をいう。以下同じ。）の提供を前提に行われるものであり，障害者が合理的配慮の提供があれば当該条件を満たすと考える場合，その旨を事業主に説明することも重要である。

2　賃金

（1）「賃金」とは，賃金，給料，手当，賞与その他名称のいかんを問わず，労働の対償として使用者が労働者に支払う全てのものをいう。

（2）賃金の支払に関し，次に掲げる措置のように，障害者であることを理由として，その対象から障害者を排除することや，その条件を障害者に対してのみ不利なものとすることは，障害者であることを理由とする差別に該当する。ただし，14に掲げる措置を講ずる場合については，障害者であることを理由とする差別に該当しない。
イ　障害者であることを理由として，障害者に対して一定の手当等の賃金の支払をしないこと。
ロ　一定の手当等の賃金の支払に当たって，障害者に対してのみ不利な条件を付すこと。

3　配置（業務の配分及び権限の付与を含む。）

（1）「配置」とは，労働者を一定の職務に就けること又は就いている状態をいい，従事すべき職務における業務の内容及び就業の場所を主要な要素とするものである。
なお，配置には，業務の配分及び権限の付与が含まれる。
「業務の配分」とは，特定の労働者に対し，ある部門，ラインなどが所掌している複数の業務のうち一定の業務を割り当てることをいい，日常的な業務指示は含まれない。
また，「権限の付与」とは，労働者に対し，一定の業務を遂行するに当たって必要な権限を委任することをいう。

（2）配置に関し，次に掲げる措置のように，障害者であることを理由として，その対象を障害者のみとすることや，その対象から障害者を排除すること，その条件を障害者に対し

てのみ不利なものとすることは，障害者であることを理由とする差別に該当する。ただし，14に掲げる措置を講ずる場合については，障害者であることを理由とする差別に該当しない。
イ　一定の職務への配置に当たって，障害者であることを理由として，その対象を障害者のみとすること又はその対象から障害者を排除すること。
ロ　一定の職務への配置に当たって，障害者に対してのみ不利な条件を付すこと。
ハ　一定の職務への配置の条件を満たす労働者の中から障害者又は障害者でない者のいずれかを優先して配置すること。

4　昇進

（1）「昇進」とは，企業内での労働者の位置付けについて下位の職階から上位の職階への移動を行うことをいう。昇進には，職制上の地位の上方移動を伴わないいわゆる「昇格」も含まれる。

（2）昇進に関し，次に掲げる措置のように，障害者であることを理由として，その対象から障害者を排除することや，その条件を障害者に対してのみ不利なものとすることは，障害者であることを理由とする差別に該当する。ただし，14に掲げる措置を講ずる場合については，障害者であることを理由とする差別に該当しない。
イ　障害者であることを理由として，障害者を一定の役職への昇進の対象から排除すること。
ロ　一定の役職への昇進に当たって，障害者に対してのみ不利な条件を付すこと。
ハ　一定の役職への昇進基準を満たす労働者が複数いる場合に，障害者でない者を優先して昇進させること。

5　降格

（1）「降格」とは，企業内での労働者の位置付けについて上位の職階から下位の職階への移動を行うことをいい，昇進の反対の措置である場合と，昇格の反対の措置である場合の双方が含まれる。

（2）降格に関し，次に掲げる措置のように，障害者であることを理由として，その対象を障害者とすることや，その条件を障害者に対してのみ不利なものとすることは，障害者であることを理由とする差別に該当する。ただし，14に掲げる措置を講ずる場合については，障害者であることを理由とする差別に該当しない。
イ　障害者であることを理由として，障害者を降格の対象とすること。
ロ　降格に当たって，障害者に対してのみ不利な条件を付すこと。
ハ　降格の対象となる労働者を選定するに当たって，障害者を優先して対象とすること。

6　教育訓練

（1）「教育訓練」とは，事業主が，その雇用する労働者に対して，その労働者の業務の遂行の過程外（いわゆる「オフ・ザ・ジョブ・トレーニング」）において又は当該業務の遂行の過程内（いわゆる「オン・ザ・ジョブ・トレーニング」）において，現在及び将来の業務の遂行に必要な能力を付与するために行うものをいう。

（2）教育訓練に関し，次に掲げる措置のように，障害者であることを理由として，その

対象から障害者を排除することや，その条件を障害者に対してのみ不利なものとすることは，障害者であることを理由とする差別に該当する。ただし，14に掲げる措置を講ずる場合については，障害者であることを理由とする差別に該当しない。

イ 障害者であることを理由として，障害者に教育訓練を受けさせないこと。
ロ 教育訓練の実施に当たって，障害者に対してのみ不利な条件を付すこと。
ハ 教育訓練の対象となる労働者を選定するに当たって，障害者でない者を優先して対象とすること。

7 福利厚生

(1)「福利厚生の措置」とは，労働者の福祉の増進のために定期的に行われる金銭の給付，住宅の貸与その他の労働者の福利厚生を目的とした措置をいう。

(2) 福利厚生の措置に関し，次に掲げる措置のように，障害者であることを理由として，その対象から障害者を排除することや，その条件を障害者に対してのみ不利なものとすることは，障害者であることを理由とする差別に該当する。ただし，14に掲げる措置を講ずる場合については，障害者であることを理由とする差別に該当しない。

イ 障害者であることを理由として，障害者に対して福利厚生の措置を講じないこと。
ロ 福利厚生の措置の実施に当たって，障害者に対してのみ不利な条件を付すこと。
ハ 障害者でない者を優先して福利厚生の措置の対象とすること。

8 職種の変更

(1)「職種」とは，職務や職責の類似性に着目して分類されるものであり，「営業職」・「技術職」の別や，「総合職」・「一般職」の別などがある。

(2) 職種の変更に関し，次に掲げる措置のように，障害者であることを理由として，その対象を障害者のみとすることや，その対象から障害者を排除すること，その条件を障害者に対してのみ不利なものとすることは，障害者であることを理由とする差別に該当する。ただし，14に掲げる措置を講ずる場合については，障害者であることを理由とする差別に該当しない。

イ 職種の変更に当たって，障害者であることを理由として，その対象を障害者のみとすること又はその対象から障害者を排除すること。
ロ 職種の変更に当たって，障害者に対してのみ不利な条件を付すこと。
ハ 職種の変更の基準を満たす労働者の中から障害者又は障害者でない者のいずれかを優先して職種の変更の対象とすること。

9 雇用形態の変更

(1)「雇用形態」とは，労働契約の期間の定めの有無，所定労働時間の長短等により分類されるものであり，いわゆる「正社員」，「パートタイム労働者」，「契約社員」などがある。

(2) 雇用形態の変更に関し，次に掲げる措置のように，障害者であることを理由として，その対象を障害者のみとすることや，その対象から障害者を排除すること，その条件を障害者に対してのみ不利なものとすることは，障害者であることを理由とする差別に該当する。

ただし,14に掲げる措置を講ずる場合については,障害者であることを理由とする差別に該当しない。
イ　雇用形態の変更に当たって,障害者であることを理由として,その対象を障害者のみとすること又はその対象から障害者を排除すること。
ロ　雇用形態の変更に当たって,障害者に対してのみ不利な条件を付すこと。
ハ　雇用形態の変更の基準を満たす労働者の中から障害者又は障害者でない者のいずれかを優先して雇用形態の変更の対象とすること。

10　退職の勧奨

（1）「退職の勧奨」とは,雇用する労働者に対し退職を促すことをいう。
（2）退職の勧奨に関し,次に掲げる措置のように,障害者であることを理由として,その対象を障害者とすることや,その条件を障害者に対してのみ不利なものとすることは,障害者であることを理由とする差別に該当する。ただし,14に掲げる措置を講ずる場合については,障害者であることを理由とする差別に該当しない。
イ　障害者であることを理由として,障害者を退職の勧奨の対象とすること。
ロ　退職の勧奨に当たって,障害者に対してのみ不利な条件を付すこと。
ハ　障害者を優先して退職の勧奨の対象とすること。

11　定年

（1）「定年」とは,労働者が一定年齢に達したことを雇用関係の終了事由とする制度をいう。
（2）定年に関し,次に掲げる措置のように,障害者であることを理由として,その対象を障害者のみとすることや,その条件を障害者に対してのみ不利なものとすることは,障害者であることを理由とする差別に該当する。ただし,14に掲げる措置を講ずる場合については,障害者であることを理由とする差別に該当しない。
イ　障害者に対してのみ定年の定めを設けること。
ロ　障害者の定年について,障害者でない者の定年より低い年齢とすること。

12　解雇

（1）「解雇」とは,労働契約を将来に向かって解約する事業主の一方的な意思表示をいい,労使の合意による退職は含まない。
（2）解雇に関し,次に掲げる措置のように,障害者であることを理由として,その対象を障害者とすることや,その条件を障害者に対してのみ不利なものとすることは,障害者であることを理由とする差別に該当する。ただし,14に掲げる措置を講ずる場合については,障害者であることを理由とする差別に該当しない。
イ　障害者であることを理由として,障害者を解雇の対象とすること。
ロ　解雇の対象を一定の条件に該当する者とする場合において,障害者に対してのみ不利な条件を付すこと。
ハ　解雇の基準を満たす労働者の中で,障害者を優先して解雇の対象とすること。

13 労働契約の更新

(1) 「労働契約の更新」とは，期間の定めのある労働契約について，期間の満了に際して，従前の契約と基本的な内容が同一である労働契約を締結することをいう。

(2) 労働契約の更新に関し，次に掲げる措置のように，障害者であることを理由として，その対象から障害者を排除することや，その条件を障害者に対してのみ不利なものとすることは，障害者であることを理由とする差別に該当する。ただし，14に掲げる措置を講ずる場合については，障害者であることを理由とする差別に該当しない。

イ　障害者であることを理由として，障害者について労働契約の更新をしないこと。
ロ　労働契約の更新に当たって，障害者に対してのみ不利な条件を付すこと。
ハ　労働契約の更新の基準を満たす労働者の中から，障害者でない者を優先して労働契約の更新の対象とすること。

14 法違反とならない場合

1から13までに関し，次に掲げる措置を講ずることは，障害者であることを理由とする差別に該当しない。

イ　積極的差別是正措置として，障害者でない者と比較して障害者を有利に取り扱うこと。
ロ　合理的配慮を提供し，労働能力等を適正に評価した結果として障害者でない者と異なる取扱いをすること。
ハ　合理的配慮に係る措置を講ずること（その結果として，障害者でない者と異なる取扱いとなること）。
ニ　障害者専用の求人の採用選考又は採用後において，仕事をする上での能力及び適性の判断，合理的配慮の提供のためなど，雇用管理上必要な範囲で，プライバシーに配慮しつつ，障害者に障害の状況等を確認すること。

合理的配慮指針
（雇用の分野における障害者と障害者でない者との均等な機会若しくは待遇の確保又は障害者である労働者の有する能力の有効な発揮の支障となっている事情を改善するために事業主が講ずべき措置に関する指針）（平成27年厚生労働省告示第117号）

第1　趣旨

この指針は，障害者の雇用の促進等に関する法律（昭和35年法律第123号。以下「法」という。）第36条の5第1項の規定に基づき，法第36条の2から第36条の4までの規定に基づき事業主が講ずべき措置（以下「合理的配慮」という。）に関して，その適切かつ有効な実施を図るために必要な事項について定めたものである。

第2 基本的な考え方

　全ての事業主は，法第36条の2から第36条の4までの規定に基づき，労働者の募集及び採用について，障害者（身体障害，知的障害，精神障害（発達障害を含む。）その他の心身の機能の障害（以下「障害」と総称する。）があるため，長期にわたり，職業生活に相当の制限を受け，又は職業生活を営むことが著しく困難な者をいう。以下同じ。）と障害でない者との均等な機会の確保の支障となっている事情を改善するため，労働者の募集及び採用に当たり障害者からの申出により当該障害者の障害の特性に配慮した必要な措置を講じなければならず，また，障害者である労働者について，障害者でない労働者との均等な待遇の確保又は障害者である労働者の有する能力の有効な発揮の支障となっている事情を改善するため，その雇用する障害者である労働者の障害の特性に配慮した職務の円滑な遂行に必要な施設の整備，援助を行う者の配置その他の必要な措置を講じなければならない。ただし，事業主に対して過重な負担を及ぼすこととなるときは，この限りでない。

　合理的配慮に関する基本的な考え方は，以下のとおりである。

1. 合理的配慮は，個々の事情を有する障害者と事業主との相互理解の中で提供されるべき性質のものであること。
2. 合理的配慮の提供は事業主の義務であるが，採用後の合理的配慮について，事業主が必要な注意を払ってもその雇用する労働者が障害者であることを知り得なかった場合には，合理的配慮の提供義務違反を問われないこと。
3. 過重な負担にならない範囲で，職場において支障となっている事情等を改善する合理的配慮に係る措置が複数あるとき，事業主が，障害者との話合いの下，その意向を十分に尊重した上で，より提供しやすい措置を講ずることは差し支えないこと。

　　また，障害者が希望する合理的配慮に係る措置が過重な負担であるとき，事業主は，当該障害者との話合いの下，その意向を十分に尊重した上で，過重な負担にならない範囲で合理的配慮に係る措置を講ずること。
4. 合理的配慮の提供が円滑になされるようにするという観点を踏まえ，障害者も共に働く一人の労働者であるとの認識の下，事業主や同じ職場で働く者が障害の特性に関する正しい知識の取得や理解を深めることが重要であること。

第3 合理的配慮の手続

1 募集及び採用時における合理的配慮の提供について

（1）障害者からの合理的配慮の申出

　募集及び採用時における合理的配慮が必要な障害者は，事業主に対して，募集及び採用に当たって支障となっている事情及びその改善のために希望する措置の内容を申し出ること。

　その際，障害者が希望する措置の内容を具体的に申し出ることが困難な場合は，支障となっている事情を明らかにすることで足りること。

なお，合理的配慮に係る措置の内容によっては準備に一定の時間がかかる場合があることから，障害者には，面接日等までの間に時間的余裕をもって事業主に申し出ることが求められること。

(2) 合理的配慮に係る措置の内容に関する話合い

事業主は，障害者からの合理的配慮に関する事業主への申出を受けた場合であって，募集及び採用に当たって支障となっている事情が確認された場合，合理的配慮としてどのような措置を講ずるかについて当該障害者と話合いを行うこと。

なお，障害者が希望する措置の内容を具体的に申し出ることが困難な場合は，事業主は実施可能な措置を示し，当該障害者と話合いを行うこと。

(3) 合理的配慮の確定

合理的配慮の提供義務を負う事業主は，障害者との話合いを踏まえ，その意向を十分に尊重しつつ，具体的にどのような措置を講ずるかを検討し，講ずることとした措置の内容又は当該障害者から申出があった具体的な措置が過重な負担に当たると判断した場合には，当該措置を実施できないことを当該障害者に伝えること。

その検討及び実施に際して，過重な負担にならない範囲で，募集及び採用に当たって支障となっている事情等を改善する合理的配慮に係る措置が複数あるとき，事業主が，障害者との話合いの下，その意向を十分に尊重した上で，より提供しやすい措置を講ずることは差し支えないこと。また，障害者が希望する合理的配慮に係る措置が過重な負担であったとき，事業主は，当該障害者との話合いの下，その意向を十分に尊重した上で，過重な負担にならない範囲で，合理的配慮に係る措置を講ずること。

講ずることとした措置の内容等を障害者に伝える際，当該障害者からの求めに応じて，当該措置を講ずることとした理由又は当該措置を実施できない理由を説明すること。

2 採用後における合理的配慮の提供について

(1) 事業主の職場において支障となっている事情の有無等の確認

労働者が障害者であることを雇入れ時までに把握している場合には，事業主は，雇入れ時までに当該障害者に対して職場において支障となっている事情の有無を確認すること。

また，

イ 労働者が障害者であることを雇入れ時までに把握できなかった場合については，障害者であることを把握した際に，

ロ 労働者が雇入れ時に障害者でなかった場合については，障害者となったことを把握した際に，事業主は，当該障害者に対し，遅滞なく，職場において支障となっている事情の有無を確認すること。

さらに，障害の状態や職場の状況が変化することもあるため，事業主は，必要に応じて定期的に職場において支障となっている事情の有無を確認すること。

なお，障害者は，事業主からの確認を待たず，当該事業主に対して自ら職場において支障となっている事情を申し出ることが可能であること。

事業主は，職場において支障となっている事情があれば，その改善のために障害者が希望する措置の内容を確認すること。

その際,障害者が希望する措置の内容を具体的に申し出ることが困難な場合は,支障となっている事情を明らかにすることで足りること。障害者が自ら合理的配慮の提供を希望することを申し出た場合も同様とする。
(2) 合理的配慮に係る措置の内容に関する話合い(1(2)と同様)
事業主は,障害者に対する合理的配慮の提供が必要であることを確認した場合には,合理的配慮としてどのような措置を講ずるかについて当該障害者と話合いを行うこと。
なお,障害者が希望する措置の内容を具体的に申し出ることが困難な場合は,事業主は実施可能な措置を示し,当該障害者と話合いを行うこと。
(3) 合理的配慮の確定(1(3)と同様)
合理的配慮の提供義務を負う事業主は,障害者との話合いを踏まえ,その意向を十分に尊重しつつ,具体的にどのような措置を講ずるかを検討し,講ずることとした措置の内容又は当該障害者から申出があった具体的な措置が過重な負担に当たると判断した場合には,当該措置を実施できないことを当該障害者に伝えること。なお,当該措置の実施に一定の時間がかかる場合は,その旨を当該障害者に伝えること。
その検討及び実施に際して,過重な負担にならない範囲で,職場において支障となっている事情等を改善する合理的配慮に係る措置が複数あるとき,事業主が,障害者との話合いの下,その意向を十分に尊重した上で,より提供しやすい措置を講ずることは差し支えないこと。また,障害者が希望する合理的配慮に係る措置が過重な負担であったとき,事業主は,当該障害者との話合いの下,その意向を十分に尊重した上で,過重な負担にならない範囲で,合理的配慮に係る措置を講ずること。
講ずることとした措置の内容等を障害者に伝える際,当該障害者からの求めに応じて,当該措置を講ずることとした理由又は当該措置を実施できない理由を説明すること。

3 その他

合理的配慮の手続において,障害者の意向を確認することが困難な場合,就労支援機関の職員等に当該障害者を補佐することを求めても差し支えないこと。

第4 合理的配慮の内容

1 合理的配慮の内容

合理的配慮とは,次に掲げる措置(第5の過重な負担に当たる措置を除く。)であること。
(1) 募集及び採用時における合理的配慮
障害者と障害者でない者との均等な機会の確保の支障となっている事情を改善するために講ずる障害者の障害の特性に配慮した必要な措置
(2) 採用後における合理的配慮
障害者である労働者について,障害者でない労働者との均等な待遇の確保又は障害者である労働者の有する能力の有効な発揮の支障となっている事情を改善するために講ずるその障害者である労働者の障害の特性に配慮した職務の円滑な遂行に必要な施設の整備,援助を行

う者の配置その他の必要な措置

　なお，採用後に講ずる合理的配慮は職務の円滑な遂行に必要な措置であることから，例えば，次に掲げる措置が合理的配慮として事業主に求められるものではないこと。

イ　障害者である労働者の日常生活のために必要である眼鏡や車いす等を提供すること。

ロ　中途障害により，配慮をしても重要な職務遂行に支障を来すことが合理的配慮の手続の過程において判断される場合に，当該職務の遂行を継続させること。ただし，当該職務の遂行を継続させることができない場合には，別の職務に就かせることなど，個々の職場の状況に応じた他の合理的配慮を検討することが必要であること。

2　合理的配慮の事例

　合理的配慮の事例として，多くの事業主が対応できると考えられる措置の例は別表のとおりであること。なお，合理的配慮は個々の障害者である労働者の障害の状態や職場の状況に応じて提供されるものであるため，多様性があり，かつ，個別性が高いものであること。したがって，別表に記載されている事例はあくまでも例示であり，あらゆる事業主が必ずしも実施するものではなく，また，別表に記載されている事例以外であっても合理的配慮に該当するものがあること。

第5　過重な負担

　合理的配慮の提供の義務については，事業主に対して「過重な負担」を及ぼすこととなる場合は除くこととしている。

1　過重な負担の考慮要素

　事業主は，合理的配慮に係る措置が過重な負担に当たるか否かについて，次に掲げる要素を総合的に勘案しながら，個別に判断すること。

（1）事業活動への影響の程度

　当該措置を講ずることによる事業所における生産活動やサービス提供への影響その他の事業活動への影響の程度をいう。

（2）実現困難度

　事業所の立地状況や施設の所有形態等による当該措置を講ずるための機器や人材の確保，設備の整備等の困難度をいう。

（3）費用・負担の程度

　当該措置を講ずることによる費用・負担の程度をいう。

　ただし，複数の障害者から合理的配慮に関する要望があった場合，それらの複数の障害者に係る措置に要する費用・負担も勘案して判断することとなること。

（4）企業の規模

　当該企業の規模に応じた負担の程度をいう。

（5）企業の財務状況

　当該企業の財務状況に応じた負担の程度をいう。

(6) 公的支援の有無

当該措置に係る公的支援を利用できる場合は、その利用を前提とした上で判断することとなること。

2 過重な負担に当たると判断した場合

事業主は、障害者から申出があった具体的な措置が過重な負担に当たると判断した場合には、当該措置を実施できないことを当該障害者に伝えるとともに、当該障害者からの求めに応じて、当該措置が過重な負担に当たると判断した理由を説明すること。また、事業主は、障害者との話合いの下、その意向を十分に尊重した上で、過重な負担にならない範囲で合理的配慮に係る措置を講ずること。

第6 相談体制の整備等

事業主は、法第36条の3に規定する措置に関し、その雇用する障害者である労働者からの相談に応じ、適切に対応するため、雇用管理上次の措置を講じなければならない。

1 相談に応じ、適切に対応するために必要な体制の整備

(1) 相談への対応のための窓口(以下この1において「相談窓口」という。)をあらかじめ定め、労働者に周知すること。
(相談窓口をあらかじめ定めていると認められる例)
イ 相談に対応する担当者・部署をあらかじめ定めること。
ロ 外部の機関に相談への対応を委託すること。
(2) 相談窓口の担当者が、相談に対し、その内容や相談者の状況に応じ適切に対応できるよう必要な措置を講ずること。

2 採用後における合理的配慮に関する相談があったときの適切な対応

(1) 職場において支障となっている事情の有無を迅速に確認すること。
(2) 職場において支障となっている事情が確認された場合、合理的配慮の手続を適切に行うこと。

3 相談者のプライバシーを保護するために必要な措置

採用後における合理的配慮に係る相談者の情報は、当該相談者のプライバシーに属するものであることから、相談者のプライバシーを保護するために必要な措置を講ずるとともに、当該措置を講じていることについて、労働者に周知すること。

4 相談をしたことを理由とする不利益取扱いの禁止

障害者である労働者が採用後における合理的配慮に関し相談をしたことを理由として、解雇その他の不利益な取扱いを行ってはならない旨を定め、労働者にその周知・啓発をすること。
(不利益な取扱いを行ってはならない旨を定め、労働者にその周知・啓発をすることにつ

いて措置を講じていると認められる例)
 (1) 就業規則その他の職場における職務規律等を定めた文書において，障害者である労働者が採用後における合理的配慮に関し相談をしたこと又は事実関係の確認に協力したこと等を理由として，当該障害者である労働者が解雇等の不利益な取扱いをされない旨を規定し，労働者に周知・啓発をすること。
 (2) 社内報，パンフレット，社内ホームページ等の広報又は啓発のための資料等に，障害者である労働者が採用後における合理的配慮に関し相談をしたこと又は事実関係の確認に協力したこと等を理由として，当該障害者である労働者が解雇等の不利益な取扱いをされない旨を記載し，労働者に配布等すること。

5　その他

　これらの相談体制の整備等に当たっては，障害者である労働者の疑義の解消や苦情の自主的な解決に資するものであることに留意すること。

別表

1　合理的配慮の事例として，多くの事業主が対応できると考えられる措置の例は，この表の第一欄に掲げる障害区分に応じ，それぞれこの表の第二欄に掲げる場面ごとに講ずるこの表の第三欄に掲げる事例であること。
2　合理的配慮は，個々の障害者である労働者の障害（障害が重複している場合を含む。）の状態や職場の状況に応じて提供されるものであり，多様性があり，かつ，個別性が高いものであること。したがって，ここに記載されている事例はあくまでも例示であり，あらゆる事業主が必ずしも実施するものではなく，また，ここに記載されている事例以外であっても合理的配慮に該当するものがあること。
3　採用後の事例における障害については，中途障害によるものを含むこと。

障害区分	場　面	事　例
視覚障害	募集及び採用時	・募集内容について，音声等で提供すること。 ・採用試験について，点字や音声等による実施や，試験時間の延長を行うこと。
	採用後	・業務指導や相談に関し，担当者を定めること。 ・拡大文字，音声ソフト等の活用により業務が遂行できるようにすること。 ・出退勤時刻・休暇・休憩に関し，通院・体調に配慮すること。 ・職場内の机等の配置，危険箇所を事前に確認すること。 ・移動の支障となる物を通路に置かない，机の配置や打合せ場所を工夫する等により職場内での移動の負担を軽減すること。 ・本人のプライバシーに配慮した上で，他の労働者に対し，障害の内容や必要な配慮等を説明すること。

聴覚・言語障害	募集及び採用時	・面接時に，就労支援機関の職員等の同席を認めること。 ・面接を筆談等により行うこと。
	採用後	・業務指導や相談に関し，担当者を定めること。 ・業務指示・連絡に際して，筆談やメール等を利用すること。 ・出退勤時刻・休暇・休憩に関し，通院・体調に配慮すること。 ・危険箇所や危険の発生等を視覚で確認できるようにすること。 ・本人のプライバシーに配慮した上で，他の労働者に対し，障害の内容や必要な配慮等を説明すること。
肢体不自由	募集及び採用時	・面接の際にできるだけ移動が少なくて済むようにすること。
	採用後	・業務指導や相談に関し，担当者を定めること。 ・移動の支障となる物を通路に置かない，机の配置や打合せ場所を工夫する等により職場内での移動の負担を軽減すること。 ・机の高さを調節すること等作業を可能にする工夫を行うこと。 ・スロープ，手すり等を設置すること。 ・体温調整しやすい服装の着用を認めること。 ・出退勤時刻・休暇・休憩に関し，通院・体調に配慮すること。 ・本人のプライバシーに配慮した上で，他の労働者に対し，障害の内容や必要な配慮等を説明すること。
内部障害	募集及び採用時	・面接時間について，体調に配慮すること。
	採用後	・業務指導や相談に関し，担当者を定めること。 ・出退勤時刻・休暇・休憩に関し，通院・体調に配慮すること。 ・本人の負担の程度に応じ，業務量等を調整すること。 ・本人のプライバシーに配慮した上で，他の労働者に対し，障害の内容や必要な配慮等を説明すること。
知的障害	募集及び採用時	・面接時に，就労支援機関の職員等の同席を認めること。
	採用後	・業務指導や相談に関し，担当者を定めること。 ・本人の習熟度に応じて業務量を徐々に増やしていくこと。 ・図等を活用した業務マニュアルを作成する，業務指示は内容を明確にし，一つずつ行う等作業手順を分かりやすく示すこと。 ・出退勤時刻・休暇・休憩に関し，通院・体調に配慮すること。 ・本人のプライバシーに配慮した上で，他の労働者に対し，障害の内容や必要な配慮等を説明すること。
精神障害	募集及び採用時	・面接時に，就労支援機関の職員等の同席を認めること。
	採用後	・業務指導や相談に関し，担当者を定めること。

精神障害	採用後	・業務指導や相談に関し，担当者を定めること。 ・業務の優先順位や目標を明確にし，指示を一つずつ出す，作業手順を分かりやすく示したマニュアルを作成する等の対応を行うこと。 ・出退勤時刻・休暇・休憩に関し，通院・体調に配慮すること。 ・できるだけ静かな場所で休憩できるようにすること。 ・本人の状況を見ながら業務量等を調整すること。 ・本人のプライバシーに配慮した上で，他の労働者に対し，障害の内容や必要な配慮等を説明すること。
発達障害	募集及び採用時	・面接時に，就労支援機関の職員等の同席を認めること。 ・面接・採用試験について，文字によるやりとりや試験時間の延長等を行うこと。
	採用後	・業務指導や相談に関し，担当者を定めること。 ・業務指示やスケジュールを明確にし，指示を一つずつ出す，作業手順について図等を活用したマニュアルを作成する等の対応を行うこと。 ・出退勤時刻・休暇・休憩に関し，通院・体調に配慮すること。 ・感覚過敏を緩和するため，サングラスの着用や耳栓の使用を認める等の対応を行うこと。 ・本人のプライバシーに配慮した上で，他の労働者に対し，障害の内容や必要な配慮等を説明すること。
難病に起因する障害	募集及び採用時	・面接時間について，体調に配慮すること。 ・面接時に，就労支援機関の職員等の同席を認めること。
	採用後	・業務指導や相談に関し，担当者を定めること。 ・出退勤時刻・休暇・休憩に関し，通院・体調に配慮すること。 ・本人の負担の程度に応じ，業務量等を調整すること。 ・本人のプライバシーに配慮した上で，他の労働者に対し，障害の内容や必要な配慮等を説明すること。
高次脳機能障害	募集及び採用時	・面接時に，就労支援機関の職員等の同席を認めること。
	採用後	・業務指導や相談に関し，担当者を定めること。 ・仕事内容等をメモにする，一つずつ業務指示を行う，写真や図を多用して作業手順を示す等の対応を行うこと。 ・出退勤時刻・休暇・休憩に関し，通院・体調に配慮すること。 ・本人の負担の程度に応じ，業務量等を調整すること。 ・本人のプライバシーに配慮した上で，他の労働者に対し，障害の内容や必要な配慮等を説明すること。

索　引

●あ　行

アクセシビリティ　28, 32, 36, 50, 85
アクセス　11, 31, 35, 74, 98, 99, 113, 114, 154, 163, 164, 174-176, 181, 182, 200, 201, 204, 205
異　化　198-200
異化＆統合　199-201
イギリス平等法（Equality Act 2010）　105, 156, 158, 167, 171, 174, 201
意向の尊重　51, 55, 175, 176
　障害者の――　12, 51
石川准　198-201
意思の表明　44, 45, 48, 53, 54, 64, 204
井上達夫　200
インペアメント　149-159, 168, 197, 198
　――の脱要件化　156
　――の定義　155, 157, 159
　――の普遍化　155-157, 197
H. M. 対スウェーデン事件　30, 31, 34-36
X 対アルゼンチン事件　30, 32, 34
F 対オーストリア事件　36
欧州人権裁判所　23, 24, 26, 32, 34, 36
欧州連合（EU）　13, 22, 26, 28, 36
　――理事会指令 2000/78　13, 22, 28
思いやり　i, 6, 13, 195

●か　行

開　示　163, 166, 168, 178
　障害の――　163, 165-168, 176, 178
　――の範囲　165
学際的　9, 36
学術基準　94, 104
風　穴
　大きな――　8
　小さな――　8
環境の整備　50, 64, 80, 82, 83, 85, 139, 166, 191, 192, 196
機会平等　2, 6, 8, 12, 13, 20, 51-53, 55, 82, 91, 99, 112, 113, 121, 127, 133, 134, 139, 140, 164, 197, 205, 206
機能制約型の合理的配慮　151, 153, 154
規　範　12, 90, 99, 104, 109, 112, 113, 127, 138-140, 166, 186-189, 192, 197, 205
基本方針　1, 4, 8, 12, 40, 41, 45-47, 49, 50, 52-56, 60, 61, 63-65, 82, 83, 85, 120, 121, 186, 193
逆差別　80, 81, 83, 85, 177
共　生　6, 8, 200, 201, 206
　――社会の実現　43, 198
　――の技法　7-9, 198, 201, 202
行政指導　3
車いす（ユーザ）　2, 44, 55, 62, 64, 69, 72, 75, 117, 145, 149, 164, 181, 182, 186-188, 190-192
クレンショー，キンバリー　183
グロール対スイス事件　36
経済合理性（経済合理的）　4, 10, 108, 109, 111, 120
行為規範　7, 39, 65
公共財　135, 136, 141
交差性　183, 184, 191, 198
公正な社会　113, 135, 136, 197
厚生労働省
　――のQ&A　12, 41, 47, 56, 60, 63, 64
　――の合理的配慮指針　4, 12, 41, 47-51, 53, 54, 63, 64, 84, 95, 104, 110, 116, 118, 165, 177
　――の差別禁止指針　12, 56, 65, 95, 167
公的支援　51, 116, 117, 121, 131-134, 136, 137, 140
合理的（rational）　4, 5, 13, 108, 112, 120
合理的（reasonable）　4, 5, 13, 120
合理的配慮指針　→厚生労働省
合理的配慮の提供プロセス　8, 53, 54, 202
合理的配慮の普遍化　198, 202
合理的配慮の法的資格　156, 201

国土交通省
　　――の対応指針　→対応指針
個々のニーズ　30, 43, 48-50, 53, 55, 70-75, 77, 79, 121, 141, 175, 176, 187, 196, 197, 202
コスト　10, 11, 28, 63, 64, 80, 91, 98, 105, 107-112, 114, 116-121, 125-133, 135-138, 141, 176, 197, 201
　　コスト－ベネフィット分析　109-112, 119, 121
ゴフマン，アーヴィング　165, 168
個別的性格　53, 54
コミュニケーション　64, 85, 98, 100, 110, 116, 174, 205, 206
　　対抗的・対立的――　205
雇用納付金制度　78, 118, 130-132

●さ 行

差異　8, 11, 12, 168, 183, 184, 187-192, 198-202
差別
　　間接差別　26, 35, 36, 56, 57, 83
　　異なる者を異なって扱わない型の差別　10, 21-24, 34, 35
　　作為による差別　57
　　直接差別　26, 36, 56, 57, 62, 83
　　等しい者を異なって扱う型の差別　10, 21, 22, 34, 35, 37
　　不作為による差別　57
差別禁止　13, 23, 24, 26, 34, 36, 41, 42, 59, 102, 103, 105, 121, 126, 141, 148, 168, 201
差別禁止指針　→厚生労働省
差別禁止部会　39, 158, 159, 178, 184, 188, 192
差別的効果　31, 35
視覚障害　2, 19, 32-34, 44, 56, 58, 71, 75, 113, 172, 174, 181
事後的性格　53-55
自己利益　136-138
事前の改善措置　2, 8, 13, 50, 54, 55, 63, 64, 82, 83, 85, 196
私的自治　61
自閉症ヨーロッパ対フランス事件　36

社会権規約委員会　22
社会参加　7, 11, 13, 102, 112, 121, 127, 185, 201, 202
社会的障壁型の合理的配慮　151, 154
社会的障壁の除去　1, 2, 27, 28, 43-45, 48, 49, 53, 55, 70, 71, 73-75, 77, 79, 121, 141, 175, 176, 186, 196, 200, 202
障害者基本法（基本法）　12, 20, 42-45, 58, 59, 63, 147-150, 201
障害者権利委員会　25, 28, 30-34, 36, 60, 104
障害者権利条約（権利条約）　4, 5, 10, 12, 13, 20, 21, 25-27, 29, 30, 32, 34-36, 39, 49, 59, 60, 63, 83, 184, 196
障害者雇用促進法（雇用促進法）　1-8, 10, 12, 20, 39-42, 46-51, 53, 55-57, 59-61, 63-65, 75, 77, 78, 81, 84, 95, 120, 121, 127, 129-131, 145-150, 155, 156, 165-167, 179, 196, 203, 205, 206
障害者差別解消法（差別解消法）　1-8, 10, 12, 20, 27, 39-42, 44-53, 55-61, 63-65, 75, 82, 90, 120, 121, 145, 148, 155, 156, 158, 159, 166, 186-188, 196, 203-206
障害者の定義　155
障害者白書　44, 150
障害女性（障害のある女性）　63, 183-190, 192, 193, 198
障害の顕在化　170-174, 176
障害のスポットライト化　170-174, 176
障害モデル　114
　　障害の医学モデル　114, 115, 121, 149-152, 198
　　障害の個人モデル　121
　　障害の社会モデル　14, 114, 115, 121, 149-154, 197
障害をもつアメリカ人法（Americans with Disabilities Act: ADA）　22, 25, 94-96, 102, 105, 111, 147, 150-154, 158, 159, 177
条件平準化　91, 113, 133
情報の非共有性　53, 54, 64
助成金　33, 78, 85, 127, 128, 130, 131, 141
　　重度障害者等通勤対策――　78, 85, 128
女性差別　185, 191-193
　　障害――　183, 185, 186, 188

──撤廃条約　　20, 192
ジョブコーチ制度　　76, 84, 129, 141
身体障害　　3, 76, 84, 128, 148, 158
スティグマ　　80, 83, 164-168, 178, 189
　　感受される──　　167, 168, 176
　　行使される──　　167, 168
スリメノス対ギリシャ事件　　23-25, 31, 34, 36
精神障害　　3, 76, 84, 128, 148, 154, 158, 163, 164, 166, 167, 178
正当化　　11, 24, 31, 34, 109, 112, 113, 115, 116, 127, 134, 135, 138-141, 197
正当な理由　　62, 65
積極的差別是正措置　　64
セン，アマルティア　　140
相互理解　　iii, 51, 54, 204

●た　行
対応指針　　3, 41, 60
　　国土交通省の──　　52, 58, 62
　　文部科学省の──　　12, 90, 93
対応要領　　7, 12, 41
第三者　　65, 91, 104, 131, 133, 134, 136-139
代替　　74, 79, 90, 96, 97, 104, 120, 129, 170, 179
対話　　iii, 6, 8, 51, 54, 64, 70, 79, 82, 120, 196, 200, 202-206
　　──的性格　　53-55, 77, 196
立岩真也　　159
多様性　　8, 9, 110, 171, 191
力の不均衡　　203
知的障害　　3, 76, 84, 128, 148, 158
聴覚障害　　2, 58, 98, 108, 117, 125, 164, 169, 170, 172, 174, 178, 181, 192
調整金　　78, 85, 118, 121, 130-132, 141
ディスアビリティ　　149, 155-157, 159, 168
デゲナー，テレジア　　22
同意　　133, 137, 172
ドゥオーキン，ロナルド　　140
同化　　198-202
統合　　199-201
同性介助　　185-187, 190
道徳的制約　　111, 112, 121
トランスジェンダー　　187

努力義務　　3, 13, 40, 42, 45, 50, 60-62, 84

●な　行
内閣府　　40, 44, 63, 184
　　──のQ&A　　3, 7, 13, 41, 45, 56, 61, 65
内部障害　　128
難病　　178, 201
納付金　　78, 85, 118, 121, 130-132, 141
能力　　36, 46, 47, 49, 75, 80, 84, 89-92, 100, 103, 108, 113, 130, 132-134, 136, 139-141, 146, 153, 197
　　新しい──　　100, 101, 105
　　非本質的な──（非関連──）　　113, 114, 121
　　本質的な──（関連──）　　52, 90, 92, 93, 95-97, 99-103, 113, 114, 121
　　──基準　　94, 95, 104
　　──主義　　10, 102, 121

●は　行
排除　　29, 33, 37, 102, 155, 156, 159, 199-202
配慮
　　試験時の──　　71-74, 104
　　職場での──　　28, 30, 75, 76, 79, 110, 128, 129, 163, 165, 177, 179, 191, 193, 205
パソコン通訳　　169, 170, 173, 174
　　──制度　　169, 170, 172, 173
発達障害　　3, 101, 148, 178
ハラスメント　　166, 167, 178, 205
バリアフリー　　2, 6, 84
バリアフリー化　　8, 13, 50, 70, 82-85
バリアフリー法　　6, 69, 70, 80, 82-84, 196
阪神バス事件　　63
非過重性　　125, 126
非過重負担　　2, 5, 47, 49, 50, 53, 55, 57, 64, 70, 75, 78, 79, 98, 99, 109, 116, 118-122, 196, 197
非対称的アプローチ　　64
左半側空間無視　　71, 74
不当な差別的取扱い　　42, 56, 57, 59-65, 167
プライバシー　　11, 51, 64, 164, 165, 170-172, 174-177, 198

索引　　255

フランチェスコ・セッサ対イタリア事件　36
ベネフィット　28, 33, 63, 108-112, 119-121
報奨金　78, 85, 122, 130, 131
法的義務　3, 11-13, 40, 42, 45, 57, 59-63, 75, 112, 132, 168
ポジティブ・アクション　2, 10, 13, 22, 63, 70, 80, 82, 83, 102, 141, 191, 195, 196
ホモフォビア　188-190
本質変更不可　12, 51, 52, 55, 121
本来業務付随　12, 51, 52, 55, 121

●ま　行
マイノリティ　8, 80, 112-114, 201
　エスニック・──　201
　宗教的──　9, 156, 196, 201, 202
　人種的──　81, 83, 156, 201, 202
　性的──　9, 156, 201, 202
マジョリティ　8, 112-114
松井彰彦　155
マリー゠ルイース・ユンゲリン対スウェーデン事件　28, 30, 32-34, 36
見えない障害　164-167, 170, 177, 178

みなし障害　151-154
免　除　72, 96, 97, 103, 129, 204
申　出　46, 48, 49, 53, 54, 64, 146, 165, 203, 204
文部科学省
　──の対応指針　→対応指針

●や　行
容貌に損傷や欠損がある人　147, 148, 150, 151, 153, 155-159
読み書き障害　74, 89, 104

●ら　行
利潤最大化　10, 112, 119-121
利潤追求　119, 197
レーマー，ジョン　140
労働市場　29, 100, 101, 104, 105, 107, 111, 134, 141
ロールズ，ジョン　4

●わ　行
割当雇用制度（雇用率制度）　64, 78, 80, 81, 103-105, 119, 141, 196

● 著者紹介

川島　聡（かわしま　さとし）
　　放送大学教養学部教授

飯野由里子（いいの　ゆりこ）
　　東京大学大学院教育学研究科附属バリアフリー教育開発研究センター特任教授

西倉実季（にしくら　みき）
　　東京理科大学教養教育研究院教授

星加良司（ほしか　りょうじ）
　　東京大学大学院教育学研究科附属バリアフリー教育開発研究センター教授

合理的配慮──対話を開く，対話が拓く
Reasonable Accommodation: Opening up Possibilities of Interactive Dialogue

2016年7月20日　初版第1刷発行
2024年8月10日　初版第6刷発行

著　者　　川島　聡
　　　　　飯野由里子
　　　　　西倉実季
　　　　　星加良司

発行者　　江草貞治
発行所　　株式会社 有斐閣
　　　　　郵便番号　101-0051
　　　　　東京都千代田区神田神保町2-17
　　　　　https://www.yuhikaku.co.jp/

印刷・萩原印刷株式会社／製本・牧製本印刷株式会社
©2016, Satoshi Kawashima, Yuriko Iino,
Miki Nishikura, Ryoji Hoshika. Printed in Japan
落丁・乱丁本はお取替えいたします。
★定価はカバーに表示してあります。
ISBN 978-4-641-17422-1

JCOPY　本書の無断複写（コピー）は，著作権法上での例外を除き，禁じられています。複写される場合は，そのつど事前に（一社）出版者著作権管理機構（電話03-5244-5088，FAX03-5244-5089，e-mail:info@jcopy.or.jp）の許諾を得てください。

●本書のテキストデータを提供いたします

　本書をご購入いただいた方のうち，視覚障害，肢体不自由，読字障害などを理由として必要とされる方に，本書のテキストデータを提供いたします。下記の宛先までご連絡ください。

　※内容の改変や流用，転載，その他営利を目的とした利用はお断りします。

〈宛先・問い合わせ先〉
〒101-0051
東京都千代田区神田神保町2-17
　　（株）有斐閣　書籍編集第2部
　　『合理的配慮』テキストデータ係
TEL：03-3264-1315

テキストデータ
引換券
『合理的配慮』